田口冬樹
［著］

Challenging for
Distribution
Innovation

流通イノベーションへの挑戦

東京　白桃書房　神田

はじめに

　今日，流通にはさまざまな新しい動きが出現している。われわれの生活やビジネスの場面を少し注意深く観察すると，従来には見られなかった流通の変化を感じ取ることができる。

　流通の変化は，われわれの社会変化を反映している。現在，日本においては，少子高齢化や労働力人口の低下が加速しており，人口減少を背景として地域社会が疲弊し商業施設の在り方を変えつつある。国内はもとよりグローバルなレベルで産業や業態を超えた競争関係の熾烈化も発生している。インターネットやスマートフォンなどに象徴されるICTの活用と普及がわれわれの買い物や生活のスタイルを大きく変化させている。さらには行政の規制緩和や新たな規制の設定など，流通を取り巻く環境は激変といえるほどの大きな構造変化にさらされている。

　こうした社会変化によって生み出される問題に対して，流通はどのように対応してきているのか。あるいは逆に流通は社会をどのように変えてきているのか。

　流通はわれわれの生活やビジネスを日常的に支え，社会的なインフラとしてのライフラインを提供している。さらに流通は，われわれの日常生活やビジネス活動をより便利にかつ豊かな条件で発展させるために，さまざまな工夫や努力を継続してきている。生活やビジネスのさまざまなニーズを満たそうとするためには，その問題解決への絶えざる流通イノベーションが求められている。本書で意図している流通イノベーションとは，決して抽象的な概念や高度な技術のみを前提としたものではなく，日常生活をより便利にするレベルから大きな社会変革まで幅のある捉え方をしており，新たな顧客価値を創造し提供するための取り組みと考えている。本書の研究の出発点は，われわれを取り巻く社会変化をめぐって，流通がどのような対応を行ってきているのかを流通イノベーションというフレームワークをベースに捉えようとしたものであり，流通イノベーションがわれわれの社会をどのように変えていくのかという問題も視野に入れて考察を進めている。そして，今後のわれ

われの生活やビジネスの発展のためにはますます流通イノベーションが不可欠になっていることも強調している。

　本書は，全体で10の章から編成されている。イノベーションや流通イノベーションの基本的な捉え方を示しており，それぞれの流通過程でイノベーションが展開され，かつ必要とされる領域に考察の対象を設定し検討を加えている。

　第1章は，「流通イノベーションとは何か」を取り上げ，そもそもイノベーションとはどのようなことを指しているのか，さらには流通を軸にイノベーションの意味と評価基準を明らかにしている。

　第2章は，「流通イノベーションと経営者の構想力」をテーマにしている。セブン-イレブン，ウォルマートそれにアマゾンはいずれも情報や物流を重視して流通イノベーションに取り組んだが，それぞれ異なった方向での顧客対応や競争対応を生み出して成長してきた。流通イノベーションはどのような要因や条件で生み出されるのかを日米の小売企業の中で論証している。

　第3章は，「小売業態概念の検討および企業と消費者のマッチング・プロセス」を問題にしている。小売業態をめぐる先行研究での諸仮説を検討しながら，小売業態を消費者に接するフロント・システムとサプライヤーに接するバック・システムの両面から考察している。小売業態のイノベーションが出現し普及するプロセスを小売企業と消費者との相互作用プロセスから捉えている。

　第4章は，「チャネル・イノベーション」を検討している。前章の小売業態について，消費者との接点だけでなく，バック・システムとしてのチャネル拡張概念をベースに捉えている。特にコンビニエンスストアとネット通販のバック・システムを中心に検討し，オムニチャネルの展開の仕組みを明らかにしている。

　第5章は，「物流イノベーションのためのSCMと3PLの展開」を取り上げている。ここでは，物流の分析視点を示すことで，SCMとロジスティクスの範囲の整理，および3PLの関係をアウトソーシングとインソーシングの選択問題として捉えている。

第6章は,「ブランドをめぐる企業間関係と戦略提携:OEM vs. OBM」を検討している。そもそもOEMとは何か,なぜ利用されるのかを分かりやすく説明している。有力なブランドを有する企業は生産と流通にどのような戦略を選択できるか,逆にそうでない企業にとっては生産と流通に対してどのような選択が可能かを,軽自動車メーカーなどを事例にして解明している。

　第7章は,「小売企業のPB商品開発の変化と課題」をテーマにしている。近年,小売企業を中心としたPB商品開発がなぜ活発化してきたのか,従来のPB商品開発と最近の開発は何が異なっているのか,なぜ大手メーカーはあえてOEMとしてのPB商品開発に乗り出すのか,どのような条件や仕組みで取り組むようになってきたのかを明らかにしている。

　第8章は,「グローバル・リテーラーの戦略(1):ウォルマートの動向とグローバル戦略」をテーマにしている。ウォルマートがどのようにして世界最大の小売企業として成長してきたのか,日本市場ではなぜ大きな成長を実現できないのかをコストコとの対比で検討している。

　第9章は,「グローバル・リテーラーの戦略(2):テスコの動向とグローバル戦略」をテーマにしている。英国最大の小売企業であるテスコの本国での成長過程と日本市場からの撤退をめぐるグローバル・ポートフォリオ戦略を検討している。

　第10章では,「まとめと展望」として,流通イノベーションと顧客満足の関係を論じている。

　なお,本書ではコラムとして,それぞれの章の論点に関係した話題や新しい流通の動向を取り上げており,流通イノベーションを理解するためのヒントにしてもらいたいと考えている。

　流通やマーケティングの研究に取り組んですでに40年以上が経過している。研究のきっかけは,専修大学経営学部の出牛正芳先生のゼミナールに入れていただいたことからすべてが始まった。その後,米国での生活やビジネスに強く関心を持つようになって,渡米することで米国のマーケティングや流通の実情を知ることもでき,米国はじめヨーロッパの研究者との交流を重ねる中で,自分なりの研究方向を得ることができるようになった。

　こうしたことが実現できたのは,学部時代からの出牛先生の助言と包容力

のあるご指導のおかげであり，先生からは何事にもあきらめないで取り組むことの大切さを学んできた。まことに残念なことに昨年（2015年）2月に出牛先生は帰らぬ人となった。本来なら先生がお元気なうちに研究成果を提示すべきであったと悔やまれる。本書を先生に捧げ，心からご冥福をお祈りしたい。先生の研究姿勢はもとより，学部生，大学院生，それにゼミ生に対する教育姿勢は私にとって良きお手本となって今日まで続いている。

　2015年4月から2016年3月までの一年間は，専修大学から国内研究（平成27年度専修大学長期国内研究）の機会を与えられ本書を執筆することができた。こうした機会を提供していただいた専修大学に感謝したい。この間，私の代わりに講義をしてくださった東京工科大学大学院教授の目黒良門先生にはこの場をお借りして心から感謝を申し上げたい。法政大学大学院教授の矢作敏行先生からは，いつも最新の研究成果を贈っていただき，先生のイノベーション力から強い刺激を受けており，さまざまな形で私自身の研究に大きな影響を及ぼし続けている。改めて深く感謝申し上げたい。また本学経営研究所のマーケティング研究会では，石崎徹先生，金成洙先生，橋田洋一郎先生それに楊陽先生（現在　中国厦門理工学院准教授）には会の運営などでお世話になり，研究面でも多くの刺激を受けることができ厚くお礼申し上げたい。さらに，大阪商業大学総合経営学部准教授　中嶋嘉孝先生，石巻専修大学経営学部准教授　李東勲先生，㈱東急モールズデベロップメントSHIBUYA109　薛暁帆さん（専修大学大学院経営学研究科修士課程修了）にも資料や調査でサポートいただき感謝したい。本学経営学部や商学部の先生方を初め，日本商業学会ならびに日本流通学会の皆様にも日ごろのご指導にお礼を申し上げたい。また本書執筆に当たっては，イリノイ大学名誉教授のRobert E. Weigand先生，リムリック大学マーケティング教授のJohn Fahy先生ならびにダブリン大学グローバルビジネス教授のLouis Brennan先生とは共同研究，資料提供それに公私にわたってさまざまなアドバイスを受けており，改めて感謝申し上げる。さらには日ごろから田口ゼミナールの卒業生はもとより，現役ゼミ生には私の長時間に及ぶ議論とさまざまな無理難題を快く受け入れていただき，さまざまなアイデアや発想を引き出してくれることを有難く思っている。

はじめに

　本書の出版に際して多大なるご尽力をいただき，またいつも忍耐強いご支援をいただいている白桃書房の取締役社長　大矢栄一郎氏ならびに編集部　東野允彦氏に厚くお礼申し上げたい。そしていつも日常の生活を犠牲にして筆者を支えてくれている妻の知子には心から感謝している。母の昌子，そして息子の広樹にも心からお礼を述べたい。そして広樹には，本書の校正にも協力してもらい有難く思っている。

2016年3月9日

田口　冬樹

目　次

　　はじめに　　i

第1章　流通イノベーションとは何か　　1
　1．イノベーションとは何か　　1
　2．流通イノベーションとは　　4
　　(1) 流通イノベーションの2つの評価基準　　5
　　(2) 流通イノベーションの捉え方と構成要素　　8
　　コラム1-1：流通イノベーションと流通革命について　　9
　　コラム1-2：流通の原理とキーワード　　15

第2章　流通イノベーションと経営者の構想力　　17
　1．経営者の構想力と組織能力の展開　　17
　　コラム2-1：日本におけるスーパーマーケットの起源　　18
　2．流通技術の活用のための仕組み：流通技術をベースにしたイノベーション　　25
　　(1) セブン-イレブンとウォルマートの取り組み　　25
　　(2) アマゾンの取り組み　　27
　　コラム2-2：アマゾンの挑戦　　31
　3．進化する流通技術と課題　　32

第3章　小売業態概念の検討および企業と消費者のマッチング・プロセス　　35
　1．マーケットをベースにしたイノベーション　　35
　2．小売業態のイノベーションとマックネア（McNair）仮説をめぐる論争　　36
　　コラム3-1：小売業における業種と業態について　　37
　　(1) 小売の輪の仮説と流通イノベーション　　38

（2）イノベーションのジレンマ：破壊的イノベーションと持続的イノベーション　41

　（3）小売業態の進化とビッグミドル仮説　44

　（4）業態盛衰モデル　47

3．小売経営者の構想と消費者の受容の相互作用プロセス　51

第4章　チャネル・イノベーション　55

1．チャネルにおけるイノベーション：フロント・システムとバック・システム　55

　（1）小売業態の成立要因：フロント・システムとバック・システムの関係について　55

　（2）コンビニエンスストアとチャネル・イノベーション　59

　コラム4-1：小売業における競争優位性―見えない競争要素　60

　コラム4-2：高齢化社会と買い物難民の増加　62

2．ネット通販の業態分類とオムニチャネルの展開　63

　（1）ネット通販の業態の特徴とバック・システムの対応　63

　（2）ネットと店舗の融合：オムニチャネルの課題　69

3．流通イノベーション発生の分析枠組み　72

第5章　物流イノベーションのためのSCMと3PLの展開　77

1．物流を取り巻く動向と物流の捉え方　77

　（1）物流問題の重要性とグローバル視点の重視　78

　（2）SCMとロジスティクス概念の捉え方について　81

　（3）SCM実施の促進要因と障害要因について　86

2．SCMと3PLの関係について　90

　（1）SCMの役割　90

　（2）3PLのねらいと日本型3PLの特徴　92

　（3）ネット通販の成長とラストワンマイル　97

　コラム5-1：物流不動産への投資とREIT（リート）　99

3．物流を制するための仕組みづくり　100

第6章　ブランドをめぐる企業間関係と戦略提携：OEM vs. OBM　101

1．OEM・EMS の事例とモノづくりに対する考え方の変化　101
2．OEM の理論的な研究とフレームワーク　106
　(1) 製品ライフサイクルと OEM　106
　(2) 事業システムのデザインと OEM　107
3．OEM 戦略をめぐる評価　112
　(1) OEM 受託企業にとっての優位性　112
　(2) OEM 委託企業にとっての優位性　114
　(3) 受託企業にとっての問題　116
　コラム 6-1：OEM による品揃えの確保　117
　(4) 委託企業にとっての問題　118
4．OEM から OBM へ　120
　(1) OBM（Own Brand Management）展開の条件について　120
　(2) リード・ユーザー（キー・バイヤー）からの学習の制約問題　123
5．課題と展望　125

第7章　小売企業の PB 商品開発の変化と課題　127

1．ブランドをめぐる消費者と企業の動向：ブランド・バトル　127
2．小売パワーの形成と PB 商品の戦略的位置　128
3．わが国における最近の PB 商品を取り巻く3つの動向　132
　(1) PB 商品の普及のプロセス　132
　(2) PB 商品の品質向上と種類の充実　134
　(3) 小売企業の寡占化とグループ化　137
4．PB 商品開発の推進条件と大手製造企業の対応の変化　140
　(1) PB 商品をめぐる理論的条件　140
　(2) 大手製造企業の対応の変化とシェルフ（棚）・シェアをめぐる競争　142
　(3) PB 商品主導の新しいビジネスモデル　146
　コラム 7-1：PB 商品のポジショニングとイノベーション　148
5．PB 商品開発による NB 商品開発へのインパクト　149

（1）PB 商品をめぐる小売企業と製造企業の共同開発の取り組み　149

　　コラム 7-2：NB 商品メーカーは PB 商品の進化でどのように変化するのか
　　　　　　　　　　　　　　　　　　　　　　　　　　　　　　　　　155

　　（2）小売企業のブランド・マネジメントの課題　156

第 8 章　グローバル・リテーラーの戦略（1）：ウォルマートの動向とグローバル戦略　159

　1．グローバル・リテーラーの動向　159
　2．世界のトップ小売企業の成長戦略　160
　3．ウォルマートの経営戦略とグローバル展開　168
　　（1）ウォルマートの国内市場での成長とグローバル戦略　168
　　（2）ウォルマートの日本市場での戦略展開と課題　178
　　コラム 8-1：EDLP のための「スマート・システム」と「リテール・リンク」
　　　　　　　　　　　　　　　　　　　　　　　　　　　　　　　　　185

第 9 章　グローバル・リテーラーの戦略（2）：テスコの動向とグローバル戦略　193

　1．テスコの経営戦略とグローバル展開　193
　　（1）テスコの国内市場での成長とグローバル戦略　193
　　（2）テスコのビジネスモデル　196
　2．テスコの日本市場での戦略展開と撤退上の問題点　203
　　（1）日本市場への参入方式と現地適応化戦略　203
　　（2）テスコの日本市場で直面した問題　207
　3．テスコの内部事情とグローバル・ポートフォリオ戦略　210
　　コラム 9-1：テスコの米国での挑戦　211

第 10 章　まとめと展望　217

　初出一覧　225
　参考文献一覧　226

英語文献　226
日本語文献　229
索引　234

第1章
流通イノベーションとは何か

1．イノベーションとは何か

　流通は，一般に生産から消費に商品やサービスを届ける重要な役割を担っている。そこでは，消費者の動向と生産の動向を調整することで，両者を結び付けるマッチングを主な役割としている。そして近年になるほど，消費者の動向を敏感に反映した生産や中間流通の迅速な対応が求められるようになっており，マッチングを推進する軸の起点が消費者やユーザーに置かれるようになってきた。

　ここで流通イノベーションとはどのようなイメージで理解することができるのだろうか。わかりやすい例を言うと，ヤマト運輸は，1976年1月に宅急便という従来ない家庭向けの便利な小口荷物の宅配サービスを開始した。最初の強調点は，宅急便というネーミングから想像できるように，送った荷物が家にすぐに届くというイメージをアピールした。そして当時の郵便局や国鉄（現在のJR）では行っていなかった，手軽な包装と簡単に書ける送り状，それにドライバーが利用者の要望によっては荷物を各家庭に取りに行くなど送りやすくすることに力を入れて利用者を獲得した。そのサービスは多くの利用者の支持を得て，一見便利で問題がないように思われたが，1998年6月から「時間帯お届け」サービスを導入することになった。このねらいは，それまで消費者の都合に関係なく荷物を届けていたため，受け取る側にしてみると突然の届け物での戸惑いや不在によるロスが避けられなかった。消費者の立場では家にいるときに届けてもらいたいというニーズが潜在していた。現在ではコンビニの店頭や営業所での受け取り，さらには日・時間帯の変更依頼など荷物の受け取りに関する条件がきめ細かに指定でき，ミスマッチがより解消されるようになった。流通イノベーションというイメージ

は決して抽象的なことではなく，利用者の荷物を受け取りたい日時や場所のニーズに応えること，そのための取り組みと実現が流通イノベーションとしてわれわれの日常生活の利便性向上に役立っている。こうした消費者視点のマッチングを実現するために，さまざまな形で流通イノベーションが行われ，またその重要性が増している。

そこで，まずイノベーションとはどのように捉えることができるかを検討してみよう。今日，イノベーションのイメージには，「新しいこと」，「今までにないこと」，「これまで不可能だったことを可能にすること」，「便利にすること」，「快適にすること」，「改善すること」，「新しい環境の変化への適応」，「新しい価値を生み出すプロセス」など，劇的な社会変化を生み出すことから小さな改善までさまざまな程度や範囲で語られている。

イノベーションはよく技術革新という表現で使用されてきたが，必ずしも技術分野に限定されるものではない。資本主義経済発展の原動力としてイノベーションを捉えたのは，シュンペーター（Schumpeter, Joseph Alois）である。彼は『経済発展の理論』（1912）の著書の中で，イノベーションについて5つの類型を提示した。これらは，1. 新しい財貨（商品）の生産，2. 新しい生産方法の導入，3. 新しい販売先の開拓，4. 原料あるいは半製品の新しい供給源の獲得，5. 新しい組織の実現（独占の形成やその打破）というように，新技術や発明にとどまらずに，このような新しい方法によって既存の産業や枠組みを破壊し，新たな産業や枠組みを生み出すこと（創造的破壊）で経済が発展すると考え，シュンペーターはこれを新結合と捉えていた。イノベーションをこのような複数の条件で把握し，新結合によって価値創造を行い，社会で活用されることで経済の発展に結びつけようとした。シュンペーターが現在もなおイノベーション研究のゴッドファーザーといわれる所以(ゆえん)である[1]。そして何より重要なことはイノベーションが外部から与えられるのではなく，時代を見抜く企業家によってイノベーションが推進されるというその役割に注目したことである。

しかし，シュンペーターの5つのイノベーションの類型は，その時代の背

---

[1] Schumpeter（1926）（塩野谷・中山・東畑訳，1977）；一橋大学イノベーション研究センター編（2014），p.2.

第1章 流通イノベーションとは何か

景からして当然ともいえるが，あくまで供給サイドの視点から接近しており，モノを中心とした時代を反映していることも特徴となっている[2]。今日では，供給サイドからのイノベーションに加えて，サービスやアイデア，それに需要サイドからのユーザーイノベーション，さらには不特定多数の人々からのアイデアを募る形のクラウド・ソーシングや社外で開発された知的財産を活用して社内で事業・製品化する形のオープン・イノベーションも重視されるようになっており，新結合の社会での利用を促進するためにイノベーションの推進主体やその対象範囲が多様化している。

また，マーケティング分野でのイノベーション研究の第一人者であるセオドア・レビット（Levitt, 1969）は，かつて，イノベーションの捉え方として，イミテーションとの違いを強調していた。厳密に定義すると，「まったく新しく，以前には一切なかったものであれば，イノベーションが生まれたといえるのである。この定義をかなり緩めて，他の業界で用いられたことがあるが，この業界で適用されたのは初めてだというものも，イノベーションと呼んでもよいだろう。しかし，同一業界の競合他社がイノベーターの真似をする場合は，それがその企業にとってどれほど新しくても，イノベーションではない。それはイミテーションである」と主張していた[3]。この区分は概念的にはかなり厳格な区分として重要であるが，現実に照らした時，多くはイミテーションとイノベーションが曖昧に使用されたり，イミテーションから次のイノベーションに進化する場合など現実にはバリエーションもある。この点については，第2章において，米国の流通イノベーションの影響を受けて，戦後　日本の小売企業経営者が流通イノベーションに取り組んできたプロセスについて論じている。

さらにレビットは，一般に，イノベーションが新しいアイデアを創造することと誤解されているとし，アイデアの創造とイノベーションは別物であることを明確に峻別すべきであると強調した。創造とは新しいことを「考え出す」ことであり，イノベーションとは新しいことを「行う」ことである。ほとんどはこの区分ができていない。アイデアを評価するのに，その実行可能

---

[2] この点の認識は，小川（2013），pp. vi - vii；木村（2008），p.15，注14で指摘している。
[3] Levitt（1969）（土岐訳，2002，pp.78-98 ならびに pp.192-207）。

性よりも，新奇性を重く見がちである。非常に斬新なアイデアであっても，何年間も会社のなかで店晒し(たなざらし)にされることが多い。言葉を行動に転換する責任を引き受ける人間がいないためであると指摘していた。

多くの企業では多数のアイデアが生み出されながら，実行されずに終わってしまっているという実態がある。何故，アイデアはイノベーションにならないのか。それは新しいアイデアを推進するための担当者，組織，予算，計画，手順を明示的に設定できず，しかも責任を持って実行できる主体にそのモチベーションが欠如しているからであるという主張は今日でも当てはまる。また，イノベーションのタイプには，その対象や変化の程度によって，プロダクト・イノベーションとプロセス・イノベーション，インクリメンタル（漸進的）イノベーション，ラディカル（抜本的・急進的）イノベーション，ソーシャル・イノベーション，持続的イノベーションと破壊的イノベーション，あるいは技術的アプローチ（供給サイド）と市場アプローチ（需要サイド）に区分することも可能である[4]。

このようにイノベーションの捉え方はさまざまな範囲や条件によって多様な評価や分析が可能となっている。ここでは，イノベーションを，シュンペーターやレビットの捉え方をさらに発展させ，供給サイドと需要サイドの双方に関連する新規・既存のアイデア，考え方，それに技術やシステムの組み合わせによる新しい価値の創造と提供と捉えておく。

2．流通イノベーションとは

かつて，ドラッカー（Drucker, 1954）はビジネスの目的を顧客の創造とし，そのために2つの基本的機能としてマーケティングとイノベーションの役割を指摘した。そして「イノベーション」を技術や知識の発明と捉えるのではなく，社会を変えるものだと捉えることの大切さを強調していた[5]。

---

4 延岡（2006），pp.150-173. なお，最近主張されるようになったソーシャル・イノベーションという用語は，共通した定義は存在していないが，社会を良い方向に変えるための社会問題の解決や社会的利益の実現のための仕組みや方法への提案およびその実行を意味する。

5 Drucker（1954）（上田訳，2006, pp.47-48）；Drucker（1985），pp.47-57および邦訳（2007）．

ここでは，流通イノベーションを，技術的なイノベーションだけでなく，顧客価値やその提供の仕方に関するイノベーションを含むものとして捉えている。そこで流通イノベーションを，「流通プロセスで新たな顧客価値を創造し提供するための取り組み」と広く捉えることで，以下にその内容を分類する。ここでは，流通イノベーションという表現で統一するが，流通とマーケティングの区分を厳密には行っていない。米国のマーケティングでは流通もマーケティングやマクロ・マーケティングと表現され総称的に使用されている。日本では，流通は商品や権利の移転の仕組みやプロセスに強調点があり，マーケティングはマネジメントの視点が重視された場合は，企業や組織の主体的な立場からの価値の創造や適応に強調点がある。流通は価値の提供を，マーケティングはその価値の創造・適応を焦点にしているという関係である。マーケティングの4Pの1つがPlaceの流通チャネルを内包していることからも相互に一体化していることがいえる。メーカーや生産者が主導するか，小売企業や卸売企業が主導するか，あるいは他の組織体が主導するかの立場上の違いや価値実現の社会的なプロセスと捉えるかの違いはあっても，両者とも，価値を生み出し，提供し，顧客満足を実現する考え方や活動として，共通の基盤の上で展開されている。

(1) 流通イノベーションの2つの評価基準

　かつて，筆者（2005b）は，流通イノベーションを流通過程における効率性と有効性という2つの基準を利用して，それぞれの基準の実現からイノベーションが生み出されるだけでなく，その同時達成こそが流通の姿を大きく変えるイノベーションであると捉えてきた[6]。

---

[6] 田口（2005b），pp.10-12. なお，効率性と有効性から小売イノベーションを評価している最近の研究としては，Sorescu et al.（2011），pp.3-16. およびCastaldo et al.（2013），pp.59-67があり，そこでも詳しく紹介されている。また，効率性と有効性の表現に対して，セブン＆アイHDの会長兼CEOの鈴木敏文は，セブン-イレブンの持続的な成長の秘訣を説明するのに，「（何故，セブンと他のコンビニチェーンの）全店平均日販12万円以上の差が生まれるのか。『上質さ』と『手軽さ』の2つの座標軸で，コンビニの世界を見たとき，『手軽さ』を基本としながらも，『上質さ』をぎりぎりまで追求し，トレードオフを両立させている点で，他のコンビニとは異なるゾーンにいることが，強さの源泉になっているように私は思います。―中略―まわりの業界を見渡しても，勢いのある企業にはトレードオフの戦略が明確なところが多くあります。価格

そこで改めて、この2つの基準について簡潔に紹介し、その基準とさらには、イノベーションの発生の対象を検討していきたい。まず効率性（efficiency：能率とも表現される）について、「効率性は物事を適切に行うことを意味する。」[7] 同じ内容の流通活動や商品・サービスの場合、できるだけコストの安い方が買い手としては望ましい。消費者に限らず、流通業者や生産者にとっても、同じ商品を調達したり、同じ品質の材料を取り扱ったりする場合、少しでもコストの安い業者と取引することで予算を効率的に使う。コストの低下は、それだけ消費者に所得増大効果、企業には利益増大効果をもたらす。EDLP（Every Day Low Price）やローコスト・オペレーションが強調されるのも、こうしたところに理由がある。

これに対して、有効性（effectiveness：効果性とも表現される）と呼ばれるものがある。「有効性は適切な物事を行うことを意味する。」[8] 流通活動や商品・サービスを、値段の安さよりも、品質やサービスの良さ、利便性、快適性、フィット感あるいは楽しさといった別の基準で評価する場合がある。これは明らかにコスト基準とは異なった性質のものであり、時に、有効性を高めようとすると、コストの低下とはトレードオフの関係を示すことが多い。われわれの消費者行動は、コストや価格の安さだけで購買や使用を決めているわけではない。矢作（1996）も、小売流通革新という表現を使って、低価格を生み出す効率性と消費者の望む社会的な有効性が、高いレベルで両立している状態から小売流通革新が生まれるという考えを明らかにしている[9]。

このように、効率性を強調した小売店としてディスカウントストアやアウ

面での『手軽さ』を追求しながら、機能面での『上質さ』もちりばめるユニクロは代表格でしょう。」と述べている。ここでは、コンビニの場合、手軽さが単純に効率性を意味するわけではないが、重要なことは、このトレードオフ戦略の活用にコンビニエンスストア経営のイノベーションを求めている点である（鈴木, 2013a, pp.60-66）。

7　Fahy and Jobber（2012), pp.11-13.
8　同上。
9　矢作（1996), p.199. すでに矢作（1994）は、業態の存立根拠を経済的な「効率性」（efficiency）と社会的な「有効性」（effectiveness）の2つの視点から論じることができると強調していた（p.52）。さらに、矢作の場合、この小売流通における効率性と有効性の同時性の側面を小売業態価値論として捉え、この価値を実現するためには、小売流通システム（商品調達や商品供給、組織形態を含む小売流通システムの革新）によって決定されるという論理を展開している（矢作, 2013b, pp.2-4）。

第1章 流通イノベーションとは何か

トレットストアが出現し,有効性を強調した小売店として高級ブランドショップやコンビニエンスストアが発展してきた。それぞれの軸に流通イノベーションとしての小売業態の出現が見られることも確認できる。しかし,今日の消費者やユーザーが求めている,本格的な流通イノベーションとは,効率性と有効性を同時に実現したものであり,便利でありながら低コスト,品質が優れていて安全でおいしくて値段が安いといった同時性の実現状態を指している。これらは価値創造や提供の源泉ということができる。しかもこれらの源泉の活用は継続的な推進力としての開発や実行が求められており,企業サイドの視点に立っていうなら,差別的な競争優位性のベースとなり,消費者視点に立っていうなら顧客価値のベースとなっている。

以下の図表1-1に示されたように,効率性と有効性の両立こそが,いずれかだけの軸による流通イノベーションよりも,消費者やユーザーにとって望ましいビジネスが出現する。

① 効率性だけでも,ビジネスの存続や成長に寄与するが,十分とはいえない。
② 有効性だけでも,顧客の求めているものに一致する場合は存続と成長に貢献するが,十分とはいえない。
③ 効率性と有効性という同時達成こそが,流通イノベーションの必要十

図表1-1　流通イノベーションの条件：効率性と有効性の関係
～ Efficiency vs. Effectiveness ～

	非有効性 Ineffectiveness	有効性 Effectiveness
効率性 Efficiency	存続・成長, いずれ衰退	持続的発展
非効率性 Inefficiency	倒産	存続・成長, いずれ衰退

出所：Fahy and Jobber (2012).

分条件として，持続性のある最適なビジネスの発展を生み出す[10]。

このように，効率性によるイノベーションも，有効性によるイノベーションも，それぞれに重要な役割を果たしていることは言うまでもないが，この双方の同時達成がより大きな成果を生み出すイノベーション（抜本的イノベーション）として位置づけることができ，それを実現するためには流通技術とそれを動かす仕組みが必要となる。

(2) 流通イノベーションの捉え方と構成要素

それでは，このような効率性や有効性を実現する流通イノベーションの方法や手段にはどのようなものが存在するのかを検討してみよう。もとより，流通イノベーションという概念やその捉え方には，先行研究において共通の認識がなされてきてはいない。流通イノベーションという用語以外にも，流通革命という用語もこれまでよく使用されていた。この点はコラム 1-1 に示している（コラム 1-1 参照）。

石原（2014）の最近の研究では，流通イノベーションは，それぞれの時代の課題に応える形で行われてきており，小売イノベーションとの関連において，その推進力として流通技術，経営者の挑戦それに企業間競争の3つの役割を重視し，新しい業態誕生の仕組みを明らかにしている。まず，流通技術としては外部・周辺技術と管理技術に区分し，前者は主にPOSや通信技術，物流手段の発展や高速道路網の整備など，後者は主に小売経営を切り開く単品管理や鮮度管理，チェーンストアオペレーションなどを内容とする。さらには，時代を切り開こうとする構想力のある経営者の挑戦に注目し，経営者の先進的な取り組みをかき立てたのが企業間の競争であると指摘し，新しい技術が革新的経営者によって1つのコンセプトのもとに総合されるとき，1つの業態が誕生すると捉えている[11]。

しかも，石原（2013）は，戦後日本の流通イノベーションは高度成長以降，2つの共通点を持ってきたことを強調する。その1つはオペレーションの効

---

10 Jobber（2010），pp.9-10.
11 石原（2014），pp.5-15. 小売業態の形成については，石原（2000）に詳しく論じられている。

コラム 1-1：流通イノベーションと流通革命について

　これまで，流通イノベーションと流通革命がどのような関係にあるのか十分に検討されてきているとはいえない。両者がそれぞれどのようなものであるかも，論者によって，また時代によって異なっている。両者をどのような内容や条件で捉えるかによってもその解釈や評価は多様になる。ここでは，両者を用語のレベルで整理しておこう。

　まず，流通イノベーションに類似した用語として，これまで流通革命，流通革新，流通改革，流通再編，流通改善，マーケティング・イノベーションなどいくつか異なった表現が使用されてきた。各概念は，時代の要請や課題を反映した言葉づかいであり，いずれも社会，ビジネスあるいは生活の変化や進歩を推進する方法および手段として共通な特徴を持っているが，分析者や政策担当者によって多様なねらいや対象が設定されてきたことも事実である。

　一般的な用語の使用としては，革命（revolution）が「ある状態が急激に発展，変動すること。『産業―』，『技術―』」，革新（innovation）が「旧来の組織制度・習慣・方法などをかえて新しくすること。改新。『技術―』」，改革（reformation）が「改めかえること。改まりかわること。『機構―』」。再編（restructuring）が「編成しなおすこと」，改善（improvement）が「悪いところをよくする。『待遇を―する』」という意味解釈が行われている（『広辞苑』第6版，岩波書店）。

　革命は国家権力の転覆や産業革命のような大規模な範囲で社会の進む方向転換を内容としている。革命とイノベーションの違いは，革命は政権の転換や流通を主導する主体がドラスティックに変わることであり，パワーシフトが特徴となっていると見ることができる。これに対して，イノベーションや日本語の革新はそうした転換の基盤を準備・提供する関係に位置づけられる。そこではイノベーションは社会の転換に大きな影響を与えるものからわれわれの生活のきめ細かなところでの利便性を提供するものといった幅のある概念と考えられる。この意味では，流通イノベーションはその影響力の程度という問題を含むが，流通革命の準備段階と捉えることも可能であろう。流通イノベーションがどのようにして流通革命へと結びつくかはさまざまなルートが存在すると考えられる。その主体，方法，プロセス，範囲，成果などで評価が分かれる。それと同時に両者の関係は結局，流通革命をどのように捉えるかにも依存する。

　特徴的な用語の使用としては，日本における1950年代から始まった流通革命が指摘できる。とくに1960年代に林周二（1962）『流通革命』中公新書をきっかけに，高度成長を背景に大量生産と大量消費を結合するために大量流通の

必要性が提唱された。その過程で、メーカーの流通系列化と小売業へのスーパーマーケットの導入によって、太くて短い経路革命として、それまで支配的だった卸売商店数や小売商店数の大胆な減少を予測し関係業界に大きなショックや警鐘を与え、この用語が流行した経緯がある。ここでは流通の主導権が卸売業者からメーカーやスーパーマーケットの主体へのドラスティックな変化が意識されていたといえる。ダイエーが1957年に創業してわずか15年で、創業300年を迎えた百貨店の三越を売上高で追い抜き、小売業日本一の座を獲得したという出来事は、まさに流通革命と呼ばれた時代を象徴していたともいえる。スーパーマーケットは、高度成長と中間層の拡大を追い風に、消費者にセルフサービスによる新たな買い物のスタイルを浸透させ、物価上昇を抑制する消費者の味方と評価された。そのためダイエーの創業者　中内功は、既存の大規模小売企業である百貨店の売上を追い抜いただけではなく、自身の使命を大規模なメーカーに対してメーカーが設定した価格を破壊する対抗勢力として位置付け流通革命の担い手として時代を主導した（中内、1969）。

　また、1980年以降には消費の多様化や成熟化と特徴づけられる時代に入り、コンビニエンスストアや総合スーパーによって売れ筋商品と死に筋商品を把握しようとPOSシステムの導入や単品管理に基づくさまざまな改革が試みられ、第2次流通革命という表現が使用された。同様のタイトルの久保村隆祐・流通問題研究協会編（1996）『第二次流通革命』日本経済新聞社では、第2次流通革命のベースを1980年代末より急速に普及しだしたPOSシステム導入による小売業の在庫管理の合理化など情報システムの開発や、コンビニエンスストア、ホームセンターやディスカウントストアなどの新たな業態の成長に注目していた。この点で、流通革命の内容が大店法の規制（1973年制定・1974年施行）の影響を受けて小売店舗の大型化の追求から、流通技術の進歩や販売方式をめぐる小売業態の多様化を焦点にする時代に移行していく。それとともに、流通革命という用語以外に、流通革新や流通改革という用語も使用されるようになってきた。中小小売商店の衰退、大型専門量販店にコンビニエンスストアなどチェーンベースの小売企業の成長を背景に、大規模メーカーにとっての販売先の確保と小売企業にとっても安定的な商品調達をめぐる利害の面で、メーカーと小売企業は対立だけではなく、協調やPB商品共同開発などに関係が変化していく。最近では、小売企業のバイイングパワーの増大の下で、大規模メーカーから大規模小売企業へのパワーシフトやパワーの逆転が生じており、小売革命という用語も使われている（本書第7章参照）。これらは流通過程での企業間のパワー関係やチャネル

第1章　流通イノベーションとは何か

リーダーが変化してきたことを反映している。
　こうした流通革命のロジックを，時代背景を踏まえて，研究者サイドからも解明が行われてきた。かつて筆者は流通革命について，それを流通革命論争という視点で，流通革命の提唱者であった林周二，それに異議を唱えた佐藤肇，さらにその二者の弱点を克服しようとして地域主義の視点から多様化するニーズへの対応として問題提起した清成忠男について検討した（田口，1976，pp.121-168）。また，石井は，林，佐藤それに矢作敏行の論点を精緻に分析し，それぞれの論者の主張の基盤を解明している（石井，2012，pp.217-257）。より最近では，戸田が，流通革命を過去の問題とせず今日的な課題との接点から主体，方法，流通の組織間関係，消費者主権，情報技術に焦点を当て流通革命を再評価している（戸田，2015，pp.19-33）。
　流通革命は時代によって論点が変化してきたとはいえ，戦後から時代ごとに出現する流通の大転換期にしばしば登場してきた今日的な問題であり続けているということができる。矢作によっても，「流通革命はまだ終わらないという」という視点から，デジタル化の動きに注目して，将来展望を示している。従来は，店舗における顧客と企業との一対一の関係による機能の束が存在し，その中で一連の業務システムが作られてきたのに対して，デジタルを軸に発展してきた新しい流通インフラの普及で，従来の流通機能の束がアンバンドリング（解体）され，新しい機能の組み合わせの選択肢が増えてきたこと，それに伴って新しいビジネス（事業モデル）が次々に作り出されていることに注目し，顧客接点が多様になってきた動向を重視している（矢作，2012，pp.22-26）。デジタルな流通技術の進歩やそれを取り込んだ小売ビジネスモデルが流通イノベーションとして生み出されることで，新たな流通革命を推進する構図をイメージすることができる。

率化に向けられ，2つ目として，市場は絶えず拡大するという前提でイノベーションが進められてきたことを強調する。オペレーションの効率化は，大規模化や標準化を徹底したことで，人口減少社会に進む中では，地域社会への影響や大量の食品廃棄などの無駄を生み出した。そのため環境への負荷を増幅させており，「拡大基調のイノベーションから，より地域志向，環境志向のイノベーションへと転換することが求められる」ことを提起する[12]。

　木村（2008）は，『流通イノベーションの発生要因』のなかで，研究の対象を物流業と小売業に焦点を当て，そのコアになっているものをサービスとして位置づけ，①サービス・プロダクトに関するイノベーション，②サービス・デリバリーに関するイノベーション，③サービス環境に関するイノベーションの3つをサービス・イノベーションの構成要素にしている。①は，サービスの特性として，顧客または顧客の所有物が入った状態（美容や医療のような本人のサービス生産時点での居合わせの必要）でサービス活動が行われることに注目し，②は同じサービス・プロダクトでも顧客との粘着性（例えば，提供者がその顧客固有のこだわりを意識して対応すること）の高いやり取りを含めたデリバリーによって顧客満足のばらつきが大きいことに注目し，さらに③ではサービスに対する顧客の知覚品質（主観的な判断による品質）がサービス環境によっても影響を受けることに注目することで，それぞれにサービス・イノベーションの推進力を事例研究から検証しようとした[13]。このことの示唆する点は，需要サイド・受け入れ側と供給サイドとの価値共創のための一体的なイノベーションの仕組みづくりが重要となっていることであろう。

　キャスタルドら（Castaldo et al., 2013）は，最近の著書の中で，小売業を中心とした流通イノベーションのタイプとして，技術的なイノベーション，市場志向的なイノベーション，それにチャネルにおけるイノベーションの3つを指摘している。捉え方としては，流通イノベーションは単に技術的なイノベーションによって成立するわけではなく，市場での顧客ニーズや競争に対して，さらには垂直的なチャネルをテコにして，対応していく仕組みが提

12　石原（2013），pp.37-38.
13　木村（2008），pp.9-16.

案されている[14]。

　これまでの論者からも流通イノベーションの捉える切り口が複数存在し，分析者の関心によって強調点が多様に異なることがわかる。ここでは，流通イノベーションについて，誰がどのようなねらいで，いかなる方法を用いて取り組んでいるのかを明らかにするために，それぞれの示したイノベーションの要素をヒントに，筆者なりに流通イノベーションの構成要素を検討してみたい。石原の議論に比較して，他の著者らは，イノベーションを担う革新的経営者や組織の視点が欠如しているが，本章では，流通イノベーションの担い手を重視する視点も取り入れている。流通イノベーションの現状の特徴や問題を理解するのに，この視点が大きな役割を果たしていることを強調しておきたい。それはイノベーションが自然発生的に生み出されるわけではなく，当然ながらイノベーションの担い手や組織による，時代の先読みに基づいた構想や挑戦がきっかけとなっているからである。同じ業界に位置していても，イノベーションを起こす経営者とそうでない経営者の違いはまさにこの点を重視すべきことを示している。

　そこで，本書では，流通イノベーションをこうした先行研究の知見を踏まえて，①イノベーション推進の担い手である経営者の構想力，②技術的なイノベーション，③消費者と競争をベースに発展する小売業態のイノベーション，それに④川上から川下までのチャネルにおけるイノベーションという要因から検討したい。さらに新たな流通イノベーションを受け入れる側のユーザーや消費者の受容ということについて，それに流通イノベーションに対して促進的となったり抑制的働きをする行政の役割についても簡潔に言及しておきたい。この関係は，図表1-2に示したように，流通イノベーションは経営者の構想と消費者の受容がコアになって出現と普及が行われるが，それを流通技術，競争，チャネル，それに行政が直接間接に影響力を与え，イノベーションの方向が決まっていくという構図で示される。そのことの検討から，流通イノベーションの理解の手がかりを得ようと考えている。そこで，次の第2章では①経営者の構想と②流通技術について，第3章では③消費者

14　Castaldo et al. (2013), pp.59-67.

図表 1-2 流通イノベーションの分析枠組みと構成要素

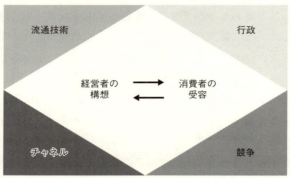

出所：筆者作成。

と競争をベースに形成発展する小売業態について，さらに第4章では④川上・川中・川下を含むチャネルについて順次検討してみたい。なお，流通の基礎的な理解を促進するために，本書で使用されるキーワードをコラムに掲載している（コラム 1-2 参照）。これによって流通イノベーションを考察する際の分析視点や用語理解のヒントが得られるように配慮している。流通を観察し，分析し，かつアクションを起こすには，基本となるキーワードを理解しておく必要があることを強調している。

＊本研究は，平成 27 年度専修大学長期国内研究助成「マーケティング・イノベーションの研究」に関する研究成果の一部である。記して感謝申し上げる。

コラム 1-2：流通の原理とキーワード

　流通の世界を理解するためのキーワードを最初に取り上げておきたい。このコラムの中での8個の項目は本書を読み解く上でも役立つことが期待されている。

1. ファクトとソリューション
    ⇒問題解決には事実を正確に捉える分析と理解が不可欠である
2. 個と全体＝木と森
    ⇒問題の所在や背景をパーツだけでなく，トータルな関連でも捉える
3. 効率性と有効性
    ⇒低価格と品質が良いことは時に対立するが，同時達成こそイノベーションを実現するためのカギである
4. 分化と統合
    ⇒すべての仕事を自社であるいは自分で担当するのではなく，専門能力のある他企業や組織に委託する
5. 適応と創造
    ⇒顧客のニーズに適応するだけでなく，さらに独自性のある提案を行う
6. コモディティ化と差別化
    ⇒時間が経つほどライバルとの同質化が進むため，他社にない価値や特徴を創造する
7. 代替性と補完性と独占性
    ⇒既存の方法に対して，他により優れた方法が出現したり，既存の方法を補強したり，他には代わりがきかない優位な存在
8. 顧客満足基準
    ⇒顧客が買い物に納得し，リピートするには何が求められるのか，顧客の期待に応えること，および期待を超えた満足と感動が求められる

第2章
流通イノベーションと経営者の構想力

1．経営者の構想力と組織能力の展開

　流通イノベーションは時代の産物であるという見方もできるが，しかしそこにはイノベーションの開発や導入の担い手を無視しては語れないところがある。例えば，日本でのスーパーマーケットの導入はどのようにして行われたのだろうか。そもそもスーパーマーケットが日本で最初に登場したのは1953年，東京青山の食料品店「紀ノ国屋」といわれている。時代の変化を敏感に読み取った先覚的な独立自営商の増井徳男がセルフサービス方式という流通技術を日本で初めて導入し，食料品スーパーマーケットを開店させた。スーパーマーケットは米国で開発され発展したものであったが，その経営方式を構成する流通技術や運営の仕組みの重要性を見抜いて日本の社会に適用しようとする先見の明があった。このようにスーパーマーケット経営は，先見の明のある流通イノベーターの努力とともに，戦後わが国の外資系企業の第一号であった日本NCRによるキャッシュレジスターの導入とNCRの経営指導がスーパーマーケットの普及に大きな力を発揮してきたことも事実である（コラム2-1参照）。

　かつては小売業日本一の座を維持していたダイエーの創業者である中内功も流通のイノベーターであった。そして現在の日本の小売業界のトップを走るセブン＆アイHD，その原点企業の一つである，イトーヨーカ堂（社名：店名はイトーヨーカドー）を1958年に一介の洋品店から業態転換を進めた伊藤雅俊もそうした位置にあった。イオン（当時：岡田屋，後にジャスコ）の岡田卓也も1963年にはオカダヤチェーンとして本格的なスーパーマーケット経営を推進することで，流通のイノベーターとして取り組んできた。中内，伊藤，それに岡田にしても，ともに米国での流通視察やNCR，商業

コラム 2-1：日本におけるスーパーマーケットの起源

　日本でのスーパーマーケットの起源については，その特徴を何に求めるかで諸説存在する。とくに，セルフサービス方式を重視する見解と，低価格で総合的な食料品を販売する方式を重視する見解とで評価が分かれる。青山の紀ノ国屋はセルフサービス方式を最初に取り入れた食料品スーパーマーケットであったが，当時は徹底したキャッシュアンドキャリーではなく，掛け売りも行われていたり，高所得者層を対象に高価格のスーパーマーケットとしてスタートした。これは，次の第 3 章のマックネア（McNair）仮説との関連で経済発展の異なる国に移転させられる場合は，新業態は低価格でスタートするとは限らないことを示した。これに対して，後者の事例は，北九州の小倉の丸和フードセンターであるといわれている。革新的な意欲をもって，丸和フードセンターを 1956 年に設立した吉田日出男の場合も，日本 NCR からの指導や公開経営指導協会との交流を通して，「主婦の店」運動の指導者として初期スーパーマーケットの発展に大きな役割を果たしている。しかも吉田は，丸和フードセンターをオープンするのに際して青山の紀ノ国屋を見学し影響を受けている（鈴木，1991，pp.313-323；矢作，1997；瀬岡，2014，pp.1-34；佐藤，1974，pp.211-213）。

界，東レ（当時，東洋レーヨン）主催の東レサークル，公開経営指導協会，ペガサスクラブ（チェーンストア経営者の多くが参加）などでの勉強会を通してセルフサービス方式によるスーパーマーケットについて学んでいた。彼らは，セルフサービス方式によるスーパーマーケットに多大な刺激を受け，貪欲にそれぞれの企業での業態イノベーションに取り組んで，今日の総合スーパーという日本独自の小売業態を確立していく。伊藤は，日本 NCR 主催の海外視察に参加し，この頃のいきさつを自著で「1961 年（昭和 36 年）の海外視察旅行で，私はこれからは百貨店ではなくスーパーの時代であることを確信しました。―中略―ヨーカ堂は洋品しか扱ったことのない衣料品店です。スーパーの格好を整えるにしても，最低でも，加工食品，家庭用品，化粧品，生鮮食品などの品揃えが欠かせません。社内に経験者がいないのはヨーカ堂に限ったことではなく，スーパーマーケットを目指したどの会社も同じでした。何しろ日本になかった業態を，新しく作ろうというのです。」[1]と述べていた。

第2章 流通イノベーションと経営者の構想力

　岡田も，伊藤に先立つ2年前に商業界主催の米国視察に参加していた。当時を振り返って，「岡田屋を大きく，近代化した企業体にすることの決意を新たにしたもう一つの出来事は1959年（昭和34年）6月の初めての米国視察だ。父が果たせなかった米国行き。最新の流通事情をこの目で見て岡田屋の経営に参考にしようと考えた。─中略─ A&Pで印象に残ったのは販売方法だった。生鮮食品や加工食品など豊富な商品の中からお客様が自由に商品を選び，カートに入れてレジまで運ぶ。いわゆるセルフサービスだ。日本ではまだそんな手法がない時代だった。対面販売が中心の日本の小売業とは百八十度違っていた」[2]。

　このように新しい流通技術が導入される第一歩は経営者の，時代の変化に敏感に反応して，リスクを恐れず，挑戦する意欲や信念が重要な推進力になっている。新しい小売業態や流通の仕組みはベンチャー精神とリーダーシップから生まれる。そして，先駆的な経営者の挑戦する思いを支える支援企業や組織の役割も，日本NCRなどの例に示されたように，大きな力になってスタートや成長をバックアップした。今日でも，小売企業の発展には，流通を支援する関連産業の役割が常に働いている。そしてより大きな視野でこの時代の生産と流通それに消費の環境を捉えると，生産の側に多数のメーカーによる大量生産やマスメディアを駆使した広告宣伝活動およびパッケージ化されたナショナルブランド（NB）の商品のマーケティングが展開された。同時に都市への人口集中や所得水準の上昇は高度経済成長を可能とし，大衆消費を実現するための仕掛けとしてセルフサービスのスーパーマーケットや総合スーパー（両者は単にスーパーと呼ばれてきた）が存在価値を発揮するようになってきた。このようにある流通イノベーションが導入されるきっかけは，時代の要請を反映して，当時の生産の変化や人々の求めていた需要を読み解く形で経営者のこだわりや執念が影響していたと考えられる。

　世界最大の小売業にまで成長してきたウォルマートの創業者，サム・ウォルトン（Walton, Sam）も，以前の業態のフランチャイジーとしてのバラエティストアの経営とは異なった，独立したディスカウントストアへの業態転

1　伊藤（2003），pp.69-71から抜粋。
2　岡田（2005），pp.65-67から抜粋。

換を決意する。彼はバラエティストアという業態が生み出す年商には限界があることを認識するようになり，バラエティストアの経営者が高い粗利益（当時45%）にこだわり続ける限り，その業態の更なる発展は難しいと感じていた。むしろそれより低い粗利で大きな利益を生み出すディスカウントストアのイノベーションに魅力を感じるようになっていった[3]。

　このことを，自叙伝のなかでディスカウントストアへの思いを次のように語っている。「残された道は2つしかなかった。近い将来ディスカウントストア・ビジネスの波が押し寄せてきて，大打撃を受けるとわかっていながらバラエティストアに留まるのか，それとも，自らディスカウントストアを始めるのか。もちろん，私はただ餌食にされるのを待つつもりはなかった。─中略─何年にもわたってディスカウントストアの研究をし，半信半疑で実験もしてきたが，ついに全力をあげてこの世界に飛び込むことになったのである。1962年7月2日，ウォルマート1号店がついに開店したのだった」[4]。

　この1962年という年度には，特別の意味が込められている。それは当時全米で800店ものバラエティストアチェーンを展開していたSSクレスゲが1962年3月にディスカウントストアへの業態変換を図った年でもあった。それはウォルマートの最初の出店に先立つ4か月前にデトロイト郊外のガーデンシティにKマート（後に2005年シアーズを買収したことで現在はシアーズに社名変更）の最初の店舗をオープンさせたことだった。当時，Kマートはこの業態転換を武器にディスカウントストアの売上高トップに躍り出ることになる。さらには，デパートメントストアからはミネアポリスに本社のあるデイトン・ハドソン（2000年にはターゲットへと社名変更）が事業多角化の一環としてターゲットというディスカウントストアをこの年に設立し，同じ年に4店舗オープンさせた。この2社のディスカウントストアの出店はその経営の生命線ともいえる在庫回転率を高めるねらいから，多くの集客が期待できる大都市の周辺部を商圏としていた。同じ年にオープンしたウォルマートは，小さな町（人口1万人に満たないスモールタウン）を対象に出店を続け，高値を付けた田舎町の商人を競争相手として，マーケット・

3　田口（2005a），pp.1-51.
4　Walton（1993）（渥美・桜井訳，2002，pp.97-99）.

第 2 章　流通イノベーションと経営者の構想力

ニッチャーの道を進んだ。この小さな町は，ディスカウントストアにとって，ライバルの参入しにくい障壁を形成することにもなった。小さな町まで商品を届けてくれるメーカーは少なく，大量仕入れと薄利多売のためには，自前で物流センターを用意せざるを得なかったし，出店も配送の効率を考えてドミナント出店となった。サム・ウォルトンは，自分の得意でない分野に有能な人材をスカウトするのにも長けていた。1970 年にはジャック・シューメーカーそれに 1976 年にはデビッド・グラスをスカウトし，彼らの力によって物流の効率化と POS システムとの連動を進め，EDLP のビジネスモデルを確立し，ウォルマートのディスカウントストアのイノベーションはますます威力を発揮するようになる[5]。ウォルマートのこうした動向やビジネスモデルについては第 8 章において再度詳しく述べてみたい。

　コンビニエンスストアのセブン - イレブンの日本への導入についても[6]，経営に携わるリーダーの執念のようなこだわりがイノベーションを生み出していく過程が読み取れる。1970 年代当時のイトーヨーカ堂の中では，伊藤雅俊社長（当時）はコンビニ経営への参入には乗り気でなかったのだが，鈴木敏文取締役（当時）は米国のサウスランドが展開するセブン - イレブンとの日本でのフランチャイズ契約にこぎつけた。実は，伊藤にしても，鈴木にしても，はじめからコンビニエスストアという業態に関心を持って，その導入を計画していたわけではなかった。この当時は，大店法の制定（1973 年）に象徴されるように，大手のスーパーにとって中小小型店との対立が激しくなっていく時代であり，モータリゼーションを背景にロードサイドにファミリーレストランが発展していく動きが予想されていた。そこで，イトーヨーカ堂では，経営幹部がレストランチェーンを探しに渡米した。そこでデニーズとの技術導入契約を結ぶことになる。コンビニエンスストアは社内ではまだ存在さえ知られていなかった。

　この当時のことをトップであった伊藤は次のように振り返っていた。少し長くなるが引用しておこう。このことはイノベーターの交代や次のイノベー

5　田口（2005a），pp.12-13.
6　コンビニエンスストアの米国での開発の歴史については，徳永（1990）および田口（2005b）を参照のこと。日本での展開の歴史については，矢作（1994）；川辺（1994）に詳しい。

ターがどのような行動をとるのかを示唆しており興味深い。「コンビニエンスストアという日本人が知らなかった業態を発見し，それが高収益の優良企業というので，『何か秘密のノウハウがあるはず』と興味を持った鈴木取締役が『ぜひやってみたい』と言い出したのです。2人（当時，鈴木敏文取締役と業務開発担当の清水秀雄総括マネジャー：筆者加筆）はテキサス州ダラスのサウスランドの本社を訪ねますが，飛ぶ鳥を落とす勢いだったサウスランドは日本を後進国と見下して相手にしてくれません。不思議なもので，人間は自分が興味を持った相手に袖にされればされるほど，興味が強くなって，何とかしたいと思うものです。途中から伊藤忠商事の応援も得て，粘り強い説得を繰り返し，ようやく交渉開始にこぎ着けました。逐次，交渉経過の報告を受けていた私は，終始，乗り気にはなれませんでした。株式上場を果たして，ある程度の資本ができ，社会的な信用もできたものの，1970年から75年は売上高が500億から2500億に爆発的に増えた時期です。拡大に次ぐ拡大で，会社は伸び切っていました。―中略―それでもまだ，売上高はスーパートップのダイエーの半分にも達しません。私はヨーカ堂の足元を固めるのに精一杯で，とても新しい事業に挑戦する余裕などなかったのです。終始，積極的だった鈴木取締役はハワイ会議をセットし，米国本土でセブン‐イレブンの実地検分をしてきた私と，ダラスに交渉に向かう鈴木取締役がハワイで相談して提携に踏み切るかどうかを最終的に決めることになりました。しかし，2人が東京とダラスに向かってたつ当日の，ホテルの朝食の話し合いでも結論は出ません。鈴木取締役は『断ってもいいのですね』と言い残して席を立ち，ダラスで話をまとめてしまったのです」[7]。

これに対して，鈴木敏文は当時を振り返って次のように述べている。「あるとき，カリフォルニアで移動の途中，休憩で道路脇の小さな店に立ち寄った。数字の『7』に『ELEVEn』の文字を重ねた看板。セブン‐イレブンといい，スーパーを小型にしたような店で食品や雑貨がいろいろ並んでいた。『米国にもこんな小型店があるんだ』―中略―米国ではスーパーマーケットやショッピングセンターが日本よりもはるかに発展している。その中で小型

7　伊藤（2003），pp.107-108.

第 2 章　流通イノベーションと経営者の構想力

店のチェーンを 4000 店も展開しているのだから，これは相当な仕掛けがあるに違いない。日本で生かすことができれば，大型店との共存共栄のモデルを示せるはずだ。新事業を開拓する業務開発の責任者を兼任していた立場から，そう提案すると返ってきたのは社内外からの『無理だ』『やめろ』の大合唱だった。『日本では各地にスーパーが進出し，商店街のかなりの部分が衰退している状況を見ても，小型店が成り立つわけがない』『販売経験のない人間に何がわかる。だから夢物語を言っていられるんだ』」[8]。このように鈴木は，伊藤と違った目線で，当時激しくなっていた大型店と中小店の対立問題への対応を意識して，日本の中小商店との共存策や生産性向上という視点から，セブン - イレブンのコンビニエンスストア業態に一定の期待を寄せていた。しかし，先に伊藤とのハワイでの相談のシーンを回顧して「実は最終交渉の前日，私は渡米の途中ハワイに寄り，米国からセブン - イレブンの視察を終えて帰国途上の伊藤社長と落ち合った。一緒に食事をとりながら，伊藤さんはセブン - イレブンについて，『あれは日本の雑貨屋のようなものだな……』，はっきり意思は示さないが，『7 割反対，3 割どうかな』の感触だ。確かにリスクは高い。社内外からは反対意見が噴き出ていた。オーナーとして不安を抱くのも当然だった。―中略―『では断ってきます』，私はそういって席を立った。もし，このハワイ会談で，必ず交渉をまとめるように命じられていたら大幅に譲歩していただろう。社内の消極的な環境が決裂覚悟の強い交渉力をもたらした。―中略―ところが，それからまもなく，米国での研修に社員とともに参加した私は唖然とした。『これは日本では使えない。失敗した！』，仲間に言えず，悶々とした日々が始まる」[9]。

　サウスランドにとっては，もともと，最初の交渉の当時（1972 年 5 月），日本の市場に関心を持っていなかったこともあって門前払い同然だったし，73 年春の交渉でも難航した。サウスランドが要求していた日本の提携先を東西二社（テリトリー）に分割すること，事業形態を合弁とすること，出店速度（8 年間で 2000 店の出店），それに売上に対するロイヤルティ（指導料）1％といった条件はイトーヨーカ堂にとって高いハードルになっていた。鈴

8　鈴木（敏）(2008)，pp.84-86.
9　鈴木（敏）(2008)，pp.93-94.

木は積極的であったとはいえ,より慎重に,しかし強かに行動し,日本の小売事業環境に合った経営戦略の展開を強調し,事業形態としては合弁を拒否し,日本全国でのエリア・フランチャイズ方式,ロイヤルティについても0.6％,さらに現地の特徴に合った事業展開という主張の大半を認めさせ,1973年11月30日に両社の間でエリア・サービスおよびライセンス契約が締結された[10]。

しかし,鈴木の期待は大きく裏切られていた。「マーケティングやマーチャンダイジング（商品政策）や物流についてのシステマチックなノウハウがあるはずで,それを日本に持ってくればすぐ通用すると思い込んだのは,私の勝手な想像にすぎなかった。使えるのは会計システム（本部と加盟店の間で粗利益を分配する方式など）ぐらいだった。」[11] このように,後の日本でのセブン－イレブンの展開は会計システム,本部と加盟店の契約に関わるノウハウ,それに看板（ブランド）以外は,ほとんどすべて試行錯誤を重ねて自力で開発することで,変化対応業として日本独自のコンビニエンスストア・システムを創造していく[12]。

創業した経営者の場合,その独自性のゆえに,一代限りで終わってしまうことが多い。サム・ウォルトンの死後も,ウォルマートがEDLP（Every Day Low Price）のエンジンを回転させ続けられるのは,創業者サム・ウォルトンの精神を引き継いだ,ウォルマートの組織的な対応が盤石であればこそ可能であったことは想像に難くない。イトーヨーカ堂の事例も,伊藤雅俊がコンビニエンスストアという日本になじみのない新業態に対して取った消極的な対応を見る限り,総合スーパーの業態にとどまっていた可能性も考えられた。しかし,コンビニエンスストアの存在に強い関心を抱いていた鈴木敏文が果たしてきた役割,さらには彼が率いる組織は,日本の消費環境に適合した独自のコンビニエンスストア・システムを創造し,絶えず進化させ続けてきた。今後は,ポスト鈴木体制による組織の編成とイノベーションの展開が注目される。この意味で,経営者の一代限りのイノベーションではなく,

---

10　川辺（1994），pp.126-127.
11　鈴木（敏）（2008），p.96.
12　川辺（1994），pp.126-127.

次のイノベーターやトップの強いリーダーシップ，それに組織能力による継続的なイノベーションがますます重要となっていることがうかがえる。

2．流通技術の活用のための仕組み：流通技術をベースにしたイノベーション

(1) セブン-イレブンとウォルマートの取り組み

　技術によって流通が発展する例は，われわれの身近なところで確認できる。先に述べたコンビニエンスストアの発展は，狭い売場にできるだけ顧客の求める品揃えを充実させるために，鈴木のリーダーシップの下に，バーコードによるPOSスキャニングシステムを1982年にはセブン-イレブンの当時1350店の全店舗に，1985年にはイトーヨーカ堂の全店舗にPOSレジを導入した。全商品をスキャニングの対象として売れ筋商品の把握と死に筋商品の排除に取り組んだのである。それだけではない。コンビニの店舗は，売場やバックヤードのスペースが制約されており，狭い店舗には一度にたくさんの商品を受け入れることができない。そのためスーパーや総合スーパーとは異なる商品取り扱いの技術として多頻度小口配送が求められた。さらに，一日に何度も配送トラックが納品のため店舗に横付けされると，納品作業で本来の小売業務に支障をきたすという問題が生じていた。これに対し，メーカーやベンダーに対してライバル企業の商品を含めて温度帯別に共同配送に協力してもらう態勢をとるように試行錯誤が繰り返され，一日平均70台の配送トラックが一日10台にまで減少した。加えて，単に台数が減らされただけではなく，納品作業の効率性を考えて，10台のトラックが一度に集中して納品作業を混乱させることがないように，また弁当などの売れる時間帯に合わせてタイミングよく配送できるように，配送時間をあらかじめ決めたダイヤグラム配送が実現した。

　このように，セブン-イレブンでは，情報や物流の技術を巧みに活用し，顧客への的確なマッチングを提案するための仕組みを通して，日々改善努力が繰り返されているということができる。単品管理によるPOSデータからの機会ロスの削減（死に筋の排除），それに仮説検証によるマーチャンダイ

ジングをベースに売れ筋の商品の提案という経営姿勢を徹底させてきた。セブン－イレブンは，POSデータを活用しながら，現場の人間の意思決定を重視することで，消費者変化への迅速な対応と欠品の防止を実現し，世界で最も要求水準の高い複雑な消費者への対応を試みてきた[13]。これは，地域ドミナントベースの出店戦略とSCMによって支えられている。セブン－イレブンは，このシステムを駆使することで，コンビニエンスストア業界で世界のトップを走り続けている。

同じようにICTやSCMを積極的に活用した小売企業でありながら，顧客対応や競争企業への対抗という点でセブン－イレブンとは明確な違いを示すのがウォルマートである。世界最大の小売企業といわれるウォルマートは，スマート・システム[14]，リテール・リンク，CRP（Continuous Replenishment Program），EDLC（Every Day Low Cost），EDLPといった技術や経営の仕組みを通じて，意思決定をコンピュータに委ね，作業の標準化やマニュアル化，それにレイバーコストの削減を徹底することで，戦略的な低価格を実現し，持続的な低価格を支持する顧客を獲得して米国のみならず世界の頂点に君臨してきた[15]。このように持続的な低価格を支持する顧客層をターゲットとしてローコストを追求するウォルマート，それに対して価格よりも質や利便性へのこだわりを重視する顧客層をターゲットとし，欠品ロスの回避に取り組むセブン－イレブンは対照的な戦略の違いを示している。しかも，両企業にとっては，業態間の売り方の違いを超えて，共通してイノベーション

---

[13] 1980年代末から90年代初頭にかけて米国のサウスランド社（2005年に現在のセブン＆アイHDの100％子会社となった米国セブン－イレブン・インク）が経営危機に陥った当時は，店舗の従業員が自らの意思で発注していなかった。その主な理由には，各店舗が自前の独立採算制をとる物流センターの一方的な納入に依存しており，またベンダーと呼ばれるメーカーや卸売業者のルートセールスに頼っており，店側では発注しなくても勝手に商品が運ばれる仕組みになっていた。店側ではそれが合理的な仕入と受け取っていた。日本のセブン－イレブン（当時はイトーヨーカ堂グループ）が再建に取り組むのに際して，その責任者であった鈴木敏文は，経営再建にあたってこの仕組を改め，物流センターを売却した上で物流業務をアウトソーシングし，日本で確立した単品管理をベースに，パートの店員でも何が売れているかを自らの意思で判断して発注し，発注した商品は責任をもって売り切るというように，発注権限を店舗に移譲し，日本のセブン－イレブンと同じく現場の人間の意思決定を重視するように改革を進めた（鈴木，2013b，pp.161-165）。
[14] スマート・システムおよびリテール・リンクなどについては第8章のコラムを参照。
[15] 田口（2010），pp.23-32．

を絶えず導入し持続させることで，顧客価値の創造のみならず，競争優位性の発揮にも結び付けてきたといえる。

(2) アマゾンの取り組み

　顧客のデータを有効に活用している小売企業の代表例は，アマゾンである。アマゾンの創業は1995年であるが，創業者のジェフ・ベゾス（Bezos, Jeffrey P.）はウォルマートのEDLPの価格戦略に学びながらも，情報技術をより高度に活用してネットベースの顧客対応を推進してきた。アマゾンは，広い範囲のジャンルで何百万というきわめて膨大な商品を取り扱っている。書籍のネット販売からスタートしたが，現在ではガーデニング用品，大衆薬，家具，食料品，衣料品，美術品，音楽や映画の配信，しかも最近（2015年）では日本でお坊さん便という僧侶の手配サービスなど，なんでも扱うと揶揄されるくらい品揃えも顧客も年を追うごとに拡大している。さらに商品だけではなく，多数の小売店を集めたマーケットプレイスもオープンしている。創業者のジェフ・ベゾスは顧客第一主義と顧客の望む商品をできるだけ安く多く提供するためのエブリシング・ストアを目指してきた[16]。さらに，2015年11月には本社のあるシアトルでリアル店舗の書店をオープンするなど，常に新たな挑戦を続けている。

　アマゾンでは，商品の売れ行きを恐竜の姿に重ね合わせて表現された，売れ筋商品のヘッドの商品カテゴリーだけでなく，いわゆるめったに売れないが，確実に需要は見込めるロングテール（図表2-1参照）に位置する商品の扱いまで，リアルな店舗の品揃えでは不可能なほどの，顧客にとっては選びきれないほどの膨大な種類と量の品揃えを実現している。ネット上の検索から膨大な量の商品へのアクセスを可能としている。しかし，アマゾンの側からすると，顧客の側の検索だけに任せてしまうと，顧客の検索能力には限界があるので関心を持ってくれそうな商品を発見できないで終わる。そこで，1995年に始めたレコメンデーション（おすすめ情報）・サービスには，コラボレーティブ・フィルタリング（協調フィルタリング）技術をいち早く導入

16　Stone（2013）（井口訳，2014，p.362およびpp.468-471）．

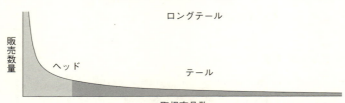

図表 2-1　ロングテール現象

したことが注目された。つまり，本の購入に見られるように，ある顧客が本を購入した場合，その履歴のデータマイニングによりプロファイルが似ている顧客の購入パターンを分析し，個人に合わせたコンテンツを用意することで，関連購買や次に購入すべき商品を推奨するレコメンデーションで顧客の支持を集めてきた。アマゾンはクッキー（HTTP cookie）を使って顧客に番号を付けて識別し，購買記録などをベースにその顧客の本の好みを分析し，興味や嗜好に合わせた広告を個別に配信する行動ターゲティング広告が活用されている。さらに，今どんな商品が売れているか，売れ行きのランキングを見ることもできる。さらには本によってはレビュアーによる書評も紹介されており，本の実際の目次や内容の一部を確認することもできる。また，2007年，キンドルの発売によって，紙ベースの本や雑誌だけではなくダウンロードによるデジタル書籍の直接販売もいち早く取り入れてきた（図表2-2参照）。さらにリアルやバーチャルな店舗を問わず，業界を震撼させたのは，自動値付けボットといわれるソフトウェアの活用であり，これによってアマゾンはライバル企業の価格をウェブで調べてアマゾンの価格を調整し常に最低価格を提供しようとする。

　さらに，アクセスしたユーザーがその本のページに滞留した時間の長さ，一度はカゴに入れて取りやめた本はどれか，何と何を一緒にカゴに入れたか，どの本には見向きもしないかなど，本のレビュアーには扱えない情報を大量に集積することで，顧客の詳細情報，購買実態，広告や販促活動に対する反応などがリアルタイムで入手でき，単なる販売以上の役割を果たすようになっている。アマゾンではレコメンドによる購買がかなりのウエイトを占めているといわれる[17]。

第2章　流通イノベーションと経営者の構想力

図表 2-2　アマゾンの成長の源泉

アマゾンのビジネスモデル
□レコメンデーション
□売れ行きランキング
□レビュアーによる書評
□実際の目次や内容の一部閲覧（ルック・インサイド・ザ・ブック）
□ロングテール対応
□アマゾンアソシエイト・プログラム
□デジタル書籍のダウンロード
□マーケットプレイスのネットモール
□出店企業へのフルフィルメントサービス（受注管理・出荷業務・出荷後のカスタマーサービスの代行）
□送料無料や最短当日配達の実現
□アソシエイト・プログラム（紹介者がホームページやブログでアマゾン商品を紹介し販売できた場合，紹介者に販売代金の一部を支払う広告システム）
＊その効果：利用者数の増加と顧客情報の精度向上（利用者が増えるほど顧客情報の精度が高まる）

出所：Stone（2013）（井口訳，2014）をベースに作成。

　企業活動におけるレコメンデーションや行動ターゲティング広告の仕組みは，アマゾンのビジネスモデルの中核であり，このサービスによって①利用者数を増大させ，②取り扱う商品ラインナップを拡充し，③それらの利用動向（購買・閲覧履歴，アフィリエイトなど）を収集し，分析精度を向上させることに結び付けてきた。

　これをさらに推し進めたのが「予測発送（anticipatory package shipping）」といわれる新たな取り組みであり，2012年にすでに「method and system for anticipatory package shipping」として特許申請している。顧客が次に何が必要になるかを予測し，かつ特定し，事前にその商品を調達して，実際に購入する直前までに届けてしまうという取り組みである。しかも返品も織り込み済みの仕組みを検討している。個々の顧客について，例えば，セール時の価格への反応，品質やブランドへのこだわり，他商品との併買や関連購買の利用特性，広告メッセージへの反応程度など，どんな商品ジャンルで，いついかなる条件で購買するのかといった詳細なデータを蓄積し活用できるアマゾンならではの実験であり挑戦といえる。

17　岡嶋（2014），p.120.

顧客からの注文が出される前に，事前に発送のアクションを起こしてしまうという，これまでには考えられなかったことに取り組んでいる。届ける時間の短縮ということでは，アマゾンやグーグルは小型無人航空機・ドローンなどによる宅配にも挑戦してきている。次の取り組みとして挑戦しているのが，発送までのリードタイムの短縮という課題解決である。顧客が求める商品を使用直前の段階で流通拠点から直近のブランチに発送するという構想である。このような取り組みが本格的に市場浸透するかは，アマゾンにとって，新製品の普及の問題と類似して，ジェフリー・A・ムーア（Moore, 1991）のいうキャズムをどのように超えることができるかという点で[18]，顧客からのパミッションや信頼関係の構築，それに商品カテゴリーの指定など克服すべき溝について，アーリーマジョリティーに必要と思わせるマーケティング戦略が求められる。そもそも小売業はどのような役割を果たすべきかの根本的な課題を提起していることも事実である。予測発送は機能合理的には消費者の買い物の手間や時間を省く意味を持つが，買い物に楽しさや気分転換，あるいは経験価値といった感性的な要素を求める消費者にとってはこうした方法は好まれないだろうし，買い物の条件や商品特性によってある程度の使い分けが行われることになろう。

　これに近いタイプのものとして，2015年3月31日からは「ダッシュ・リプレニッシュメント・サービス」（Dash Replenishment Service：DRS）を導入した。これは機器に接続し消耗品がなくなりそうになると，アマゾンに自動的に発注されるクラウドサービスである。例えば，プリンターのインクがなくなりそうなときに，プリンターに搭載したDRSが自動的にアマゾンにインクを発注する仕組みになっている。さらにアマゾンでは，こうした試み以外にも洗濯機に洗剤用のボタンを張り付けておいて，洗剤がなくなってきたらボタンを押すことで注文を済ませる「アマゾン・ダッシュ（Amazon Dash）」というデバイスを導入している。補充が必要となった洗濯洗剤，トイレットペーパー，飲料などの品物について，ダッシュのボタンを押すだけで再注文できるように，これも15年3月31日からアマゾンプライム会員へ

18　Moore（1991）（川又訳，2002）．

第 2 章　流通イノベーションと経営者の構想力

コラム 2-2：アマゾンの挑戦

> 「ダッシュ・リプレニッシュメント・サービス（Dash Replenishment Service）」は，購買を先取りし，さらに固定化する仕掛けとなっている。これには家電メーカーのワールプール，事務用品メーカーのブラザー，浄水器メーカーのブリタなどが名乗りを上げている。また「アマゾン・ダッシュ（Amazon Dash）」の場合は，各ダッシュボタンが一つのブランド専用となっており，ジレット，クロックス，クラフト，マックスウエルなど現時点で 18 ブランド商品に対応している。無料配布されたダッシュをあらかじめ家庭内 Wi-Fi ネットワークに接続した状態で，ダッシュのボタンを押すと，スマートフォン上のアマゾンのアプリにその情報が送られる。利用者が常に買い置きしたい商品を前もって登録しておけば自動的に注文できる。例えば，洗濯洗剤，タイドの愛用者は，タイド商品のうち再注文したい商品を登録しておくと，ダッシュボタンを押すだけで注文がすませられる。この事例は主として『DIAMOND Chain Store』2015 年 5 月 1 日号 & 15 日号を参考にしている。類似の指摘は，岡嶋（2014），pp.80-85；鈴木敏仁（2015）「米国流通現場を追う」『日経 MJ』5 月 8 日に詳しい。

の無料配布を開始している。これは，製品そのものにこうした注文のためのボタンを製造段階で組み込んで製品化しており，IoT（internet of things；あらゆるものがネットと接続している状態）を実現することで買い物の時間短縮や継続性というネット販売の課題に挑戦している（コラム 2-2 参照）。

　売上データと顧客データを結び付けることで，ますます顧客の識別や関係構築のための取り組みが容易になっている。しかも，アマゾンのように，顧客の行動に対する予測の精度が向上するほど，こうしたことが可能になり，リードタイムの短縮や顧客の期待を超えた提案を実現しようという段階にまで，流通イノベーションが進行してきているとみることもできる。日本でも，ある特定の消費者がいつ，どこで，誰と，何を購入するのかの予測をめぐる研究が進められており，消費者行動の予測技術に新たな提案が行われている。新熊（2015）によると，①ログ取得・蓄積技術（消費者に対して商品，日時，店舗，同行者といったコンテクストに関する他の要素とのタッチポイントをログ情報として取得・蓄積しデータベースとして構築する技術），②モデリング技術（消費者ごとに紐付けされたログ情報からコンテクストを加味した個々人の嗜好を数学的にモデル化する技術），そして③予測技術（各消費者

のログ情報から消費者の将来の活動を予測する技術）を提起している。その特徴は，この3点をベースに，従来のような消費者を共通の特徴でグループ化しキーファクターを選び出す（協調フィルタリングやカテゴリーマッチング）といった手法ではなく，新たにある消費者と距離の近い商品ほど高いスコアを与え，スコアが高い商品ほど近い将来購入されやすいとする数学的モデルから論理的な距離を測定する手法などが開発されている[19]。

3．進化する流通技術と課題

　流通に大きな影響を与える技術は，業界や企業，組織ときには個人（ユーザーイノベーション）などによって実に多様に開発や採用が行われてきている。それによってわれわれの生活が便利になってきている面と，社会的に軋轢を生み出している面の両方が存在する。流通イノベーションがわれわれの生活や習慣を変えつつあることも事実である。

　消費者に好まれる，形の整った野菜や果物を出荷する際には画像解析技術を使って外見・大きさ・熟度などの等級別に選別が行われている。食料品売場の野菜や肉などパッケージに張られたQRコードをスマートフォンなどで読み取るとそれを作った生産者からのメッセージやおすすめのメニューが提供されるなど，われわれの消費生活を支えるために，実にさまざまな技術が活用されている。

　近年では，さらに店舗内にマーケティング用カメラやセンサーを設置して顧客の基本的な属性や動線などを撮影したりチェックしたりして，その画像から顧客の動向を分析することで，マーケティングの展開に活用しようとしている。これまではPOSによる商品の販売動向や最近ではID-POSによる利用者動向の分析が積極的に行われるようになってきたが，それに加えて，カメラやセンサーを活用してPOSで収集することができない動線などの情報を補完して，さらに分析精度を高めることができるようになってきた。具体的には，①入退出・移動方向の人数識別（物体形状認識センサーによる追

19　新熊（2015），pp.8-13. この予測型販売チャネルをCAP（Contact, Analysis, and Prediction）Channelと名付け，オムニチャネルの可能性として提案している。

跡），②年齢・性別の把握（自動推定），③商業施設・店内での移動・買い回り分析（センサー），④店内での商品への関心度（AIDMA／時間）分析（センサー＆カメラ）など，デモグラフィックな行動データを把握することが容易になっている。飲料の自動販売機でもカメラの装備が高機能化している。撮影した画像から利用者の年齢と性別を識別して，おすすめの飲料を提案する。そこに温度センサーや購買時のおサイフケータイの情報を加味すれば，さらに詳細なプロファイリングをもとにした提案を行うこともできる。その反面，個人識別情報と紐付けられた行動履歴が漏洩することで，顧客の個人情報がプライバシーやセキュリティー上，はたして守られているのかという課題を提起していることも否定できない[20]。

またインターネットを利用して買い物する場合，顧客は宅配技術の向上によって，即日配達の利便性を享受できる。これらの例は，低コスト（時には配達料無料），顧客の求める的確な品揃え，迅速な商品の受け取りという形で，単に技術が効率性に貢献するだけではなく，有効性にも貢献することで，顧客への価値創造や提供を実現する可能性を高めている。しかしこれに対して，こうした技術進歩でのメリットとは別に，既存の販売方法との軋轢も無視できない問題を生んでいる。フランスではアマゾンのインターネット書籍販売をめぐって，配送無料を禁止する反アマゾン法を2013年6月に可決している。本のネット販売において，無料配送がフランスの単一価格制度（日本の書籍の再販売価格維持制度）に抵触し出血販売（ダンピング）にあたること，その結果，価格競争が激化してフランス文化の保全，経営規模の大小を問わずリアル書店や出版社の存続，さらには雇用の維持が困難になってい

---

20 岡嶋（2014），pp.68-69. なお，2013年，JR東日本がSuicaの乗降履歴（ユーザーの乗降駅や生年月日，性別など）をビッグデータの活用のために日立製作所に販売しようとした。Suicaの乗降履歴はマーケティング資料としては非常に有益であるが，どのように匿名化を行うか，どの範囲のデータを売るのかがはっきりしなかったので，利用者が反発し中止することになった。また最近は，スマートフォンやインターネット，あるいは店頭で，無償のサービスや景品などと引き換えに個人情報を入手する企業も多くなっており，企業にとっては新たなビジネスチャンスとして積極的な取り組みがなされているが，個人情報の漏洩や流出を含め，個人情報の扱いが企業や組織体によってルーズで管理責任が不明確であるといった問題も多い。2015年4月に個人情報保護法の改正案が国会に提出されることとなり，個人が特定できないように加工すれば情報を第三者に提供できるように動き出している。

ることなどが問題視されてきた。アマゾンの反論としては，既存のリアル書店は新刊本の取り扱いが中心で，より古い書籍を求める顧客に対応できていないこと，リアル書店から離れた場所に住んでいる顧客への利便性をアマゾンは提供していることなどを主張している。同じ問題は日本でもすでに生み出されている[21]。

　これまでも，時代や社会のニーズを反映し，またそれらを先取りする形で，流通やその周辺技術が進歩し，社会や生活の姿を変化させてきた。しかしこうした変化がプラス面だけではなく，流通イノベーションに伴う社会的軋轢やアクセスなどの格差を生み出していることも事実であり，こうした問題についても十分な研究やルール作りが必要となっている。小型無人航空機・ドローンの例に象徴されるように，農薬散布，建設現場の測量，救援物資の輸送，山や海での遭難者の発見，有害な汚染エリアでの捜索など人間が近づけない場所で活躍が期待される便利な道具でありながら，悪意を持ってテロや犯罪に利用しようとする場合にはさまざまな弊害や事故に結び付くだけに，一定のルールでの規制が必要となることも否定できない[22]。こうした二面性を内包しながら，さまざまな社会的課題解決に向けてシーズ志向であれ，ニーズ志向であれ，流通イノベーションによる顧客価値の創造と提供を目指して絶えざる開発のための挑戦が期待されている。

＊本研究は，平成27年度専修大学長期国内研究助成「マーケティング・イノベーションの研究」に関する研究成果の一部である。記して感謝申し上げる。

21　この法律についての詳細，フランスでの経緯および日本での現状の課題については，三浦（2015），pp.113-128を参照。

22　ドローンをめぐっては，航空法（国土交通省）や電波法（総務省）によって規制の検討や見直しが行われている。2015年12月10日「改正航空法」の施行によって，ドローンの飛行ルールが定められ，人口密集地域や空港の上空，夜間や目視できない場所での飛行を原則禁止している。こうした条件下で飛行させる場合は事前に国の許可を必要とする。それにドローン専用のための新たな周波数帯域の割り当てや電波の出力規制の緩和なども検討され出した。なおドローンを活用した事例として，千葉市では国家戦略特区での規制緩和を提案しており，その特区でアマゾンがドローンで高層マンションに住む高齢者らに医療品などを宅配する事業を検討している。また民間企業が自治体や医療機関などの要請を受け，ドローンを使って災害孤立地域への医薬品や通信機器などの救援物資を届ける事業への参入が構想されている。『読売新聞』2015年12月27日；『日本経済新聞』2015年12月30日。

第3章
小売業態概念の検討および企業と消費者のマッチング・プロセス

　前章で検討してきたように，流通イノベーションは先覚的な経営者が単に新しい技術を開発もしくは活用して市場に働きかければ成り立つわけではない。そこには，米国で生まれた優れた技術や販売方式であっても，日本の需要，競争あるいは社会環境に合わせたビジネスの仕組みを確立し運用する必要が求められており，経営者および組織，新しい流通技術，市場の動向と垂直的なチャネル関係を一体としたビジネスモデルが必要となる。本章では，流通イノベーションの構成要素のなかの，マーケットに基づくイノベーションとチャネルに基づくイノベーションの2つを中心に検討していこう。そして本章の終わりには消費者やユーザーの流通イノベーションの受容や行政介入ということについても言及しておきたい。

1．マーケットをベースにしたイノベーション

　新しい技術や機器はそれ自体，製品イノベーションであるが，しかしそれらがいかに斬新なものであっても，それだけでは無用の長物になりかねない。技術や機器が良ければそれだけで普及するわけではない。初めから技術ありきの発想ではうまくいかない。常にそれは需要とのすり合わせが不可欠である。それには社会性や倫理性も求められる。小売業に関わる経営者は，その技術や機器を用いて，それぞれの国や地域でどのような人たちのいかなる必要や欲求に，どのような事業それに商品カテゴリーや用途シーンに対応するのか，戦略や業務のデザインが主導する形で技術の活用が進められることが重要である[1]。

1　石井・栗木・嶋口・余田（2013），p.25.

そのためには，先に触れた技術は顧客（ユーザー）サイドのマーケットとの関わりが問題となる。そこで経営者は，需要側の変化と新しい技術との相互作用的なすり合わせをすることで流通イノベーションを形にしていくことが求められる。マーケットをベースにしたイノベーションで特徴となっているのは，顧客と競争への対応である。もちろん両者は相互に影響し合う関係で不可分に結び付いており，顧客に選ばれるために，ライバルに勝たなければならない。ライバルと差別化することで，顧客に注目され選択されることにもなる。

しかし現実には，しばしば顧客のことを忘れてライバルへの対抗のための新技術や設備の導入といった一種の「競争マイオピア」や「有形化のわな」に陥ることにも注意しないといけない[2]。マーケットを基礎にしたイノベーションは，顧客の要求が非常に多様化し，かつこだわりを重視するようになってきたことへの対応のための取り組みである。それと同時に，競争環境がグローバル化し，異業種や他業態からの新規参入，あるいは同業態間での顧客の奪い合いに象徴されるように，ライバルからの差異化のための独自価値の創造や提供が求められており，需要と競争の関係を一体として考える対応の仕組みが不可欠である。

2．小売業態のイノベーションとマックネア（McNair）仮説をめぐる論争

ここでは，最終消費者に接する販売の窓口として，小売業の価値の創造と提供を担う小売業態を取り上げて検討してみよう（コラム 3-1 参照）。

一般に，新しい業態が消費者需要の変化を反映して，小売業者の側から提案されるには，小売ミックスと呼ばれる手段の組み合わせで応えようとして

---

[2] ここで「競争マイオピア」とは，「競争者にのみ反応して，顧客の欲求が見えなくなるということ」を指摘した表現である（田村，2008，p.175）。また「有形化のわな」とは，もっぱら顧客とサービス・マーケティングとの関係で使用されてきた用語である。そのポイントは，顧客への「見える化」を意識することで豪華な建物や目新しい技術・設備にこだわり，顧客のための使いやすさや利便性に関係なく，実際にはライバルのやり方を意識し過ぎて同じような問題を発生させることに警鐘をならしている（戸谷，2006）。

第3章　小売業態概念の検討および企業と消費者のマッチング・プロセス

コラム 3-1：小売業における業種と業態について

　一般的に，小売業態は小売業種と対比的に使用されており，業種は取り扱っている商品の主な分野を基準に捉えるのに対して，業態は特定の販売方法や営業方式によって捉えられる。業態とは誰にどのような方針で売るかということが先行し，取扱商品がその後に決まってくる。例えば，小売経営者は，消費者が生活の中で健康に強い関心を持っている事実を捉え，健康をテーマにした小売業態を立ち上げるとしよう。その品揃えは業種店とは異なって，一般的な業種のイメージにみられる医薬品に限定されることなく，食料品，化粧品，スポーツ用品，書籍・雑誌・DVD，アウトドア用品，衣料品，カルチャー教室などのアイテムから，健康を切り口に編集するため，従来の業種分類に比べて，業種横断的な新たな品揃え構成が創造されることになる。このことは，業態店として発展している家具に限定されない IKEA，玩具に限定されないトイザらス，書籍に限定されないヴィレッジヴァンガードの品揃えを見ることでも明らかであろう。

　業種はメーカーや生産者側から素材ベースで初めから何を販売するかが決められており，伝統的な業種ほどその傾向が強い。業態はむしろ需要サイドを起点にして，消費者の生活上の強い関心やこだわり，あるいは生活スタイルの変化を反映して創出される傾向が強い。消費者が，車を利用した買い物を重視する場合や時間を重視する場合には，関連購買（ワンストップ・ショッピング）や比較購買（コンパリゾン・ショッピング）それにクイック・ショッピングなどの対応ができる小売業態を発展させてきた。このことから，年々，小売業が業種店から業態店へと移行しつつあるということができる。

きたと見られる。業態は，特定の商品分野に限定されない品揃えで，店舗のコンセプトに基づいて提供される商品やサービスの種類，商品の価格決定，広告やプロモーションのプログラム，店舗デザイン，商品ディスプレイ，販売員によって提供される顧客サービス，それに店舗立地の便利さなどを含んでいる[3]。つまり，さまざまな小売業態の区分は，もっぱら小売ミックスという小売活動の手段の組み合わせの違いによって分類できるという認識が前提となっていた。

　現在，実にさまざまな小売業態の発展が行われ，われわれ消費生活での買

3　Levy et al. (2014), pp.24-25.

図表 3-1　小売業態の種類

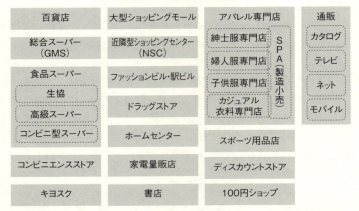

出所：野村総合研究所編（2010）『業界再編　Now & Future』日本経済新聞出版社．

い物に関する選択の多様性を実現している（図表3-1）。しかもこのような小売業態は，需要と競争を視野に入れた視点から，なぜ，どのようにして生成するのかをめぐって理論的視点からさまざまな説明がなされてきた。

　この代表例は，価格を軸に小売業の販売方法から米国の小売業の発展を説明しようとしたマックネア（McNair, 1958）の小売業の輪の理論・輪の仮説（the theory of the wheel of retailing）であろう[4]。この理論は，低価格を実現する技術とそれを運用する仕組みによって米国の小売業が発展してきたことを仮説として提起した。この仮説は，低価格にのみシフトした小売業態出現の仮説として，今日までさまざまな支持，批判や問題点の指摘が行われてきたことも事実である[5]。

(1) 小売の輪の仮説と流通イノベーション

　かつて，ハーバード大学で教鞭をとっていたマックネアは，小売の輪の仮説で，新しい売り方をする小売業態の出現について，イノベーションの視点でその原理を明らかにしていた。マックネアの考え方は，新規に参入する企

4　McNair (1958), pp.1-25；McNair and May (1976)（清水訳, 1982）．
5　Hollander (1960), pp.37-42；Hollander (1996), pp.29-40；Goldman (1975), pp.54-62；Brown (1995), pp.387-412.

業が，既存小売業の販売方法に対して，新たな販売方法としてローコスト・オペレーションを実現するためのイノベーションによって，低コストと低価格をもって小売市場に参入するというものであった。

① まず参入当初，新しい小売業態を特徴づける低価格は，粗末な店舗，安価な立地，低マージン，サービスの廃止や限定などのコスト抑制によって実現させる。新しい小売業態は，既存の主流小売業態に対して，低価格販売の経営技術を有しており，需要対応と競争対応において優位に立ち，創業者利益を得る。

② この創業者利益に注目した追従者が出現し，この新たな小売業態を採用する小売企業間での競争が激化し，利益率の低下に直面し，先発企業はより多くの顧客を獲得する必要に迫られ，差別化のために投資を増やし高いオペレーションコストをかけてトレーディング・アップ（高級化）の過程を歩むようになる。競争手段が低価格ではなく，魅力的な店舗設備・装飾，豊富な品揃え，各種消費者サービス，繁華街立地をめぐるハイステータスを強調した高級化路線へと変化する。

③ 価格競争力の低下は，次の新しいタイプのイノベーティブな小売業態の参入を許すようになって，次のイノベーターによる低価格，低マージンの実現に代替されていくというように小売業界で輪が循環するという原理を提起した（図表3-2および図表3-3参照）。

米国の小売業界の歴史を通して，デパートメントストア，スーパーマーケット，ディスカウントストア，カテゴリーキラー，スーパーセンター，ネット販売などの一連の小売業態の発展にこうした原理が働いていると見ることも可能である。もちろん，マックネアの小売の輪の仮説には，これまで多くの批判が繰り返されてきたことは先行研究が示してきたとおりである。このことは，事態を単純化し，小売業の進化全体から見ると限定された側面に焦点を当てているという問題が存在する。新規の小売業態が低価格参入からスタートするという仮説を捉えても，実際には小売業の新業態の出現は必ずしも低価格参入から発生するとは限らないという批判が向けられてきた。また，米国とは経済の発展段階の異なる国に導入される新業態は，日本でのスーパーマーケットの例のように，低価格訴求からスタートしたとはいえな

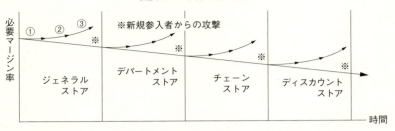

図表 3-2　小売の輪の仮説

①低価格戦略
・低価格で参入
・限定されたサービスと簡素な店舗施設
・価格に敏感な消費者層に訴求

②中価格戦略
・中位の価格水準へシフト
・店舗施設の改善
・価格やサービスを重視した消費者からの支持

③高価格戦略
・高価格水準で安定
・豪華な店舗施設と各種のサービスの提供
・高所得・高級化志向の消費者に訴求

出所：田口（2005b），p.209.

図表 3-3　The Wheel of Retailing

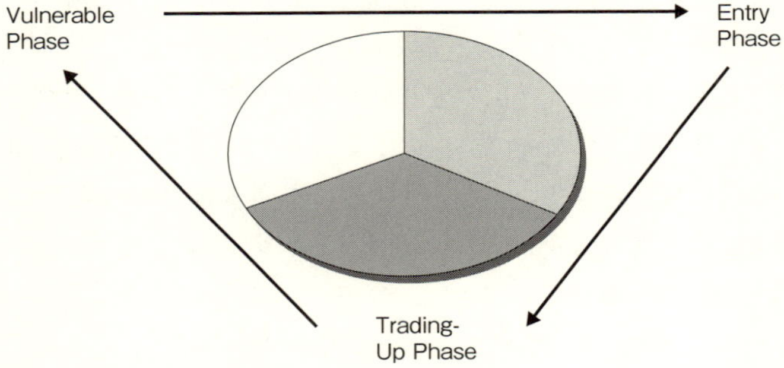

出所：Levy et al.（2014）, p.75.

いし，コンビニエンスストアや自動販売機それにショッピングセンターは低価格からスタートしたわけでもない[6]。

これに対して，ニールセン（Nielsen, 1966）は，低価格帯や高価格帯に位置する顧客の選好分布が中価格帯に移行する場合には，低価格だけではなく，高価格・高サービスのカテゴリーにも店舗の空白地帯が生じそこにビジネス

6　田口（2005b），pp.208-210.

第3章　小売業態概念の検討および企業と消費者のマッチング・プロセス

チャンスを求めるイノベーターの参入が生じることを説明しようとする「真空地帯」仮説を提起した。またホランダー（Hollander, 1996）は，小売業が商品の品揃えの総合化―専門化―総合化のパターンを繰り返すことで，小売業態がアコーディオンのように発展することを「小売アコーディオン」仮説として提起した。さらには，ダビッドソンら（Davidson et al., 1976）は，ある新しい小売業態が市場に導入されるイノベーション期から，どのように発展期，成熟期，衰退期をたどるのかを製品のライフサイクルに重ね合わせる形で説明しようとした「小売ライフサイクル」仮説を提起した。これらの仮説は，小売の輪の仮説への批判から始まり，より包括的な小売業態仮説を確立しようとしてきた[7]。

(2) イノベーションのジレンマ：破壊的イノベーションと持続的イノベーション

同じくハーバード大学ビジネススクールのクリステンセン（Christensen, 1997）は，『イノベーションのジレンマ』の中で，自分の考えが小売業界でのイノベーションを取り上げたマックネアのロジックと共通していることをあえて紹介した[8]。

ビジネスの世界には，新たな業界の形成や主流企業の交代に一定の原理が働いていることが確認できる。クリステンセンは，『イノベーションのジレンマ』のなかで，優良企業の優良であるが故の失敗という原因を鋭く指摘していた。つまり，製造業のみならず流通業を含め，ある企業が優良企業にまで登りつめつつもさらにその基盤を強固にしようとして，顧客の意見に注意深く耳を傾け，競争の感覚を研ぎ澄まし，新技術に積極的に投資した企業が，そうしたなかでもなお市場での優位を失うというパラドックスを抱えているということである。そこでは，企業がつまずく原因として，官僚主義，慢心，血族経営による疲弊，貧困な事業計画，近視眼的な投資，能力と資源の不足，単なる不運などさまざまな理由が存在するが，既存の優良企業にとって，そ

---

[7] Nielsen (1966), pp.101-105；Hollander (1996), pp.29-40；Davidson et al. (1976), pp.89-96.
[8] Christensen (1997)（玉田監修・伊豆原訳，2001）. McNairとの共通点についてはp.123，米国の小売業の分析についてはpp.160-170を参照。

れよりももっと重大な「破壊的イノベーション」からの挑戦に直面するという問題提起であった。

そのエッセンスは，優良企業が「持続的イノベーション」を追求する中で，下位の「破壊的イノベーション」を実現して参入した新規企業に市場を奪われていく過程を論証したものである。優良企業のあるものは，すでに大きな市場シェアを確保し，高い利益率と上位市場で競争するためのコスト構造を持っているため，顧客のアイデアを取り入れ，投資家の意向を受け入れた資金配分をもとに「持続的イノベーション」を追求する。優れた企業ほど顧客の要望に応えようと既存の技術を洗練させ，これまでよりも優れた性能の製品を提供しようとして，持続的イノベーションに取り組むが，そのことが次第に顧客の求める性能を超えてしまうようになる。これに対して，通常は低価格，シンプル，低性能，便利という従来とは全く異なる価値基準で，主流から外れた少数の，たいていは新しい顧客に評価される「破壊的イノベーション」を実現した企業に下位（ローエンド）市場を占拠され，やがてこの企業の破壊的技術が次第に性能を向上させることで主流市場でのリーダー企業の地位を奪うようになっていく。クリステンセンは1965年の買い物客の多くは，デパートで買い物をしなければ期待通りの品質と品揃えが得られないと感じていたが，現在ではターゲットやウォルマートで十分であるという事例を引き合いに出している[9]。

主流市場でのリーダーである大企業は，たとえ下位市場の形成やその存在に気づいても，現在の自社の構築したビジネスモデルに基づく顧客市場やコスト構造を重視するあまり，これまでとは異なった少数の顧客層や低い利益率，それにシンプルな機能に限定した製品やサービスに経営のギアをチェンジする理由を持てずに，破壊的イノベーションによる浸食を許してしまう。やがては破壊的イノベーションに基づく独自のビジネスモデルによって下位市場から参入する新規企業は，リーダー企業への挑戦を通してさらに上位市場への拡張を図り，そこでの顧客も奪うようになり，主流市場を形成するまでになる。

---

9 Christensen (1997), pp.8-11. なお，すでに高嶋は，高嶋・西村編著 (2010) において，クリステンセンの評価を行っている。

第3章　小売業態概念の検討および企業と消費者のマッチング・プロセス

　クリステンセンとマックネアとの比較では，両者の共通点はイノベーターがローエンド市場からスタートし，低価格，低性能，シンプルを武器にしてハイエンド市場での優良企業のシェアを奪い取って，やがて立場を逆転させることである。また，イノベーションは既存の優良企業の組織ではなく，小規模で自立した組織で担われるという点にも着目したことも共通している。両者の主張とも，すでに確立した既存の技術をベースに顧客の求める性能に応えようと執着し，あるいはそれを洗練しようとするあまり，新規企業の別の技術によって代替される関係を示している。反対にマックネアとの違いは，イノベーション発生の対象を小売流通に限定せず産業界全体で把握していること，価格という視点からイノベーションを捉えるだけではなく，顧客の求める性能という技術的な視点からイノベーションの性質を破壊的技術と持続的技術という2つのタイプに区分していることである。持続的イノベーションが顧客の求める性能水準を超えてしまうことで，新規企業による破壊的イノベーションの攻撃を受けるというプロセスを示している。

　このイノベーションのジレンマのロジックをこれまでの国内外の事例に当てはめるなら，米国において，ウォルマートに追撃されたシアーズローバックやKマート，アマゾンによるネットの書籍販売に対抗できなかったボーダーズやバーンズ・アンド・ノーブルなどの経営破たんや経営危機など枚挙にいとまがないほど，さまざまな業界で発生してきた。日本でも，こうした事例は，小売業界のトップに君臨していたダイエーをはじめ，歴史と伝統のある三越などの都市百貨店や地方百貨店など，新たなライバルの破壊的なイノベーションからの競争に直面して危機的状況に直面した事例が確認できる。こうした問題発生の背景には，大きな枠組みで捉えると，新たな破壊的イノベーションを推進する新規企業の新たな技術やマーケティング，既存上位企業とは異なったビジネスモデルが影響している。

　これまで見てきたように，マックネア仮説で示された低価格を中心に小売業態の車輪が回転するプロセス，それに対して低価格だけの軸で小売業態が展開されるわけではないより包括的な仮説の提起が行われてきた。さらに，クリステンセンによって，流通論やマーケティングとは違った視点から，イノベーターはすでに先発の優良企業が大きなシェアを占める主流市場からで

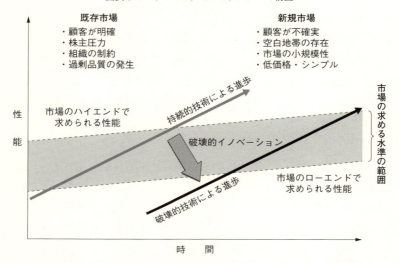

図表3-4 イノベーションのジレンマの構図

出所：Christensen（1997）（玉田監修・伊豆原訳，2001，p.10）に修正加筆して作成。

はなく，全く新しい下位市場から後発のアウトサイダーとして異なった破壊的技術で参入することを明らかにした。クリステンセンにしても，マックネアにしても，重要な論点はビジネスのイノベーションが，主流派から生まれるのではなく，アウトサイダーから登場することに注目した点である。

既存のリーダー企業では，自らの組織内で新しく生まれつつある少数の顧客のニーズを迅速に取り込むには柔軟性に乏しいこと，既存のリーダー企業は持続的なイノベーションは可能でも，自社のビジネスを成立させているビジネスモデルを破壊してしまうようなイノベーションは避けようとし，結果としては，外部からの新たな企業の破壊的イノベーションの実現を許してしまうという原理が明らかにされている。

(3) 小売業態の進化とビッグミドル仮説

近年の小売業研究では，小売業態の捉え方について，幾つかの批判的な検討が行われつつある。その1つは，小売業態がマクロ的な概念や業界レベルで語られる場合と，小売企業の戦略的な概念として語られる場合に分離して

おり，研究者や実務家の間での合意が形成されていないことである。また従来のような小売ミックスをベースにした小売業態の捉え方に対する限界を指摘する研究も現れている。さらには，日本の商業統計に示された業態統計は実態を反映できていないことの問題点の指摘も行われてきた[10]。

マックネアが提起した低価格参入仮説をめぐって，2000年代においても，それを批判的に再構築する仮説が提起されてきた。2004年，アーカンソー大学での小売業コンファレンスにおいて，ビッグミドル（Big Middle：大規模中間層市場）のコンセプトがウォルマートのマーケティング副社長（当時）のコノリー（Connolly, Bob）によって紹介された。それがJournal of Retailingにおいてコノリーを含めレビー（Levy, Michael.）らを中心にまとめた論文が掲載された。その特徴は，小売業の新しい売り方が市場との関係でどのようにして生まれるかを説明しようとしたものである。とくに，その焦点はビッグミドルを目指して新業態が創出され，かつそこに大規模な小売企業が成長するという構図を示している。全体の構図の中では，小売業態のタイプを位置づけるために，縦軸に提供物の品質レベル，横軸に相対価格レベルを置くことで，「革新（Innovative）」，「低価格（Low-Price）」，「ビッグミドル（Big-Middle）」，「不振（In-Trouble）」の4つのセグメントに区分している（図表3-5参照）[11]。

この仮説では，まず小売業者は，プレミアム提供を求める品質意識の高い市場に向けた革新的小売業者，ないしは低価格意識の高い市場に向けた低価格小売業者からスタートする。やがてそこで存続の基盤を確立した小売業者は規模の経済性の実現や収益の増大を目指してより大きな成長市場であるビッグミドルに移行する。ビッグミドル小売業者は彼らの製品ラインを広くて深い品揃えへと拡張し，前二者の特徴であった低価格と高品質を統合した価値提供をもとに成長する。トラブル状態の小売業者は彼らの競争業者と比較して高いレベルの価値を提供できない状態を示しており，やがて市場からの退出を余儀なくされる。

レビーらはこのビッグミドル仮説を使って米国での小売業について以下の

---

10 田村（2008），pp.22-24.
11 Levy et al.（2005），pp.83-88.

図表 3-5　小売業の構図

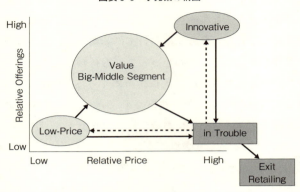

出所：Levy et al. (2005), p.85.

ように展望していた。「Wal-Mart, Target それに Home Depot はビッグミドルに移行してきた現在，低価格ポジションは最近は急進的なバリュー店舗（ダラーストア）から生まれており，またイノベーティブなポジションは E-コマースから生じている。どの制度（institutions）が次にビッグミドルに移行するかは定かではない。しかしながら，ビッグミドルはダイナミックであるから，それは進化し続け，かつ再定義されるだろう。」[12]

これまでの仮説に比べて，より包括的な小売業態の説明を試みようとした研究であったが，この仮説にも問題がないわけではない。イノベーティブという表現は高価格・高品質のサイドにのみ設定しており，イノベーターの定義が不明確であること，それにビッグミドル概念は市場規模が拡大する成長市場を対象にしており，この意味ではこれまでの先進国での高度成長市場や新興国での中間層の拡大する市場では説明力が発揮されるが，先進国の成熟市場での変化が明確ではない。この点からみると，市場のライフサイクルの成長局面に限定された一断面の把握になってしまっている。

12　Levy et al. (2005), p.87.

（4）業態盛衰モデル

　レビーらの仮説とほぼ同じベースで，より洗練された仮説を提起したのは田村正紀である[13]。まず，従来の小売業態のコンセプトがきわめて曖昧に扱われてきたことを踏まえて，業態コンセプトを戦略の観点から明確化しようとした。

　とくに，重要な論点は，認識論的な業態コンセプトとその存在論的な根拠との間にズレがあることを指摘している点である。一般に，業態といっても，一般的に認識されている百貨店やコンビニエンスストアという場合は，「戦略に共通したつくりを持つ企業の集まり」として認識されており，「同じ業態内ではその活動様式の全体像が基本的に安定している」ので，それによって他の業態とは区分できる[14]。しかし，実際の企業の置かれた環境条件によっては，「競争過程で同一の業態でも，その小売活動様式の適応による戦略展開を通じて進化し，多様な変化を見せている」ため，認識論的レベルでは共通に業態というコンセプトが使用されるが，存在論的なレベルでの企業の戦略は市場環境の変化によって活動様式が異なっていることを明らかにしている。そのため，あえて業界やグループレベルでは業態だが，各企業の戦略レベルではフォーマット（format）という用語をあてはめ使い分けをしている。フォーマットは，特定企業の戦略や活動レベルに焦点を当てたコンセプトであり，企業の競争優位性を規定することを強調する。

　こうした業態概念を明確にした上で，業態盛衰モデルを提示する。そのモデルは，業態の盛衰を引き起こしている基本的な動因は何かに注目し，イノベーションとして新業態が登場し，その後どのように盛衰していくのかの過程を実証的に捉えようとするための概念的枠組みとして位置づけられている。とくに，この枠組みを用いて，売上高向上のために覇権市場への挑戦が生み出す動態を捉えようとしている。

　小売企業は，産業の覇権を握るために，大量市場にその事業基盤をおこうとする。ここで覇権市場とは，もっとも多くの消費者から構成される規模の大きい市場であり，欧米では「ビッグミドル」と呼ばれ，この覇権市場に君

13　田村（2008）．
14　田村（2008），p.21．

臨する巨大企業を支配的企業と表現している。そこで、図表3-6の業態盛衰モデルは、小売ミックスを相対価格（品揃えの平均価格、特定商品の値引き幅、ポイントカードの優待率など）とサービス品質（立地の便利さ、営業時間、品揃えの性質、接客サービス、店舗の雰囲気、駐車場、飲食店の付帯施設、種種なイベントなどの総合的指数）の2次元でそれぞれの小売企業を対応させている。

新業態として、価格に優位性を持つ「価格イノベーター」、品質に優位性を持つ「品質イノベーター」、さらにこれら両面に優位性を持つ「バリュー・イノベーター」の3種のイノベーターを想定している。売上高拡大のために市場規模が大きい覇権市場への参入を目指す過程で、価格イノベーターと品質イノベーターはそれぞれ次第にバリュー・イノベーターへ収束していく傾向がある。

この論点の特徴は、高いサービス品質のみを求める上流市場セグメントや価格訴求のみを求める下流市場セグメントよりも、バリュー消費を求める中流市場セグメントが大量市場の中核を形成しているという捉え方である。この点は、先に取り上げたレビーらの論点とも共通している。しかし、レビーらの仮説とは違って、かなり包括的な枠組みの設定と緻密な検証を通して、

図表3-6　業態盛衰モデル

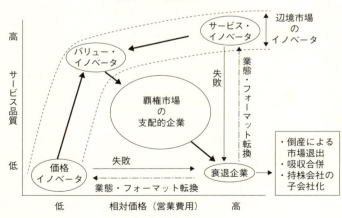

出所：田村（2008），p.49.

第3章　小売業態概念の検討および企業と消費者のマッチング・プロセス

小売業態の盛衰を描き出している。

　まず，イノベーターは価格，サービス品質，それにその両者を融合させたバリューのいずれからも出現することを示している。田村は，当初からバリュー・イノベーターとして新しいフォーマットの専門店で登場した例に，ユニクロを挙げている。しかも，イノベーターの登場する市場の理解では，当初，既存の覇権市場と比較して，市場の地理的，商品カテゴリー的，それに顧客階層的次元などでは辺境に位置している点も独自の強調点である。①地理的辺境では，百貨店の都心部立地に対して，郊外立地による総合スーパーやロードサイド立地の専門店の出現，②商品カテゴリー的辺境では，総合型小売企業の品揃えの弱い部分から新業態の取扱商品が限定的にスタート，③顧客階層的辺境では，支配的企業が顧客層の中間に位置する大量市場に対してイノベーターは両極のいずれかからスタートすると，指摘している[15]。

　レビーらの仮説と比較して，かなり細部にわたる詳細な工夫のなされた枠組みと分析のロジックを展開しており，現実の小売企業の成長プロセスを説明する効果を持っている。このことは，第1章で示した，コストに重点を置いた効率性や品質サービスに重点を置いた有効性のいずれかに偏ることなく，双方の同時達成という流通イノベーションの評価基準からみても，高い説明力を発揮する。しかし，問題点も指摘したい。イノベーターが覇権市場への参入を目指して成長するにつれて，既存の覇権市場が支配力を低下させ，いわゆる蓮の穴のように吸引顧客に空洞化が生じる現象をロータス化という表現で説明するが，そのプロセスはこのモデルからは明示的ではない。既存の覇権市場から，新しい覇権市場にはどのようにして移行するのか，このモデルの何がそれを引き起こすのか，ビッグミドル市場の中身が必ずしも明確ではなく，供給サイドだけの競争優位のロジックが強調されているが，消費者側の選択行動がこのモデルに統合されることが必要に思う。

　また，業態の進化や盛衰の動態について，業態とフォーマットという2つの水準で捉える2階層分析を提案したことは，これまで業態概念の曖昧さを解決しようとする研究に新たな方向を示したことで大きな意義がある。最近

15　田村（2008），pp.51-54.

はこうした問題への解決提案が積極的に行われるようになってきた。石井の場合は，業態とビジネスモデルの関係で捉えている。「ビジネスモデルは経営者の実践の中でたまたま誕生したもので，一企業の試作品ともいえるもので，それがやがて需要者や競争者から認められた場合に業態としての市民権を獲得する」関係にあることを示している。これに対して向山＆ドーソンは，田村の言うマクロレベルの業態はフォーマットと呼び，むしろ個別企業のミクロレベルのフォーマットはフォーミュラ（formula）と表現して使い分けている[16]。

　問題は，フォーマットは英語表現であるが，田村の主張する業態は英語表現ではどの用語が該当するのか明らかでない。それとフォーマットは個々の企業の戦略によって多様に形成展開されるという前提に立つと，フォーマット（企業レベル）から業態（業界・グループレベル）への発展にはどのようなメカニズムやプロセスが働くのかを明示的に説明する必要を感じる。さらに，この分析枠組みの問題というよりも，現実の小売業態の発展過程は，既存のフォーマットの改良や業態転換というタイプが見られるし，さらに実際にはフォーマットのレベルでもライフサイクルの段階に応じて多様なフォーマットのタイプが出現しており，バリュー・イノベーターの出現のメカニズムをより精緻化することも今後必要となろう。ある特定のフォーマットは，全く新しいフォーマットの創造として現れるのか，既存のフォーマットの改良・転換という形で現れるのか，2つの事例の違いをどのように捉えることが可能なのか，つまりインクリメンタルなフォーマットのイノベーションとラディカルなフォーマットのイノベーションについての双方の研究が求められている[17]。

　さらに言うなら，レビーらの仮説とも共通して，大量市場やビッグミドルの概念自体が時代規定的であり，中間層が拡大している時代には説明力を発揮するが，人口減少や中間層の分解傾向のプロセスでは，単一市場ではなく複数の細分化された小商圏を対象にしたバリュー・イノベーターの小売業態

16　石井（2012），pp.259-282；向山（2009），pp.19-29；Dawson and Mukoyama（2014b），pp.37-54.
17　Castaldo et al.（2013a），pp.69-70.

仮説も検討課題として提起できると考える[18]。

しかしながら、これまでの小売業態の仮説をめぐる議論の中で、小売業における流通イノベーションの基準が、効率性と有効性の同時達成に置かれていることを改めて確認することができ、さらにはそれらが時間的には消費者と競争の関係の変化によって、ダイナミックに進化していくことも理解することが可能であった。もちろん、こうした基準だけで、小売業の進化を十分説明できたわけではないが、こうした仮説の検討は流通イノベーションがどのように発生するのかを理解する手順を視覚化するのに役立ってきた。

3．小売経営者の構想と消費者の受容の相互作用プロセス

これまでの仮説の検討を踏まえて、小売ミックスと小売業態について、消費者側からの反応を含めた形のフローチャートで整理しておこう（図表3-7参照）。

① 時代に敏感で意欲的な経営者が消費者のニーズやライフスタイルの変化を先取り的であれ、後追い的であれ読み取って、価格や品質などの小売ミックスを編成して、投資対象として従来にない小売の独自の販売方法を消費者サイドに提案する。（導入期）

② 消費者側がその新しい販売方法に触れ、利便性とコスト面で評価が行われ、両方が優れているほど、消費者の認知や利用が促進される。（認知確立と試行期）

③ 経営者は消費者の認知と利用の増加から自信を得て戦略的にその独自の販売方法を強化する。とくにここで重要なのは、新しい販売方法に対する消費者の不安や抵抗として、いわゆる技術的な溝と見られるキャズムを克服するための改善や消費者理解が不可欠であり、認知や受容のカギを握っている。（戦略的促進期）

④ 次第に特定の消費者層に限らず、アーリーマジョリティーからの受容が進み、やがてその新しい独自の販売方法が消費者の広い支持を受ける。

---

18 橋本（2013），pp.1-12．

図表 3-7　小売企業の業態戦略と消費者行動の相互関係

「供給サイド」 小売企業の経営者		「需要サイド」 消費者
投資対象	⇔	ニーズ・ライフスタイルの変化
新しい小売ミックスによる 売り方の提案	⇔	認知と利用
新業態形成	⇔	受容と支持
他の競争企業の追随・模倣	⇔	消費者層への普及・拡大
当該業態中心の業界形成	⇔	業態市民権の確立
業態内での競争激化・差別化	⇔	消費者ニーズの多様化・個性化
新規業態の出現・既存業態の再編	⇔	消費者のライフスタイルの変化

出所：筆者作成。

多くの消費者に受容されるほど，新しい業態は普及のチャンスを得るようになる。（消費者受容期）

⑤　その独自の販売方法にビジネスのチャンスがあると見込んだライバル企業が模倣・追随し，次第にその販売方法は業界標準となって一定の小売業態として消費者層に普及・定着する。この時点から，個別企業の独自の販売方法は，より広く確立された特定の業態へと発展する可能性を示す。（成長期・業態形成期）

⑥　この特定の業態が多くのライバル企業によって採用されることで，供給サイドでは当該業態の業界として成立し，消費者側の需要サイドでも業態としての市民権を獲得する。しかし当該業態の先発企業は競争が活発化する中でさらなる消費者層の拡大を狙って費用構造を上昇させ，当該小売業態の内部に差別的な小売業態の細分化が発生する。（成熟期・業態定着期）

⑦　やがて，当該小売業態は，変化する消費者のニーズやライフスタイルと合致しない部分が発生するほど，他に新しい別の独自の販売方法（やがて次の新小売業態になる）に顧客を奪われていき，これまでの特定の業態は再編や衰退に陥ることになる。（衰退期・業態再編期）

このように，新しい小売業態の出現は，時代の変化を読み取る意欲的な経

営者によって，ある一定の新しい流通の技術，流通機能，それを運用する仕組み（新しい流通機能のバンドリング：束ねる方法）を開発導入することで生み出されることを明らかにしており，これまでの仮説の検討からは小売ミックスという枠組みで，流通イノベーションの内容を把握するための構図を示唆してきた。そこには，当然のことではあるが，消費者がその新しい販売方法の利用価値を認めて初めて，業態としての市民権が確立するであって，一方的に業態が成立するわけではない。このことは改めて，小売業態は新しい業態を立ち上げる上で，時代やライフスタイルの変化を読み取る先見の明のある経営者の構想力と，その業態の必要性を受け入れる消費者との相互作用が起点となって，業態のライフサイクルが回転する関係を捉えることができると考えられる。

＊本研究は，専修大学経営研究所平成 22 年度研究助成「小売企業における業態概念と業態戦略の研究」の研究成果の一部である。記して感謝申し上げる。

第4章
チャネル・イノベーション

1．チャネルにおけるイノベーション：フロント・システムとバック・システム

　ここでは，流通イノベーションについて，業態盛衰モデルでも焦点となった，小売ミックスと小売業態の関係について明らかにし，さらには小売業態を進化させる上で重要な役割を演じるようになっているチャネル・ベースの角度からのイノベーションについて検討したい。とくに，ここでチャネルという表現は，消費者に向けられた販売のための流通やマーケティングのチャネルだけを指すのではなく，消費者との継続的な関係性という面では販売チャネルを超えて，顧客関係の管理（CRM：Customer Relationship Management）や会員制などの広がりを意味した捉え方を含んでいる。

　さらに，ここで主として問題にするのは，もう一方で展開されている川中や川上に遡る商品や原材料の仕入れや調達さらにはメーカー（生産者）との商品開発の仕組みやサプライチェーンを含む広い意味でチャネルという用語を使用する。最初に，チャネル・ベースのイノベーションは小売業態にどのような働きをするのかを，小売業にとってのフロントとバックという2つの視点に立って論じていきたい。そして，本章の最後では流通イノベーションの全体像としての考察のフレームワークについて，流通イノベーションに対する消費者やユーザーサイドからの受容（acceptance），それに行政の役割にも若干触れておきたい。

(1) 小売業態の成立要因：フロント・システムとバック・システムの関係について

　小売業態に関する仮説では，小売ミックスが業態を作り出すという前提が

置かれていた。これに対して近年，小売業態に関する研究の拡張が行われるようになっており，小売ミックスという枠組みでは捉えきれない小売活動の領域を取り上げることで，現実の小売業のイノベーションの内容を説明しようとする研究が注目される[1]。

ソレッシュー（Sorescu et al., 2011）らは，小売業の特徴を論じる中で，2つの理由から業態の重視とその業態を実現するために従来の小売業の枠組みを超えたビジネスモデルを提案している[2]。その1つは，小売企業は一般的には，メーカーによって製造された製品を仕入れて販売する場合，特別の条件を設定しない限りは，他の小売企業と同じような品揃えになり，差別化や独自性を発揮することは難しい。そのため，何を売るかに焦点を当てるだけでなく，どのように売るかに焦点を当てることがいっそう重要となる。特別の条件とは，小売経営者や店舗の方針はもちろんのこと，フランチャイズ契約，小売企業によるPB商品開発，それに生産への垂直統合やSPA（Specialty store retailer of Private label Apparel：製造から小売までを垂直統合した販売形態）による介入の動きであり，それだけバック・システムの仕組みづくりも業態の内容を規定すると考えられる。

さらに，もう1つの理由は，メーカーと違って，小売企業は多数の最終顧客との直接的な相互の接触を通して顧客との関係性を有することが多く，この関係性を最適化するには顧客経験を強化する必要が高まっている。小売業は，有店舗であれ，無店舗であれ，顧客に購買や使用に関与するさまざまな機能的な，さらには感性的な経験を生み出している。小売業は単に商品を提供するだけでなく，こうした顧客経験を提供する役割を持っているとみることが重要である。そこで小売業態は，従来の小売業における商品の調達・在庫，それに移転という伝統的な機能を超えて，顧客経験を満足させるように小売活動（流通機能）を配列し組織化するために，顧客とサプライヤーとの2つの方向のプラットフォームの指揮者の役を演じることが求められている。小売業態を顧客経験の創造とマネジメントに焦点を当てて捉えようとする新たな視点を示している。

1　近藤（2010），p.41；矢作（2013a）pp.35-36；矢作（2014）pp.16-28.
2　Sorescu et al.（2011），pp.3-16.

そもそも，小売業態という概念の曖昧さに起因している問題でもあるが，業態を「どのような顧客にどのような価値を提案する」のかという点から言っても，小売ミックスにどのような要素を入れるのかについて合意があるわけではない。すでに触れたように，小売ミックスとは小売企業が顧客の購買決定に影響を与え，顧客のニーズを満たすために行う決定の集まりといえる。小売ミックスの要素には，提供される商品やサービスの種類，商品の価格決定，広告やプロモーションのプログラム，店舗デザイン，商品ディスプレイ，販売員によって提供される顧客サービス，それに店舗立地の便利さなどを含んでいる。小売業態はこの小売ミックスの集合が安定してできるパターンと見なされている[3]。

　しかし，小売ミックス自体は経営者の消費や競争環境の認識，さらには法規制などに依存して多様な戦略のバリエーションを持っていることも事実である。例えば，コンビニエンスストアを「即時性ニーズに対応した利便性の提供」[4]という業態として考えた場合，品揃え一つとっても，最適な品揃えを確保するには，それを実現するためのさまざまな背後での取り組みが不可欠である。例えば，すでに第2章でも触れたように，①コンビニの特徴である小商圏で狭い売場に多品種少量在庫販売を実現しようとすると，年中無休と長時間営業を維持する中で，売れ筋商品を中心とした欠品のない状態での最適な品揃えが不可欠となる。そのためには②多頻度少量の配送システム，鮮度維持のための温度帯別の共同配送，さらにはライバルとのコモディティ化を避けるためにはメーカーとの商品開発，メーカーによるコンビニ専用工場の設置など，従来の小売ミックスの枠を超えた業務が求められている。とくに，日本のコンビニエンスストア業態は，こうした店頭の背後にある物流や商品開発といった仕組みが前提にあって成立し成長してきたといえる。この点はすでに矢作によって実証的に明らかにされてきたところであり，コンビニの業務としては，小売業務（業態と出店・店舗運営）と商品供給（仕入れと物流）という2つの区分が行われた。その後，国内外の小売企業の業態を含め論点を精緻化し，顧客のニーズを充足する市場戦略（業態・出店戦略），

3　Levy et al.（2014），pp.24-25；田村（2008），p.26.
4　矢作（2014a），p.19.

図表 4-1　フォーマットの基本要素

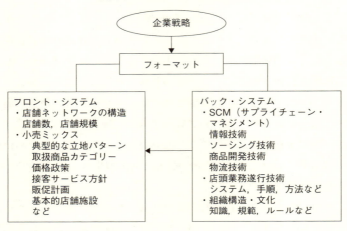

出所：田村（2008），p.26.

それを実行する業務システム（店舗運営・商品調達・商品供給），組織内・組織間関係の3分類が小売事業モデルを構成する基本要素として展開されてきた[5]。

そのため，小売ミックスの展開される場面を消費者に触れる特性からフロント・システムとし，そのフロントを支える業務をバック・システムと捉える区分が生まれてきた[6]。フロント・システムの部分が小売ミックスの領域と位置づけられる。

このように，小売業態は単に消費者に接する部分（フロント）だけではなく，調達や在庫管理やチェーン組織の運営といった背後にある準備の部分（バック）の2つによって成立している。そこで新しい特定の小売業態を市場導入し，成長を実現するためには，フロントでの働きかけでは十分ではなく，バックに位置する垂直的な領域にある SCM を構成する取引先や物流ネットワークの企業間関係の働きかけに依存していることも明らかである。とくに，小売企業が特定の小売業態を消費者と接する水平的な小売市場で成功させようとするほど，垂直的な企業間関係のチャネルの在り方が問題とな

---

[5] 矢作（2014a），pp.26-27.
[6] 田村（2008），pp.25-27.

る。横の競争の成否は縦のチャネルの力に左右されているということができる。ICT や SCM の急速な進歩は川上から川下に至るプロセスで情報共有や商品在庫の調整を容易に促進できる仕組みを実現しており，小売業態は縦の力に依存する割合がますます高められている。

　ソレッシューらも，そのため小売ビジネスモデルのイノベーションの必要性を提唱し，小売ビジネスモデルの構成要素として，①小売業態（フォーマット）：重要な小売活動が結成されかつ実施されるための方法ややり方，②活動：顧客経験をデザインし，管理し，動機づけるために実施されるのに必要，③これらの活動を遂行するための行為者のガバナンスの3要素とその要素間の相互依存関係をコア要素として捉え，価値創造と提供に不可欠と見なしている[7]。

　彼らは，活動が構造化されている場合はその業態が独自の優位性を提供することになり，3つの要素と要素間の相互依存性がコアプロセスとして一体となってシームレスに運用される場合は，競争者からの模倣や侵略を防衛できると主張する。また顧客経験のユニークさを高めるイノベーションを追求することも，競争優位性の維持のカギを握るとみている[8]（コラム4-1参照）。小売業の活動や業態は一般には模倣されやすい対象と見なされているが，あえてこのようなビジネスモデルの構築を通して業態の背後にある見えない部分からの競争優位性を作り出す実践的な取り組みは今後とも，重要な挑戦課題といえる。

(2) コンビニエンスストアとチャネル・イノベーション

　コンビニエンスストアの例に示されたように，物流の効率を前提に出店戦略が進められてきていることを見ても，水平的な小売店舗の多店舗展開には，垂直的な物流の効率的な運用が力となって働いている。さらには，コンビニエンスストアの顧客対応には，とくにフランチャイズシステムという本部と加盟店との緊密な関係にとどまらず，メーカーやベンダーなどとの情報共有や商品企画開発などが前提となっている。POS データを通して得られた情

---

[7] Sorescu et al. (2011), pp.3-16.
[8] 同上。

コラム 4-1：小売業における競争優位性─見えない競争要素

　競争優位性について，矢作はバックの戦略的提携などの側面を「見えない競争要素」として小売ミックスや店舗立地などの「見える競争要素」と区分していた（矢作，1994，p.355）。さらに，矢作によると「業態」と「事業モデル」の関係について注目すべき論点を提起している。とくに PB 商品の領域において PB イノベーションという用語を使い，このイノベーションは業態と事業モデルの 2 つの転換から起きている点を指摘している。この場合，業態は PB 商品開発の担い手の位置にあり，事業モデルは競争相手にない独自の価値を作り出す仕組み（活動の構造）のことであり，PB 商品開発組織や開発プロセスに焦点を当てることを明らかにしている。PB 商品の事例からいえることは，単に PB 商品を業態レベルで販売しているだけではライバルからの模倣にあい価格競争に陥りやすいが，市場変化に対応して PB 商品のリニューアルを連続的に行うための事業モデルの役割が大きいことを強調する（矢作編著，2014b，p.60，p.74）。また，製造業を中心とした研究において，藤本は，モノづくりの組織能力がどのような経路で競争力に結び付くかについて「組織能力」⇒「深層の競争力」⇒「表層の競争力」という順序で，表層の競争力のバックに働く 2 つの能力を解明している（藤本，2003，pp.27-46）。

報は，各加盟店でどんな商品が，いつ，どこで，どのような状況で売れたのかという形でコンビニ本部に蓄積される。これによって集められた情報は，前もって設定されていた仮説と比較して，そのとおり売れたのか，そうではなかったかを検証し，そのギャップから仮説を修正しながら品揃えの改善，商品の発注，それに商品開発へと活用していく。そのためには，加盟店はもちろん，メーカーやベンダーとの POS 情報の共有が重要になっている。

　メーカーにとっても，小売の店頭でどんな商品がどうして売れているのかを知ることは，小売店にミスマッチのない商品を的確に開発し生産し提供するために不可欠である。コンビニ本部が，POS 情報をメーカーに利用させることは，メーカーにとってもコンビニ本部にとっても，大きな意味を持っている。それは，POS 情報を活用して，特定のメーカーとの協力関係を強化し，継続的にそのコンビニチェーンにとって独自性のある商品やさらには PB 商品を共同開発することで，ライバル店舗との差別化を通して競争優位

性を発揮でき，顧客のロイヤルティを確保できるというメリットがあるからである。これは小売業とメーカーとのコラボレーションによる顧客価値の共創といえる。

さらに言えば，これまでのコンビニは POS 情報の収集や活用にしても，不特定多数の顧客を対象としており，誰が買いに来ているかには焦点を当てていなかった。しかし，これからコンビニがさらに利便性を高め，効率性と有効性の両面でさらに進化するためには，高齢化社会のいっそうの進展を受けて，店に来てくれている個々の顧客がいつ何を購入し，その商品を家庭まで届けてもらうという関係性に焦点を当て，顔の見える関係を重視した顧客価値の提案が求められている。

最近は，高齢化による体力の低下や子育てなどで買い物に不便を感じる人々の増加，地域からの買い物施設の撤退や不足といった状況が発生しており，買い物難民や買い物弱者の問題が地方の過疎地に限らず，都市部でも拡大が予想されている（コラム 4-2 参照）。

買い物難民は，日本では地方の過疎地や中心部に発生する問題と捉えられがちであるが，そうした地域に限らず，都市でも中心市街地のシャッター通り化した商店街の増加や高度成長時代に一斉に開発・入居が行われた郊外の団地やマンションなどを中心に社会問題化している。

小売業は，ますます生活のインフラとして，あらためて顧客や地域社会との結び付きを深めることが重要となっている。セブン＆アイ HD では，日本の少子高齢化による高齢者の増加，少人員世帯の増加，さらには個人商店の減少を踏まえて，顧客の来店を待つだけでなく，店側から顧客に近づく方法の一つとして，2000 年から食事を家庭に届けるサービスを開始し，さらに宅配サービスや移動販売を取り入れることでより踏み込んだ顧客との関係を構築しようとしている。ちなみにセブン－イレブンでは，顧客が店内での商品を注文して家庭に届けてもらう場合，注文はインターネットや携帯電話からであっても，届けるのは顔見知りの店員が担当するというように顧客と店員との顔の見える関係を重視することで，個々の顧客のニーズをより深く知ることで，次の消費のきっかけを提案できることを期待している[9]。この意味では，コンビニといえども，消費者との接点の緊密化を図ることで，今後

コラム 4-2：高齢化社会と買い物難民の増加

　買い物したくても買い物施設・店舗にアクセスできない人たちは，買い物難民，買い物弱者，買い物困難者，食料品アクセス問題あるいはフードデザートなど多様な用語で表現されている。

　日本で買い物難民という用語を初めて使用したのは，杉田（2008）『買物難民─もうひとつの高齢化問題─』という著書からであった。そこでは買い物難民が出現する背景として，政府の大型店規制緩和政策による大型店の郊外出店の増加，それに消費者の車を利用した買い物行動などが指摘されており，それによって中心市街地や過疎地の中小小売店を衰退させたことで高齢化する消費者の買い物困難が増加することに警鐘を鳴らしている。

　経済産業省では，「買い物弱者」という表現を用いて，「流通機能や交通網の弱体化とともに，食料品等の日常の買い物が困難な状況に置かれている人々」と捉えている。日本全国に買い物弱者が約700万人と推計している。この算出の根拠は，60歳以上の高齢者人口4,198人（平成26年人口推計）×日常の買い物に不便と答えた人の割合17.1％（「平成22年度高齢者の住宅と生活環境に関する意識調査結果」）に基づいている（経済産業省 商務情報政策局 商務流通グループ流通政策課『買い物弱者応援マニュアル』2015年3月）。また，農林水産省の農林水産政策研究所によると，食料品アクセス問題という視点から自宅から生鮮食料品を扱う店まで500メートル以上あり，自動車を持たない65歳以上の買い物困難者が2025年に全国で598万人にのぼり，10年の382万人から200万人以上増えるとの推計をまとめている。とくに，買い物困難者は25年には農村地域以上に都市的地域に増加が目立つようになることを予測している。さらに食料品へのアクセスの制約は，食品摂取の多様性を低め，高齢者の健康（自立度）に影響することも指摘している（農林水産省『食料品アクセス（買い物弱者等）問題の現状について』ポータルサイト，『読売新聞』2014年10月24日）。このように買い物施設・店舗にアクセスしたくてもできない人々の規模の推計は行政機関によって異なっているが，共通点は今後買い物が困難になる人々が高齢化を背景に増加するという認識である。

　買い物難民，買い物弱者，それにフードデザートという用語には，それぞれの強調点の違いが示唆されている。消費者の都合ではなく，企業の都合による店舗の撤退や廃業によって生じた買い物困難は買い物難民，消費者の体力的低下や車の運転ができなくなった場合，買い物時間の不足によって生じる買い物困難は買い物弱者，そして家族やコミュニティの欠如や孤立によって栄養価のある食料品

> にアクセスできないことから生じる買い物困難はフードデザートという区分をすることもできる（石原，2011；岩間，2013）。
> 　日本は高齢化先進国といわれており，今後，買い物に困難や不便を感じる人々は，居住地の周辺に店がない状況が増えている実情からすると，年齢を超えて大きな社会的問題となってきている。一方ではスマートフォンやインターネットの技術進歩が急速に進み，こうしたチャネルによる販売方法が発展するのに対して，買い物をしたくてもアクセスの手段を駆使できない人々が高齢者層を中心に拡大していることも現実で，高齢化に伴い人とのふれあいや顔の見えるチャネルの進化が求められるようになっており，流通の役割に地域での人と人とのつながりを維持する工夫やイノベーションが求められている。

は御用聞きのような形で個客との関係性を重視した顧客へのアプローチが求められているといえよう。このように，コンビニエンスストアが環境の変化に適応する上で，フロント・システムとバック・システムの双方からのイノベーションを伴いながら業態の進化が進行していることが確認できる。

2．ネット通販の業態分類とオムニチャネルの展開

(1) ネット通販の業態の特徴とバック・システムの対応

　電子商取引は流通の世界を大きく変えつつある。小売業態として近年注目されている，ネット通販（ネットショッピング，インターネット販売の表現はここでは同じものと見なしている）は，オフラインのリアル店舗の場合と比較して，地理的，時間的，品揃えの物理的な制約を克服して販売領域を拡張している。その発展の前提はフロント・システムの利便性向上とバック・システムである物流の迅速性と正確性に依存している。これまでは通信販売の主軸は伝統的にカタログによってリードされてきたが，やがて雑誌や新聞，テレビショッピング，インターネット，モバイルへと利用メディアを拡大させ，最近では主軸がネット通販へ変化しつつある。とくにネット通販は，小

9　鈴木（2013b），pp.137-145.

売業態の分類では無店舗販売のカテゴリーの中の通信販売に位置づけられてきたが，他の通信販売の業態と比較して，ノートPC，タブレット端末，スマートフォンなどは顧客が携帯（モバイルデバイス）することで従来の家庭や職場内で購買行動が起こる領域を超えて，通信可能な条件が整ってさえいれば，場所や時間を問わず利用が拡大している。とくに，最近急速に普及しているモバイルデバイスとしてのスマートフォンは，よりポータブルで，小さな画面で，場所や時間に制約されず，タッチスクリーン技術を利用した検索などにより，しかもさまざまなアプリの活用によって，従来のコンピュータを使ったものに比べて，ユーザーに異なった接続環境や利用経験を生み出している[10]。このことは企業にとっても，顧客の位置情報を通してさまざまなタイムリーな情報を提供することで店舗への送客やプロモーションにも活用できる。

　ネット通販の業態の特徴として，レビーら（Levy et al., 2014）は，店舗やカタログという他業態と比較して，①品揃え：深くて広い選択（店舗やカタログが規模の制約が大きいのに対して広範囲な品揃えを可能とし，サイトへの手軽な訪問と店舗やカタログでは対応が難しいロングテール商品の選択も容易にしている），②商品・価格情報：商品評価のための豊富な情報提供（店舗では店舗数や販売員数，それに訓練の必要などで情報提供に制約があり，カタログもページ数の制約や迅速には変更できないなどネックがあるが，ネットの場合は情報が無制限に提供でき，価格比較や在庫確認が容易であり，それに流行やタイミングに合わせて商品や価格の情報を入れ替えることもできる），③顧客対応：パーソナライゼーション＝カスタマイゼーション（店舗やカタログとは異なって，デジタル技術をベースに個々の顧客に対する情報や商品の提供をパーソナライズすることで，顧客の記憶だけではなく，データベースでインタラクティブな特性を活用して購買決定に必要な支援をしようとする），④対象商圏の広さと環境にフレンドリーな対応：市場の広がり（店舗での商圏は店舗にアクセスできる距離と時間に制約されるし，カタログでは商圏は広いものの印刷コストや資源環境問題〔紙の無駄〕に関心

---

[10] Levy et al.（2014），pp.68-69．

のある顧客の増加は制約要因といえる。ネットはこの点，新店舗を立地させることなく，また追加の紙やカタログを印刷するコストを負担することなく市場を地球規模で拡大できるし，店舗やカタログとの販売方法の共存も可能である），⑤買い物行動の理解とフィードバック：複数のチャネルを超えた買い物経験の活用（店内の観察では収集が難しいことであるが，ネット上ではクッキーを利用して顧客がクリックして関心を持つ商品の特性や購買に至らない商品などの情報を収集したり，購買した商品に関連のある別の商品をレコメンドすることや顧客の関心に合わせたプロモーション活動が容易である），⑥買い物リスクの認識：ネット通販の信頼性問題（クレジットカードのセキュリティ，個人情報の漏洩や悪用，ネット通販企業の信用や信頼性，提供商品の品質や安全性など，店舗利用と異なったリスクを抱えている）[11]。このように6つの特徴は主にネット通販のフロントを構築する部分となっており，いかに顧客にネット通販の利便性を実現するかが問われている。その優位性を実現するにはバック・システムでの働きに依存することも事実である。ネット通販の利便性は，即日配達や配送料無料などを含むバック・システムで行われる物流の迅速性と正確性，それにコスト削減によって大きく影響を受けるため，物流に対する取り組みが近年ますます強調されている。

　一口にネット通販といっても，その販売方法としての業態は時代とともに分化や多様化する傾向がある。森田（2014）によると，最近のネット通販のタイプ別分類としては，以下の8つを指摘している[12]。ここでは，森田の分類の枠組みを参考にフロントとバックの関係を検討しておこう。

①小売型

　自社で商品を仕入れ，ネットで販売するネット通販会社である。その代表はアマゾンである。アマゾンのビジネスモデルは，すでに第2章でも述べたように，業界の先端事例といえるが，顧客と接触するフロント・システムでは，顧客の購買履歴に基づいたサイト上でのお勧め商品を知らせるレコメンデーションやワンクリックオーダー，それに顧客による商品評価のためのカスタマーレビュー，そして売れ筋ランキングなど一貫して顧客

11　Levy et al.（2014），pp.75-79.
12　森田（2014），pp.21-36.

の利便性向上を追求してきた。さらにはロングテール商品を含む膨大なアイテム数の商品の直販のみならず，他の事業者の出店も可能とするマーケットプレイスのネットモールを立ち上げ，ワンストップショッピングを徹底させている。バック・システムにおいては物流をインソーシングしており，アマゾンの直販商品だけでなく，出店企業へのフルフィルメントサービス（納品後に受注管理・出荷業務・出荷後のカスタマーサービスの代行）を提供し，コストとリードタイムの面でコントロールできる体制を構築し，送料無料や最短当日配達で業界を先導している。

②モール型

出発点はあくまでバーチャルなモールのディベロッパーとして多数の店舗を出店させるネット通販会社である。その代表は楽天である。これまでモール型は，モール内に出店しているテナントが商品を仕入れて販売することで，出店料をディベロッパー側に支払うという形の不動産賃貸のビジネスモデルであった。そのため，ディベロッパーとしては物流を介在させていなかった。しかし，最近はモール内の複数店舗で消費者が買い物した商品に対して，物流サービスの均質化を求めるニーズが求められるようになり，楽天のように，自ら物流センターの運営に乗り出し出店者の在庫や配送手配など物流業務の代行により物流への介入を強めている。

③オークション型

オークションのサイトを運営しているネット通販会社である。その代表はヤフーである。ヤフーでは，初期費用・月額出店料と売上ロイヤルティ（システム利用料）の無料化を行い，売り手の参入を促進するなど収益モデルを成約料モデルから広告モデルに転換することでビジネスモデルを大きく変更した。オークション型もモール型と同様に，オークションのスペースを提供することが中心業務で，物流の仕事とは大きな距離が置かれていた。しかし，最近はモール型と同じ理由で物流への介入を強めている。

④総合通販型

もともとカタログなどの通販事業からスタートした企業が多く，最近になってネット通販の割合を高めている会社である。自社で商品を調達することで，カタログをはじめ，新聞・雑誌，テレビ・ラジオ，DM，電話，

さらにはインターネットなどさまざまなメディア（媒体）を総合的に活用しながら注文を獲得し販売するタイプである。カタログ通販からスタートした企業の場合は，当時から独自の物流システムを確立して運営してきており，実際のオペレーションは外部の宅配企業に委託しているが，物流を重視する姿勢が貫かれてきた。

⑤ネットスーパー型

スーパーや生協，会員制の食材宅配会社などによって推進されている。ネットスーパーのタイプとしては，店舗で注文を受け店頭在庫から宅配する店舗在庫型と，店舗ではなくセンターで注文を受け専用の物流拠点から宅配する在庫分離型がある。他のネット通販に比べて，配送エリアが狭く，食品など鮮度や緊急性が要求されることが多く，リードタイムが短い。当日配送が要求されており，他のネット通販にもこの時短が影響するようになってきた。サミットは在庫分離型として注目されてきたが，2014年10月に撤退した。商品を配送センターから宅配する関係で，配送の距離が延びるほど赤字が増加したことが原因で，会員数の増加と効率的な配送ネットワークとの適切な対応が課題となっている。

⑥リアル＋自社サイト型

消費財メーカーなどが既存の販売チャネルに加えて，自社サイトでの独自のネット通販を並行して展開しているタイプである。オンライン物流は，独立系のEC専門物流業者に委託するケースが多くなっているが，同時に物流を効率化するねらいから委託する物流業者をオンラインとオフラインで一本化する動きが始まっている。

⑦中小ネット通販＋大手モール型

中小のネット通販企業がモール型の大手ネット通販のモールに出店しているタイプである。自社でリアル店舗を持つ場合と持たない場合，自社サイトを持つ場合と持たない場合，物流を自社で持つ場合と持たない場合などさまざまある。自社物流の場合は扱い量が少ないためバイイングパワーが発揮できず，宅配料金が割高である。しかし物流をモール型企業が行うフルフィルメント（受注処理業務，商品梱包，発送業務，在庫管理，代金請求，苦情や問い合わせ，返品業務）に委託した場合でも委託料は実

際にはそれほど安くないし，取引データが握られる問題もあり，いずれの場合も収益性の面で課題を抱えている。

⑧中小ネット通販＋自社サイト指向型

　自社サイトによるネット通販に主軸をおいているタイプである。前記の大手モール依存型の中小ネット通販企業と同じように，大手モール型に出店しているケースと，そこに出店していないケースがあるが，中心は自社サイトに力を入れているところが特徴である。物流面では独立系のEC物流専門業者に物流をフルフィルメントで委託する傾向が強まっている。その主たる理由は，大手モール型に依存しても物流コストが劇的に安くはならず，逆に顧客データが握られてしまうことを避けるためでもある。それを見越した独立系EC物流事業者はネット通販各社の共同の物流プラットフォームを構築し，きめの細かい柔軟な物流サービスを提供している[13]。

　この分類の軸としては，販売方法，出店の形態，企業規模，有店舗との関係，それに物流運営の自主性などが複合的に捉えられている。とくに，純粋な小売活動と純粋なモール（プラットフォーム）の提供活動という2つの分類の枠を設定している。しかし，この分類は固定的なものではなく，小売型がモールやオークションに参入したり，モール型も小売やオークションに参入するなど企業によって柔軟に対応するようになっている。ネット利用者は，フロント・システムのレベルでは，検索による商品選択のしやすさ，発注の利便性，それに信頼性やブランドイメージに大きく影響を受けており，それと同時に，当日配達や配送料無料に象徴される迅速な配達と低料金を求めるようになっており，物流サービスの対応能力がネット通販の在り方を規定するようになってきた。しかも，物流のインソーシングとアウトソーシングの選択も，それぞれの企業の売上高，商品の取り扱い個数，経営資源やその運用の組織能力，取引交渉力などによって，規模が拡大するほどインソーシングが増加する傾向も見られるが，必ずしも一様な傾向にはなっていない。むしろ，通販物流のプロセスで，どの部分をインソーシングし，どれをアウトソーシングするのか，あるいは3PL（第5章で検討）を活用するのかという

13　森田（2014），pp.32-36.

選択と集中の問題が発生している。

(2) ネットと店舗の融合：オムニチャネルの課題

モバイルデバイスやソーシャルメディアの進展によって，消費者行動は多様化し複雑化している。消費者にとっては，ネット通販と一口に言ってもそのツールはWeb，SNS，スマートフォンなどが普及しており，従来のカタログや店舗との利用環境も併存している。このことは，消費者の商品情報に接する機会から購入後までのプロセスを捉えたとき，1人の消費者の特定商品やサービスに対する興味，検索，購買決定，使用，情報共有というプロセスは従来のようなマスメディアや限られた販売窓口（業態）だけからではなく，SNS，ブログ，ツイッター，クチコミサイトなどのソーシャルメディアを通して得られる情報をも取り込みながら，消費者によるリアルとバーチャルのチャネルを使い分け縦横無尽に行動するパターンを生み出している。そのため小売業の経営者にとっては，消費者のチャネル選択が読みにくくなっている。

今日では，消費者にとって，とくにスマートフォンを利用する若者層を中心にリアル店舗よりネット通販を利用することに抵抗がなくなってきている。むしろ，スマートフォンは買い物にとって利便性や多様性，それに迅速性という点で評価されるようになってきた。店で見てネットで買う，ネットで調べて店で買うというように購買形態が多様化している。リアルな店舗の売場に必要な商品がない場合，店員によるスマートフォンからの在庫確認はもちろん，顧客自身も店内で自身のスマートフォンや店にある端末からネットでの商品検索，在庫確認や発注を行うことも珍しくない。また，ネット通販企業とコンビニ企業の提携により，ネット通販で注文した商品をコンビニで受け取れるようになってきた。いわゆる「ショールーミング」（店で見て購入はネットという動き：その逆の選択は「ウェブルーミング」と表現される）によるリアル店舗の空洞化が問題となっていたが，最近は逆にネットでの購入をリアル店舗で行う逆の形態も出てきている。これは，「O2O」（Off-line to On-line，またその逆の流れ）といわれ，ネットで消費者に情報を提供し，リアル店舗での購入を促す施策を積極的に展開することで来店客を伸ばす動

きに結び付けようとしている。消費者にとっては，欲しい商品やサービスが，欲しいタイミングで，他のチャネルよりも低価格で，欲しい場所で受け取ることができればよいのである。

　そのため，米国の小売業においては2011年ごろから，日本では2013年ごろから，それまで複数の販売チャネルを個々に運営してきたのを改めて，ネットと店舗との融合から顧客にアプローチするオムニチャネル（Omni-Channel）と呼ばれる販売形態への取り組みが行われるようになってきた[14]。アマゾンや楽天のようなネット専業で競争優位性を発揮してきた小売企業に対抗するため，リアルな店舗からスタートしてきた小売企業は，後発でネット通販を活用しようとする場合，どのような形でリアル店舗を位置づければよいのかが大きなテーマとなっている。最近のオムニチャネルの動向は，むしろリアル店舗からネットを融合させることでリアル店舗を強みに転化しようとしている。ネットの登場は，ショールーミングを加速しているように思われているが，ネットで購入した商品の宅配便をコンビニ店頭でわざわざ受け取るユーザーが多いということを見ても，「自分の都合で」受け取れるということが，バーチャルでもリアルでも重要なキーワードになっている[15]。

　したがって，リアル店舗とバーチャルなネット店舗が同時に利用されるための条件としては，リアル店舗やオンライン店舗を連動させ，顧客接点（タッチポイント）を統合し，シームレスな買い物体験を実現できるようにすることである。そのためには，すべてのチャネルに共通に顧客のデータベースを一元化することが前提となる。さらに複数のチャネルであってもブランドの統一性・一貫性，その下でのチャネルごとの提供商品のユニークさ，店舗やオンライン店舗にまたがるCRM分析，在庫データの共有，会員サー

14　増田（2015），pp.18-28.
15　セブン＆アイHDのオムニチャネル構想もそうしたねらいが設定されている。セブン＆アイHDは，そごうや西武などのグループ各社がネットで販売した商品をセブン‐イレブンの店舗で受け取れるサービスに取り組んでいる。アマゾンの場合はローソンやファミリーマートで，ユニクロのネット通販では購入した商品はローソンで受け取れるように取り組んでいる。また，本書第2章でも触れたように，米国のアマゾンでは2015年11月に本社のあるシアトルのワシントン大学近くのユニバーシティー・ビレッジに創業以来20年目にしてはじめてリアル書店「Amazon Books」をオープンしており，ネットで好評な書籍をリアル店舗でも販売するなど，リアル店舗とネット店舗の融合や棲み分けがますます大きな課題となっている。

第 4 章　チャネル・イノベーション

図表 4-2　小売業態別のチャネル(フロント・システムとバック・システム)

		陳列商品を見せる場所		商品を在庫し出荷する場所		商品を渡す場所
店頭販売	→	・店頭		・店頭		・店頭 ・自宅
ネット通販	→	・ネット上(消費者の端末：PC, スマホ等)	×	・物流拠点(センター) ・仕入れ先メーカー	× 渡し拠点	・コンビニ等 ・その他(自宅・コンビニ以外)
ネット・店舗の融合(オムニチャネル販売)	→	ネット上 { ・店頭 ・消費者の端末：PC, スマホ等 ・店頭の端末：PC, タブレット }	×	・店頭 ・物流拠点(センター) ・仕入れ先メーカー	× 渡し拠点	・コンビニ等 ・その他(自宅・コンビニ以外)

出所：増田（2015），p.23.

ビスの統合，チャネル間の在庫融通による欠品回避などさまざまな戦略展開が必要となっており，複数業態でのフロント・システムとバック・システムの統合が重要となる。

　ここでは，店頭販売，ネット販売，オムニチャネルについて，それぞれフロントとバックの関係を明らかにするため，商品を見せる場所（フロント・システム），商品を在庫し出荷する場所（バック・システム）それに商品を渡す場所（両者の接点）の３つの領域を図式化している[16]（図表 4-2 参照）。

　この図においては，店頭販売では一般的には，商品の確認と選択，商品の在庫と出荷，それに商品の引き渡しの３つの領域はすべて店頭で行われる。ただし，購入は店頭でも，商品がかさばるとか重いなど顧客の要望次第では商品を渡す場所は自宅への配達も考えられる。ネット通販では，商品の確認や選択は消費者の端末からであり，商品の在庫や出荷は仕入れ先のメーカーや物流センターである。商品の受け渡しは自宅もしくは店頭である。オムニチャネルでは，商品の確認や選択は店頭，消費者の端末もしくは店頭の端末のいずれからか，商品の在庫と出荷は店頭もしくは物流センターあるいは仕入れ先メーカーのいずれからか，それに商品の引き渡しの場所も店頭もしくは自宅のいずれかとさまざまな選択肢が用意されている[17]。オムニチャネルの場合のように，消費者にとっては自分の都合でさまざまな買い物選択が可

16　増田（2015），p.23.
17　増田（2015），pp.22-24.

能となっており，ライフスタイルの多様性に対応できるチャネルミックスが展開されるようになっている。それに対する企業側の対応は，業態ごとの特徴づけと同時に，それぞれの業態におけるフロント・システムとバック・システムの統合，さらには複数チャネルの顧客データベースの一元化やそれに合わせた物流体制の整備など，きめ細かなマネジメントが求められている。改めて，こうした消費者行動の新たな動きとオムニチャネルの動向を背景に，小売業は新たな顧客価値を創造し提供するための絶えざる流通イノベーションが求められている。

それと同時に，このように，ネット通販の業態の進化と多様化が急速に進展しているが，これまでは，小売業態視点からのネット通販の研究は十分に進められてきたとは言い難い。とくに，そこには3つの研究領域が存在している。1つは，ネット通販は消費者行動との関連でどのような顧客価値（あるいは顧客経験）を提供しているのかの明確化である。このことは，これまで論じてきたような特定のネット通販業態におけるフロント・システムとバック・システムのそれぞれの特徴や相互関係（ビジネスモデル）がどのように機能するのかについて研究を蓄積する必要が大きい。2つ目は，ネット通販業態と他の通販業態との補完ならびに代替を軸とした分化，多様化，それに総合化の研究領域である。ネット通販はカタログやテレビショッピングに対してどのような役割関係を生み出しているのか。さらに3つ目は，オンラインのネット通販のバーチャルな店舗とオフラインのリアルな店舗の関係，いわゆる消費者の利用するチャネル視点からのオムニチャネルの特徴や課題についての研究がいっそう推進されるべきである。これまでは，リアルなチャネルからバーチャルなチャネルへの代替が問題視されてきたが，それに限らず，オンラインからオフライン（O2O：On-line to Off-line）への送客，さらには両チャネル間の相互補完・融合について理論面と実務面からの考察を深めることが重要となっている。

3．流通イノベーション発生の分析枠組み

これまで述べてきたように，マーケットをベースにした流通イノベーショ

ンについては主に新しい小売業態がどのようにして生み出されるかを検討してきた。とくに先行研究を中心に小売業態のイノベーションが発生するメカニズムを焦点に論じてきた。そこには，先覚的な経営者や企業組織が消費者の変化するニーズを先導する形で効率性と有効性を統合的に実現する動きを評価してきた。さらには，小売業態をフロント・システムとバック・システムの2つの視点から明らかにするために小売企業内と企業間関係を包摂する形で，従来のチャネル概念を拡張した捉え方を示した。そこでは，現在最も流通イノベーションが活発に行われているコンビニエンスストアとネット通販を事例に，川下の消費者との関係性や川中・川上の商品調達ならびに企画開発を含む垂直的なバリューチェーンについて検討してきた。ここでの強調点として，経営者は時代の流れを読み解きながら，優れた流通技術や経営資源を活用して，フロントでの業態とバックのビジネスモデルを統合することで，競争優位性の実現と顧客価値の提供を通して持続的な顧客満足を生み出すための流通イノベーションの重要性を指摘してきた。

　ここで本章の小括として，流通イノベーションの発生と展開の枠組みを示しておきたい（図表4-3参照）。すでに述べたように，流通イノベーションの出現プロセスについては，時代の変化の先を読み解く能力のある経営者や組織メンバーの役割が大きい。彼らは消費者ニーズやライフスタイルの変化をすばやく察知して，新しい流通技術を活用することでニーズに応える仕組みを作ろうとする。その仕組みは2つの角度からイノベーションを生み出し

図表4-3　流通イノベーション発生の分析枠組み

出所：筆者作成。

てきた。1つは，市場におけるイノベーションであり，本章では小売業態のイノベーションとして紹介した。このイノベーションは基本的には消費者に価値を認められ，受容されて意味を持つものといえる。普及の溝や制約条件となるキャズムをいかに克服できるかが経営者にとって重要なカギとなっている。次に第2の局面は，チャネルのイノベーションであり，フロントのイノベーションがマーケットのイノベーションとすると，これはバックのチャネルのイノベーションということができる。商品調達やサプライチェーン，それに商品の企画開発を含む領域である。

さらには，こうした動きを利便性とコストの両面から評価し，受け入れる消費者の対応が流通イノベーションを現実に持続可能な必要十分条件として社会的に普及させることになる。アーリーマジョリティーの段階に達することで，個別企業の新しい小売フォーマットは，多くの他のライバルの追随を受けながら，社会的な存在としての小売業態へと昇華するということができるであろう（前章の3の3および図表3-7参照）。

経営者と流通技術，小売業態と消費者受容，チャネルにおけるフロントとバックというそれぞれの領域について論じてきたが，これには経営者の構想力だけではなく，消費者の役割がキーになっていることはこれまで述べたとおりである。さらに重要な領域には，行政介入と流通イノベーションの関係についても言及しておく必要がある。行政介入とは，中央政府や地方政府（自治体）が流通過程で流通産業における規制や振興を行う流通政策である。先進国，新興国，それに発展途上国のいずれを問わず，行政の役割はそれぞれの国や時代によって大きな影響力が発揮されてきた。これには，発展途上国のようなまだ流通政策が整備されていない段階の既存産業の保護のような規制も含めて，先進国や新興国での行政介入は流通イノベーションにさまざまな影響を与えている（図表4-3参照）。

ちなみに，日本における大店法施行（1974年）は，当時の大手総合スーパー企業にコンビニエンスストアへの投資を促進する重要な推進力を与えたこと，また70年代初頭からは通産省（現在の経産省）や中小企業庁の流通の近代化・システム政策はバーコードやPOSシステムの普及に多大な影響力を発揮したことなど，行政介入と流通イノベーションは深く関与してきた

ことも確認できるところである[18]。近年のまちづくり三法の1つである都市計画法の改正（2006年11月施行）による大型商業施設の郊外出店の規制強化は，大手総合スーパー企業の都市部への小型店の戦略転換を加速している。中国やインドの事例に見られるように，新興国の場合にも，行政介入による規制が行われており，外資系小売企業への市場開放の政策が導入されることで，新業態の育成や普及など流通イノベーションが展開されてきた[19]。このように先進国の市場成熟や新興国の市場開放でも明らかなように，行政介入サイクルは国の方針や経済発展の状況をベースに展開される性格を有しており，介入の条件によって流通イノベーションを加速したり，抑制したりする両面の効果を備えている。このように流通イノベーションの全体的な枠組みとそれぞれの構成要素の特性を理解することで，国や企業にとって，顧客満足度の高い流通イノベーション戦略がどのように考案され実現されるのかを判断することが可能となろう。

*本研究は，専修大学経営研究所平成22年度研究助成「小売企業における業態概念と業態戦略の研究」の研究成果の一部である。記して感謝申し上げる。

18　南方（2013），pp.11-80.
19　楊（2015），pp.45-87 および pp.161-175. 行政介入サイクルについては，p.196 に詳しい。かつて，ホランダーらは「小売の輪の仮説」をもじって「小売の規制の輪」という表現を用いて，不況や低成長局面では行政介入による保護や指導が拡大すること，それに消費者保護のための公共政策としての行政介入によっても企業家や企業組織の経営者が選択する機会が制約されることを指摘していた（Hollander and Boddenwyn, 1974, p.65）。行政の規制強化や規制緩和の両方の条件が流通イノベーションにとっては促進的にも，抑制的にも作用する。経営者がこれを機会と捉えるか，脅威と捉えるかは，消費者行動との関係において，経営者の流通イノベーションに対する構想力が問われている。

第5章
物流イノベーションのためのSCMと3PLの展開

1．物流を取り巻く動向と物流の捉え方

　このところわが国の企業は，国内市場の深耕にとどまらず，グローバル化とICTの進行によって，国家や地域の枠を超えて，低コストの生産拠点へ，成長性のある市場拠点を求めて移転を加速している。国境を越えてモノやサービスなどの自由な移動を推進するTPP（環太平洋経済連携協定）はこの流れをさらに加速することが予想される。

　その一方で，人口の少子高齢化と労働力不足がいっそう深刻化しており，消費者ニーズの高度化や成熟化，ライフスタイルの多様化，産業に対する政府規制の緩和や強化，地球温暖化に関わるエネルギー問題，原発の停止や発電用エネルギーの輸入拡大，自然災害の急増など産業活動や日常生活を問わず，さまざまな分野で市場の不確実性とコストアップの体質が生み出されつつある。これらは物流の問題にも大きな影響を与えている。

　ビジネスのグローバリゼーションは，生産拠点が世界各地に分散し，それに伴ってグローバルソーシングによる調達ルートの海外依存が高まり，そのルートも多様化している。また国内消費の低迷とアジアを中心とした海外市場の成長は販売ルートの面でも，国内市場から海外市場への拡張や移転を引き起こしている。とりわけ，ICTの急速な発展は，電子商取引やインターネット，それに携帯電話での商流の進化を生み出し，国境に制約されない商圏の拡大をもたらし，インターネット取引のスピードに対応できるグローバルなサプライチェーンの展開が求められている。

　このことの意味は，生産と消費の距離が国境を越えてますます拡大しており，しかも消費者ニーズの変化や生産技術の進歩に伴って，物流活動の質的・量的変化が生み出されていることであり，生産と消費の間に発生する

時間的・空間的なギャップを克服し，コストアップになりやすいサプライチェーンに対していかに低コストで迅速なモノの流れを構築し管理運営するかが大きな課題となっている。需要の変化に見合った供給態勢の構築という点がサプライチェーン・マネジメント（SCM：Supply Chain Management，以下単にSCMと表現する）の本質であるが，現実は市場の不確実性が増加する中で，需給のミスマッチはなかなか解消しない。すでに第1章で述べた意味での流通イノベーションの視点から，物流面でのコスト低下を目指す効率性と，利便性の向上を目指す有効性を同時に実現するためのイノベーションがさまざまな産業の分野で求められる所以である。一口に物流イノベーションといっても，先進国・新興国・発展途上国を問わず，その程度の差はあれ，一企業だけにとどまらず，行政からのアプローチも含めて，さまざまなレベルで戦略的に実施することが重要となっている。それは単に物流や生産の技術のレベルにとどまらずに，インフラの整備や物流活動円滑化のためのルール作り，それに企業サイドからの物流サービス提供の仕組みづくりなどのイノベーションも同時に展開される必要がある。

本章では，物流イノベーションという大きな課題を実現する仕組みや手段を考えるために，その前提として物流概念をめぐって近年，新たな動向として注目されている企業間関係に焦点を当てたSCMの役割を取り上げる。とくにスカンジナビアと米国の比較を通してSCM実施の推進要因と障害要因を把握しながら，SCMの効率的な展開の中で出現してきたサード・パーティロジスティクス（Third Party Logistics：3PL。以下，単に3PLと表現する）という事業内容について日本型3PLの特徴を探り，物流イノベーションの推進に向けた問題点について分析していきたい。

(1) 物流問題の重要性とグローバル視点の重視

従来，物流という概念は，距離と時間のギャップを克服するため輸送や保管，それに流通加工などを無駄なく効率的に展開する考え方や活動を意味しており，2つの視点で捉えられてきた。1つ目は企業経営の立場から，2つ目は行政の立場からアプローチされてきた。

まず企業経営の立場からは高度成長や低成長の時代を問わず，物流コスト

第 5 章　物流イノベーションのための SCM と 3PL の展開

の上昇を背景としてコスト面からのアプローチが強調されてきた。つまり，たとえ生産コストを削減でき，販売面での売上増加が実現できても，それ以前の原材料を調達するコストや顧客に届けるコストが十分に把握できず，物流コストが利益の増加にブレーキをかけることが問題視されるようになり，そのコストを抑えることの重要性が認識されてきた。これは企業経営というミクロのアプローチが必要であり，物流コストの上昇が利益を減らす大きな要因になるほど物流への関心が高まり，物価上昇に悩んだ高度成長時代はもちろん，売上高が伸びない時代に入るほど物流コストを削減することで，利益創出に結びつくという認識で物流が重視されてきた。

　そもそも物流という仕事は，企業の中でも，自らが需要を作り出すというよりも，生産や仕入それに販売といった他の部門の必要から生み出させる派生需要を特徴としている。したがって，生産や販売に関する物流の仕事が相互に関連づけられることなく，分離した状態でそれぞれに物流活動を要求するとなると，需給のミスマッチやコスト増が避けられないという危機感を強めるようになった。すでに米国で発展していた概念であるが，とくに 1980 年代半ばには，日本において低成長時代を背景に量から質を求める動きが出現し，物流を企業経営の戦略的視点から強化し，効率的に管理するためロジスティクス（企業内物流の最適化）という概念や方法が導入された。これは生産に関わる物流や販売に関わる物流が分離された状態で処理されるのではなく，競争優位性と顧客満足を同時に達成するため企業において統合的に管理されることを意味している。ロジスティクスのねらいは，激しい競争を背景に，顧客の要求に見合うように供給を調整することである[1]。

　しかし，個々の企業が物流コストを削減するには限界もある。2 つ目の視点は，物流を公共政策の立場から効率性と有効性を同時に達成するためのアプローチの重視である。それは輸送手段について考えても，トラック輸送，鉄道によるコンテナ輸送，船舶さらには航空機による輸送にしても，道路，橋梁，鉄道，港湾，空港などの物流を土台で支えるインフラが整備されている必要がある。例えば，輸送において高速道路の開通や橋梁の建設によって

1　湯浅（2005a），p.10.

長距離の輸送時間が少しでも短縮されることで，物流の効率や利便性が大きく変化することはよく知られるところである。こうしたインフラの整備は，企業の仕事というよりも，行政の仕事であり，単に効率的な物流活動を発展させるための物流基盤の整備にとどまらず，交通渋滞，大気汚染，地球温暖化あるいは資源・エネルギー保全という社会的なロスやダメージに対する規制基準やルール作り，またその監視を行うことでバランスのある社会の発展を実現するために，物流活動を公共的・社会的視点で調整する必要がある。これは社会や地球規模でのマクロのアプローチが必要であり，国や地方自治体による行政介入が求められる。経済的には規制緩和の時代でありながら，社会的には規制強化が求められるという両面の動きが物流の世界にも展開されている。

　この範囲での物流は，一国を想定した捉え方である。しかし現実のモノの動きは，食料やエネルギー資源，あるいは原材料や部品それに完成品などは日本の場合，とくに海外からの調達に依存している。日本の食糧自給率が39％（2010－14年連続：カロリーベース）で推移しているという現実を捉えても一国では食料品の調達が完結していない。かつては原材料や資源が輸入の多くの割合を占めていたが，今日では完成品状態での製品輸入が年々増加傾向にあり，国内での生産コストや人件費の上昇は企業や工場の海外進出を加速させ，それだけ海外依存度を高めてきた。日本人の衣食住の生活を支えているのは，海外の衣料品・アパレルメーカー，農家・漁業関係者・食品加工メーカー，それに住居用品メーカーなどであり，日本の企業が現地企業と合弁で展開している企業のネットワークなどを通して調達するケースが珍しいことではなくなっている。

　その一方で，輸出に関しては日本製という品質の優れた高付加価値の工業製品や消費者用品の需要は海外からも強い引き合いがあり，米国はじめヨーロッパ向けや最近ではアジア向けの輸出が大きなウエイトを占めている。とくに近年，日本への観光客の誘致・インバウンドの増大を追い風に，日本発の地域ブランドや日本ブランドを海外に輸出しようとする動きが活発化しており，クールジャパンやジャパンブランドとして日本の伝統文化や衣食住に関連した秀逸な品質の商品や食材，食品，工芸品の輸出を企業のみならず，

国や地方政府が積極的に推進している。このように輸出入を問わず国際的なモノの移動が活発化しているが，その実現を陰で支えているのが物流のイノベーションとして注目できるコンテナ輸送であろう。1950年代の半ばから導入されるようになったコンテナとその運用の仕組みは，世界の物流の流れを低コスト性，利便性，迅速性の実現によって変革するイノベーションであった。そのおかげで輸送や保管は劇的に進化した[2]。

そしてその距離のギャップを克服しているのがグローバルな物流のネットワークである。したがって，先ほどの2つの視点に加えて，3つ目の視点として，物流に対するグローバルなアプローチが必要であり，国内と海外を結び付ける役割が企業にも行政にも不可欠となっている。とくに，物流の効率化は，国内の物流インフラの整備にとどまらず，ビジネスのグローバリゼーションにおいては，国際的な競争力の向上のため，港湾や空港のハブ構想や輸出入関連制度の構築やそれを迅速に処理するための改革など，国家戦略としても推進していく必要がある。それと同時に，食の安全性の確保や製品の厳格な品質管理に世界的な関心が高まっている時代においては，国境を越えてグローバルなネットワークの中で，顧客のニーズに迅速，的確に応えるために国家間や企業間での安全性基準の改善や品質情報の共有がますます求められるようになっている。

さらに近年，物流に対するアプローチが，ミクロ，マクロそれにグローバルという視点を踏まえて，新たな概念と方法を採用するようになってきた。その背景には物流に求める条件が多様化し，かつ高度化してきたことがある。

(2) SCMとロジスティクス概念の捉え方について

企業にとって売上が順調に伸びている時代には，物流の手間やコストがたとえ大きなウエイトを占めていても，売上がすべてをカバーすることで，一定の利益を手にすることができた。しかし，日本では1990年代初頭のバブル崩壊から，消費者ニーズや競争環境に大きな変化が生まれ，売上が右肩上がりに伸びることがあまり期待できない時代に突入した。しかも，共産圏の

---

[2] Levinson (2006)（村井訳，2012, pp.11-30).

市場経済への転換やアジア労働力市場の成長を背景に，海外での低コストの人件費や原材料を生み出す地域の出現は工場の海外移転や現地生産を加速し，国内のコスト競争力をいっそう低下させてきた。

消費者ニーズの個性化やライフスタイルの多様化，それに流行の短サイクル化により消費者行動がめまぐるしく変化しており，市場需要の不確実性を高めている。そのため企業側から提供される新製品も短期間で急速にコモディティ化する傾向が生まれている[3]。大量に作って市場に送り出しても売れ残りが多く発生し，逆に消費者の欲しい時や欲しい場所に求める商品が欠品している状態が生まれやすい。

その一方で，産業に対する規制緩和やビジネスのグローバリゼーションは競争のレベルを国内のみならず地球規模で激化させている。グローバル企業の戦略としては，商品開発は専門人材の確保できる場所で，商品や部品の製造は土地や原材料が確保しやすく人件費の安い場所で，さらに販売は所得が上昇傾向にあり密度のある商圏が期待できる場所が選ばれる傾向にあり，そうした最適化を追求した結果による立地の分散は物流の効率を阻害することになる。それだけではない。原材料から完成品に至る過程には国内企業のみならず，海外の多くの企業が介在している。物流を企業経営の視点で効率的に管理しようとしても，物流活動自体が複数の企業の連鎖によって遂行されており，物流コストの削減やサービス水準の向上には企業内の物流部門や一企業の努力だけでは限界があることが問題視されるようになった。90年代末になると，それまで物流を機能的に捉えるアプローチや一企業の戦略的視点を強調した捉え方に対して，物流を調達・生産・販売・回収というトータルなプロセスとして捉え，複数の企業間にまたがって最適な解決を目指す管理手法として，サプライチェーン・マネジメント（SCM：複数企業間での全体最適化）が導入されるようになった。SCMの源流は80年代後半の日本のトヨタ生産システムの影響に求められ，これを米国流に理論化したのがSCMとまでいわれる。SCMのねらいは，ロジスティクスのねらいを複数企業間に適用し，個別最適から全体最適へと拡張することである。しかしその

3　田口（2006），pp.12-19；楠木（2006），pp.6-24.

考え方は論者によって多様に理解されている。

　レビーとウェイツの場合は，SCM の中にロジスティクスを含めた関係で定義している。ロジスティクスは，「顧客の要求に見合うように出発地点から消費地点まで，商品，サービスそれに関連情報の効率的で効果的な流れを計画し，実施し，さらにコントロールするための SCM の部分である」と定義している。これに対して，SCM は，「顧客に価値のある製品，サービスそれに情報を提供するため，最初の供給業者を経由して最終ユーザーまでのビジネスプロセスの統合である」と定義している。両者にはそれほど大きな差は感じられないが，前者は後者の部分集合という位置づけをしている[4]。対象範囲や主体という視点では，ロジスティクスは主として一企業の工場と流通センター，もしくは各店舗までのモノの移動に焦点が置かれているのに対して，SCM は独立した複数の企業間から構成される原材料の調達から製造加工，さらには卸売から小売を経て最終消費者に至るトータルなプロセスを対象にすると捉えられている。対象範囲の違いという点では，ロジスティクスのマネジメントを自社内で行うか，サプライチェーンの範囲まで拡大するかの違いがあるだけで，マネジメントの対象範囲が違うだけでロジスティクスには違いがないという見解もある[5]。

　生産者から小売店に商品が提供されてきている以上，SCM は昔から存在していたとみる見方もある。しかし，ロジスティクスと SCM は異なった概念であると捉えることもできる。それは対象範囲や主体の違いだけではない。ロジスティクスは物流活動に限定されるが，SCM には商品の企画開発，販売それに決済・金融といった商流活動を含むより広い概念として位置づける見方もある[6]。

　このように，ロジスティクスと SCM の捉え方は論者によって統一された見解にはなっておらず，同じものとして捉える見解と，異なったものとして捉える見解が存在している。ハロルドソン，ラルソンおよびポイストは，スカンジナビア（デンマーク，ノルウェーそれにスウェーデンからの回答）と

4　Levy and Weitz（2007），p.606, p.615, p.269.
5　湯浅（2005b），p.14.
6　森（2007），p.17.

図表 5-1　SCM とロジスティクスの関係

出所：Halldorsson et al.（2008）．

米国における SCM の捉え方を比較する研究の中で，SCM を 4 つの軸で分類した[7]。

① 伝統主義者（Traditionalist）

SCM はロジスティクスの機能であり，ロジスティクスの部分集合と捉える見方である。

② 名前の張替え（Re-Labeling）

SCM はロジスティクスと同じであり，機能的には SCM の範囲を狭く捉えている見方である。

③ 包括主義者（Unionist）

ロジスティクスを SCM の中に位置づけ，ロジスティクスのほかに購買やマーケティングを含むという見方である。

④ 統合主義者（Intersectionalist）

SCM とロジスティクスは相互に共通した機能を共有しあう関係であり，両者の統合を図る戦略的アプローチと捉える見方である（図表 5-1）。

ここでは，スカンジナビアと米国における企業でそれぞれ SCM に携わる総勢 127 名（スカンジナビア：23 名，米国：104 名）に対して，4 つのうちのいずれかを自らの捉え方として選択してもらった結果である。実際に米国

7　Halldorsson et al.（2008），pp.126-142．

第5章 物流イノベーションのための SCM と 3PL の展開

図表 5-2 SCM の捉え方

捉え方	地域別のグループ		
	米国	スカンジナビア	合　計
包括主義者（Unionist）：	47（47.0）	12（52.2）	59（48.0）
統合主義者（Intersectionalist）：	28（28.0）	6（26.1）	34（27.6）
伝統主義者（Traditionalist）：	19（19.0）	3（13.0）	22（17.9）
名前の張替え（Re-Labeling）：	6（6.0）	2（8.7）	8（6.5）
合　　　計	100	23	123

注：ピアソン X2 = 0.71（P −値＝ 0.871）；（　）の中の数値はパーセンテージ。
出所：Halldorsson et al.（2008）。

人とスカンジナビア人の SCM の捉え方については，以上に示したような分布が得られている。これを見ても，ロジスティクスを SCM の中に位置づける捉え方が多いことがわかる（図表 5-2 参照）。

　SCM とロジスティクスの関係は，このように広狭いずれからも解釈されているが，物流のどこをどのように捉えるかが，企業を取り巻く需給関係の時代背景と密接に関連してそれぞれの立場からの強調点を生み出してきたと考えられる。

　ここで重要なのは，SCM が欧米では 1980 年代に入って，日本では 90 年代末に，あえてロジスティクスとは別の表現で提起された意図について注目すべきであろう。つまり，時代背景として，いっそう需要の動向を反映した供給の適応力が重視されるようになり，利害の錯綜しやすい複数企業間で顧客情報の共有を図りながら競争優位性と顧客満足を同時に達成する必要がさらに求められるようになったということである。日本では少子高齢化による消費の高度化，ICT の進歩，産業における規制緩和，それにグローバリゼーションの影響が少なからず作用している。とくに，需要サイドから物流に求める要求はきめ細かなサービスを求めるようになってきた。こうした需要動向を反映する用語が，日本では短納期化，多頻度化，小口化，日時指定，当日配達，さらには配達料無料といった物流サービスへの要求となって現れている。これらの物流サービスの遂行には SCM の展開が不可欠であり，この意味で SCM の特徴は，これまで個別企業ごとに物流に取り組んでいた部分

最適化ではなく，供給の連鎖を全体として最適化するために管理しようとするところに最大のねらいがある。企業間で必要な情報が共有されず，それぞれの企業の思惑で取引が行われると，川上から川下の間でブルウィップ効果[8]が発生して，実需に基づかない受発注や納品が行われ，結果として在庫の過剰や過少，あるいは偏在が引き起こされる。しかし情報は共有されるだけではなく，それを活用することが前提となる。ここでいう情報共有は顧客起点の実需情報を複数の企業間で相互に活用することで，ミスマッチをなくすということである。とくに，この場合，供給サイドには顧客サイドの出荷・在庫データをもとに顧客の必要量を予測・判断する能力が求められている[9]。

(3) SCM 実施の促進要因と障害要因について

　SCM という概念や考え方を導入しても，それが簡単に実施できるわけではない。SCM の重要性を唱えながら，現実にはなかなか全体最適化を実現している企業は多くはない。SCM の実施が円滑に行われる条件を考えるために，先に紹介したハロルドソン，ラルソンおよびポイストの調査から，その促進要因と障害要因について検討してみよう。彼らは，スカンジナビアと米国における企業でそれぞれ SCM に携わる総勢 127 名（スカンジナビア：23 名，米国：104 名）からのアンケートの回答による比較分析の中で，この問題を以下のように明らかにした[10]。

　実施の促進要因は，米国の場合トップマネジメントのサポートや組織の再構築，それに従業員の訓練といった組織問題，外部関係に位置する顧客関係，さらには内部関係にある統合的なロジスティクスが重要と指摘されている（図表 5-3 参照）。これに比べて，技術上の促進要因— EDI，インターネッ

8　ブルウィップとは牛を誘導するための鞭のことであり，鞭がしなって先に行くほどしなりが大きくなったり，小さくなったりすることから，ここではわずかな実需が川上に進むほど見込みによって中間流通や生産段階で大きな，時に小さな仮需を生み出すことを意味する。SCM の役割はブルウィップ効果を最小化し，過剰もしくは過少な生産や在庫に陥ることを排除するねらいがある。
9　湯浅（2005b），p.16.
10　Halldorsson et al.（2008），pp.134-139.

図表 5-3　SCM 実施の促進要因

促進要因 a	地域別のグループ		t 検定 c	p 値
	米国 b	スカンジナビア b		
最高経営者の支持	3.85（1）	3.76（1）	0.34	0.734
顧客関係	3.47（2）	3.32（3）	0.62	0.539
組織の再構築	3.41（3）	3.10	1.13	0.261
統合的なロジスティクス	3.26（4）	3.41（2）	−0.55	0.587
EDI	3.13	3.18（5）	−0.20	0.846
インターネット技術	3.11	3.00	0.41	0.682
従業員の訓練	3.05	3.24（4）	−0.60	0.550
ERP	2.95	3.00	−0.20	0.844
ハードウエア	2.81	1.89	3.26	0.001
SC ソフトウエア	2.72	2.71	0.03	0.974
供給業者の関与	2.65	3.05	−1.39	0.168
3PLs	2.43	2.20	0.87	0.390
コンサルタント	2.11	2.45	−1.46	0.152
SCOR モデル	1.91	2.29	−1.15	0.255
4PLs	1.79	1.74	0.15	0.882

注：a "あなたの組織で SCM 実施をする際の促進要因として次の中のそれぞれについて影響を評価してください"（0＝何もない，1＝非常に低い，2＝低い，3＝中程度，4＝高い，5＝非常に高い）；b （　）の中の数値は米国とスカンジナビアのグループに対して上位5までを示している。C Levene 検定を基礎に，コンサルタントと3PLs を除いたすべての促進要因に仮定された等分散（equal variances）。
出所：Halldorsson et al.（2008）．

ト技術，ERP（Enterprise Resource Planning：企業の有する経営資源を有効に活用するために，受注・販売管理，在庫管理，生産管理，会計といった企業の基幹業務をサポートする情報システムパッケージ）がそれほど評価されていないことは，SCM の実施にとって技術よりもリレーションシップや組織問題の方が重要性が高いと認識されている。しかし，これは技術上の要因が促進要因となっていないということではなく，SCM という企業間のリレーションを構築・維持することがねらいであって，技術はそれをサポートする手段になっていることを示唆している。

　これに対して，スカンジナビアでは，トップマネジメントのサポート，統

図表 5-4 SCM 実施の障害要因

地域別のグループ				
障害要因 a	米国 b	スカンジナビア b	t 検定 c	p 値
職能部門の孤立	3.76（1）	3.48（1）	1.00	0.319
互換性のないシステム	3.51（2）	2.86	2.42	0.017
共通性のない SCM 認識	3.25（3）	3.26（2）	− 0.04	0.972
SC の対立	3.23（4）	2.90	1.15	0.252
従業員のスキルの欠如	3.19（5）	3.14（3）	0.10	0.923
SCM の複雑さ	3.17	3.14（3）	0.10	0.923
組織構造	3.17	3.05（5）	0.46	0.646
内部的な抵抗	3.09	3.00	0.32	0.747
実施コスト	2.98	2.38	2.45	0.016
連携の欠如	2.60	2.09	1.88	0.062
情報共有の意思のなさ	2.50	2.41	0.32	0.750
顧客の抵抗	2.07	2.14	− 0.24	0.811
供給業者の抵抗	1.86	1.81	0.19	0.850

注：a "あなたの組織で SCM を実施する際の障害要因として次の中のそれぞれについて影響を評価してください"（0 ＝何もない，1 ＝非常に低い，2 ＝低い，3 ＝中程度，4 ＝高い，5 ＝非常に高い）；b（ ）の中の数値は米国とスカンジナビアのグループに対して上位 5 までを示している。C Levene 検定を基礎に，組織構造を除いたすべての障害要因に仮定された等分散（equal variances）。
出所：Halldorsson et al. (2008).

合的ロジスティクスそれに顧客関係を促進要因として重視している点は米国と共通しているが，大きな違いは従業員の訓練が重要とみなされている点である。ここでは，ロジスティクスのマネジャーはロジスティクスだけを，購買マネジャーは購買についてだけ学べばよいのかについて，単一機能のみにとらわれた弊害を避けるためのトレーニングプログラムを重視しようとしている。

　次に，実施の障害としては，両方のグループに共通しているのが部門（機能）の孤立を最も大きな障害として捉えている（図表5-4）。それ以外にも，共通した SCM 理解の欠如，従業員のスキルの低さ，SCM の複雑さが指摘されている。

　米国の場合に特徴的なのは，企業間での互換性のないシステム，サプライ

チェーンでの対立，それに実施コストに大きな関心を与えている。これに対して，スカンジナビアでは組織の構造上の問題を指摘しており，内部的な抵抗が供給業者や顧客の抵抗より強い障害となって働いている点を重視しており，内部組織の統合が焦点であることを示唆している。SCMを構築・運用する場合，社内のメンバー間での合意や課題の共通認識が不可欠であること，求められる組織形態や機能分担のルールなどSCMの複雑さを可視化する工夫が社員の中で理解・共有されていることが重要となっている。

スカンジナビアと米国の両者にとって，組織問題が共通の障害であることは注目に値する。一般にSCMの障害や問題としてこれまで指摘されたのは，組織の境界を越えた主体の違うところでの，情報共有や連携の欠如といった点であったが，この調査ではむしろ供給業者や顧客からの抵抗よりも，組織内部の機能上の孤立や組織構造の複雑さ，それに従業員のスキルの欠如といった人の問題が大きく影響していることを示している。

3人の研究者は，限定された国でロジスティクスに焦点を当てた会員（CSCMP：The Council of Supply Chain Management Professionals）を対象にした調査であるため，サンプル数の少なさなどで一定の限界を有することを指摘している。しかし，グローバルSCMの時代には，このような調査がアジアや南米などでも行われる必要性を唱えている。改めて，この点に関しては，日本をはじめ，アジアの国々での物流イノベーションにとってSCM実施の必要性が叫ばれているが，同様の視点からの調査が求められている。とくに，ここでの研究者らは，SCMの促進要因・障害要因の双方で人の問題と組織の問題に注目していた。スウェーデンに代表されるボルボの工場での生産性の高さに象徴されるように，スカンジナビアのマネジメントスタイルとして，企業や企業間に信頼と責任権限委譲の雰囲気があることを指摘している。人的な接触や会合による情報の収集，それに働く人々のライフスタイルを重要視した組織や作業システムの構築など，米国とは違った側面があることに注目している[11]。この点では，日本のマネジメントスタイルがSCMにどのような影響を与えているかを検証する必要があるといえる。

---

11 Halldorsson et al.（2008），p.139.

2．SCM と 3PL の関係について

(1) SCM の役割

　SCM が重視されるようになった背景には，すでに述べたように消費者ニーズの変化やライフスタイルの多様化，産業に対する政府規制の緩和，ビジネスのグローバリゼーション，人口の少子高齢化，ICT の進展などが影響している。これらが市場需要の不確実性を高め，熾烈な競争を生み出しており，製品のライフサイクルの短縮化，新製品の急速なコモディティ化と価格競争へのシフトといった傾向を加速させている。こうした状況の中で企業が競争力や顧客満足を実現するには，企業組織内での従業員の緊密なコミュニケーションやスキルの向上を強化することと，一企業の枠組みを超えた複数企業間でのパートナーシップや戦略提携によるビジネスプロセス全体の視点から最適化を追求することが求められている。例えば，鮮度管理のケースを考えても，消費者に新鮮な状態で商品を提供しようとすれば，原材料の調達や工場での生産，さらには小売店での店頭に至るすべてのプロセスが切れ目なく結び付いて同期化している必要がある。このように需要動向への迅速な対応をねらい，鮮度管理やローコストオペレーションを優位に進めるために，競争の源泉をサプライチェーンにおけるビジネスプロセスのマネジメントに求める動きが出現してきた。それは企業同士の競争というレベルから，サプライチェーン同士の競争になっており，グローバルな市場環境ではとくにその傾向が顕著になっている。ビジネスのグローバリゼーションとともに，国を越えて，食品やおもちゃなど日常生活商品の安全性や信頼性が問題視されるケースが増えてきたが，国による規制基準の変更や人々の安全に対する要求の高まりに的確に応えるためには，企業間でのパートナー同士の情報共有や知識統合が迅速に行えるための SCM をいっそう強化する必要がある[12]。

　サプライチェーンそれ自体は以前から存在するものの，ここで重視されているのはサプライチェーンをトータルにマネジメントすることの重要性である。これまでサプライチェーンを個々の企業ごとに管理することはあっても，

12　Myers and Cheung (2008), pp.69-70.

第5章　物流イノベーションのためのSCMと3PLの展開

サプライチェーン全体を管理するという発想はなかった。そのため個別最適は実現できても，市場の需要動向を的確に把握して，迅速に供給に反映することがうまく進まず，欠品や過剰在庫などのムダやミスマッチの発生が避けられず，全体最適とはならないことが多かった。

　SCMのねらいは，この全体最適を実現することであり，そのために必要な機能を最も得意とする企業が担うという関係でサプライチェーンが構築されていることが重要である。これは複数の企業によって構成されるサプライチェーンにおいて，必要な機能に対する得意分野の専門企業集団が形成されていることを意味する。サプライチェーンを構成する企業が全体最適に的確に貢献できるように，機能に対する再評価が求められる。一般的にいっても，SCMは多数の部門にまたがり，一企業の枠を超えて専門的な知識と経験が求められる活動が多く，CEOみずからベンチマーキングやベストプラクティス分析を行うことで，SCMをコアに仕立てる戦略行動が求められる[13]。それと同時に，日本の現状では供給と購買の企業間に長期的な取引関係が持続する傾向が強く，複雑な流通チャネルや独特の商慣行の存在など制約要因が多いが，SCMをコアにするには，企業間での現場作業の標準化や組織体制の見直しも重要である。そこで自社で戦略的に担当すべきコアになるもの，そうでないものとの選別が必要であり，コアとするものへの投資の集中とそうでないもののアウトソーシングという，選択と集中が検討課題となる。物流アウトソーシングは，サプライチェーンのトータルなビジネスプロセスを構築・管理する上で戦略的に検討すべきテーマとなっている。

　もともと，得意分野に経営資源を集中し，不得意分野を外部にアウトソーシングするという選択と集中の戦略は，何も物流分野の業務に限定したテーマではない。物流機能を自社が担当するよりも，他の企業がその機能を専門的に担当することで低コストかつ迅速に遂行できるとしたら，その方が効率性や有効性の面で適切な選択といえる。物流をコアと位置づける企業と，サブと捉えアウトソーシングする企業とに分化してきている。それに伴い，これまでに社内で抱える既存の物流部門の人や設備などの再編をどうするかと

13　Slone et al.（2008），pp.141-143.

いう大きな問題が発生する点も無視してならない。

　しかし，近年になって，物流アウトソーシングといわれるビジネスモデルが注目されるようになってきた。ただし，物流アウトソーシングといっても，荷主企業にとってこれまでも輸送は輸送会社に，保管は倉庫会社にという形で物流業務は外注の対象になることが多かった。荷主を1PL（ファースト・パーティー）とすれば，外注先の輸送会社や倉庫会社は2PL（セカンド・パーティー）と位置づけられる。従来の物流活動の多くはこのパターンで運営されることが一般的であった。しかし，このパターンに対して全く新しい発想で物流に取り組むモデルが提案されるようになった。

(2) 3PLのねらいと日本型3PLの特徴

　3PL（サード・パーティーロジスティクス）は，わが国では『総合物流施策大綱』によると「荷主に対して物流改革を提案し，包括物流業務を受託する業務」と定義されている[14]。これには，荷主企業や運送会社もしくは倉庫会社以外の立場から，つまり第三者の立場から荷主に代わって物流サービスを提案することを特徴とする。本来，3PLの概念は米国で90年代に急速に出現し普及するが，主な背景として3点を指摘できる。それには，①物流産業の規制緩和（トラック運送の規制緩和で航空貨物，海運，倉庫，それに情報ソフト会社の参入），②インターネット通販とグローバル化の進展（物流におけるローコストとリードタイムの短縮の要請），③荷主企業のコア（自社の中核的な能力が発揮できる）ビジネスへの経営資源の集中戦略，を背景に登場してきた。とくに，米国の大手メーカーの中にはロジスティクスをコア・コンピタンスと位置づけず，社内の物流担当部門のリストラと3PLへのアウトソーシングに切り替える動きが出現した。レイオフに対する抵抗の少ない米国では，荷主の既存従業員の再雇用に配慮する必要がないためこうした傾向が生まれやすかった。その半面で，大手輸送キャリアの3PL部門と並んで，資産を持たないノンアセット型のベンチャー企業が3PLの有力な担い手となった[15]。わが国でもバブル崩壊を契機に，物流におけるコスト

14　国土交通省（1997）．
15　『LOGI-BIZ』2006年3月号；芦田（2006），pp.149-151．

第 5 章　物流イノベーションのための SCM と 3PL の展開

の削減，多頻度小口配送や日時指定など高度化する物流サービス，荷主のコアビジネスへの集中投資などの動きに対応するための戦略として米国の影響を受けながら 3PL 導入を進める動きが出てきたといえる。

　一般に，物流業務の特性として，需要波動が大きいため投入人数を変動させないとコストが固定的となり，正社員の充当ではコスト的に採算が合わず，人員の固定化を回避する方法がとられてきた。この点からも，物流がアウトソーシングの対象になりやすい。一般に，3PL の導入の目的には，物流コスト削減，物流業者の専門スキル・ノウハウの活用，さらには荷主企業が経営資源をコア業務へ集中できるという点が指摘されている[16]。

　ここで，3PL という場合，異なった理解を生んでいることも否定できない。サプライチェーンにおいて，メーカーをファースト・パーティー，卸売業者や小売業者という買い手をセカンド・パーティー，これに対して荷主の物流を代行する物流業者をサード・パーティーと見る視点である[17]。しかし，これでは従来の物流サービスの提供関係と変わるところがない。何がわざわざ，なぜ 3PL という独自の概念を用いて提案するのか明確でもない。サード・パーティーのサード・パーティーたる所以（ゆえん）は，荷主企業でも運送・保管企業でもない，新たな物流提案企業が登場し，荷主企業に物流システムを提案し，その結果として全面的に物流業務を受託する事業者のことをいう。したがって，物流アウトソーシングという意味は，荷主企業が従来のように物流業務の一部を外注・外部委託する関係というよりも，物流業務の包括委託を内容としている。そこで定義通りに解釈すれば，3PL の特徴は，荷主企業の顧客サービスを支援する立場から，トラックなどの輸送手段や倉庫などの保管施設といった物流アセット（資産）に依存せずに，物流サービスの最適な問題解決を提案する企業という位置が与えられている。この前提には，3PL とは自社の物流アセットの利用を売り込むビジネスではなく，荷主企業の顧客サービスを支援する立場から，アセットの有無に関係なく，物流システムの企画，設計，構築，運営管理，総合的コンサルティングといった物流サービスを提供するビジネスモデルである。アセットの利用は，自社であれ他社で

16　嶋（2006），pp.56-58.
17　森（2007），pp.31-32.

図表 5-5　3PL のメリットデメリット

```
3PL 利用の荷主企業
 メリット：大規模な固定投資・運転資本固定化の回避
         コア業務への経営資源の選択と集中
         新市場や変動する物流量への迅速かつ低コストでの対応
         自社では保有できない専門的スキルとノウハウの活用
 デメリット：自社内の物流の品質やサービスに対するスキルやノウハウの欠如
           自社内の物流に関与する専門人材の不足

3PL の提供企業
 メリット：物流アセット所有に依存しない物流サービス事業への参入容易性
         物流コア業務の構築・専門化による提案力の育成
         規模の経済を利用したサプライチェーン全体のコスト削減
         単に物流事業にとどまらず，荷主企業の顧客支援事業への関与
 デメリット：荷主企業のアウトソーシング先切り替えの不安
           アセットを有する場合にはそれにとらわれやすい
```

出所：筆者作成。

あれ，最もふさわしいものが選ばれるだけである。したがって 3PL の事業の担い手には，アセット型の物流企業や物流子会社以外にも，ノンアセット型として商社，情報システム企業，コンサルティング企業などさまざまな業種から参入が行われている。

3PL について，それを利用する荷主企業と，提供する 3PL 企業の立場でそれぞれのメリットとデメリットをまとめて示してみると上の図のようになる（図表 5-5）。

日本の 3PL の実態は多くはアセットを有する物流企業（多くはセカンド・パーティー）や荷主企業の物流子会社によって担われてきている。先に示した定義とは違った現実が発生していることも注目すべきである。3PL が提供するビジネスモデルやソリューションには，それぞれの国や地域の市場環境を反映した違いが見られる。この点で欧米の 3PL のモデルを直接導入するのではなく，改めて，日本の現状に即した 3PL の発展のための条件を検討することが重要である。

日本での 3PL を考える場合，大手メーカーの物流子会社の取るべき戦略が問題となる。大手メーカーの多くが系列の物流子会社を抱え，その全体の売上高は国内物流市場で 2 割から 3 割にも及ぶといわれる。近年ではこの物

第5章　物流イノベーションのための SCM と 3PL の展開

流子会社の多くが3PL事業を目指したビジネスモデルを打ち出してきた[18]。そして，物流子会社が親会社に対して独立採算で親会社の売上や利益，それにサービス向上に貢献することが求められるようになっており，外販比率を高める動きもある。しかしこれまで親会社向けにデザインされた物流設備や輸送手段，それに情報システムや物流のノウハウに対して，脱子会社・脱下請けとしてそれとは異なったハード面とソフト面のさまざまな対応が求められる。物流子会社は荷主である立場の強い親会社との関係では，アウトソーシングといっても本来は自家物流としてのファースト・パーティーの位置に置かれている。単体の子会社として，国内需要の縮小傾向の中で，物流子会社は物流会社として独立するための戦略シナリオが描けるかどうかという問題がある。それが今後，サード・パーティーとして親会社から独立し，競合する外部荷主のニーズに応えるためには，親会社の物流子会社に対する経営姿勢の転換が求められるし，子会社は親会社に対する独立の姿勢と物流専門事業のための明確な戦略展開，そのための経営資源の強化が問われている。日立物流は，日立製作所の物流子会社から日本を代表する3PL企業に成長したその成功例といえる。しかし，こうした成功企業は近年ではむしろ少なくなっている。多くは，親会社の物流子会社に対する明確な方針を打ち出せず，物流子会社の独立性や採算性が確保できない事態に直面し，親会社が物流子会社を大手物流会社に売却や株式譲渡し，物流の外部委託に切り替えるなどM&Aの対象になる割合が増えている[19]。

　最近の3PLのアンケート調査からも，わが国での3PL市場は，既存の物流アセット業者の大手を中心に拡大が図られてきている（図表5-6参照）。3PLの顧客層としては，これまではチェーンストアによる専用センター新設が主な成長の源泉と見なされてきた。しかも次第にメーカーの国内市場の縮小に伴う物流の再編が生み出されており，このタイミングでメーカーの物流子会社のM&Aが活発になり，親会社が物流子会社を3PL企業に売却後には物流外部委託を求めるようになっている。そこで，3PL企業には，子会社の買収だけにとどまらず，親会社のメーカーとの新たな取引関係の構築も期

18　『LOGI-BIZ』2008年9月号，pp.26-44.
19　『週刊東洋経済』2015年6月6日号，pp.82-84.

図表 5-6　日本の 3PL 市場規模の推移

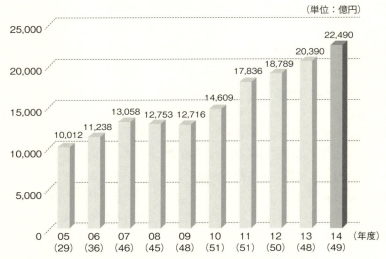

注：（　）内は 3PL の調査対象企業数，金額はその 3PL 事業売上高合計額。
出所：『LOGI－BIZ』2015 年 8 月号，p.18.

待されている。

　3PL の市場規模は順調に拡大しており，「3PL 案件でカバーしている業務領域」には，上位にロジスティクス設計，ロジスティクス改革・改善，情報システム構築，共同物流企画・運営といった基幹部分の受託が行われており，3PL の本来の業務受託が浸透していることがうかがえる（図表 5-7 参照）。一方，荷主企業にとっては，3PL を選択するサービス評価基準として，料金，在庫管理の精度，作業ミスの少なさ，荷物の汚損・破損の少なさ，拠点確保などのサービス品質を重視している（図表 5-8 参照）。しかも，3PL を提供する側にとっても，利用する側にとっても，共通に少子高齢化や労働力不足，高度な物流サービスの要求を背景に，トラック運賃の値上げや庫内作業人件費の高騰など物流活動への制約も現れている。とくに，3PL 提供企業にとっては，3PL においても現場レベルの改善，拠点の統廃合，プラットフォームの構築，荷主との緊密な関係構築と密接なコミュニケーションなど，顧客満足実現や改善のための対応が求められている[20]。

第5章 物流イノベーションのためのSCMと3PLの展開

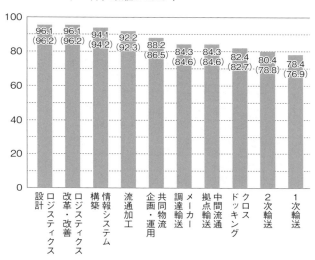

図表5-7 3PL案件でカバーしている業務領域：N＝51：複数回答
（　　）内の数値は2013年

注：1次輸送（幹線輸送）・2次輸送（小口輸送）。
出所：『LOGI-BIZ』2014年9月号，p.24.

　これまでややもすると，3PLという名称が一人歩きし，従来と変わらない配送や保管や提案営業を組み合わせた程度の物流業の仕事を3PLと名乗るケースが横行してきたことも事実である。グローバル化するSCM環境において，3PL業者の役割について，荷主側においても明確な評価や選別する能力が問われている。3PLを活用する荷主企業にとっても，物流活動をSCMのトータルの枠組みで把握し，自社にとっての物流活動の位置づけ，物流活動の何をインソースして残し，何をアウトソースするか，どこにアウトソースするか，3PLの活用の形態や優位性の検証を行うことが求められる。

（3）ネット通販の成長とラストワンマイル

　ネットと有店舗にとっても，またその融合を図るオムニチャネルの推進でも重要な役割を演じるのがいずれも物流という認識が経営者に浸透してきた。

---
20 『LOGI-BIZ』2014年9月号，p.20.および『LOGI-BIZ』2015年8月号，p.30.

図表 5-8　3PL における顧客満足の評価基準

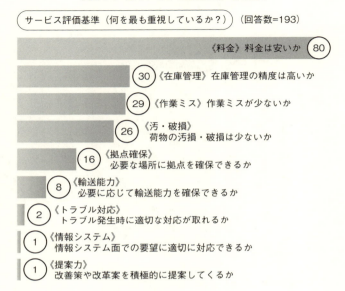

出所：『LOGI－BIZ』2015 年 8 月号，p.30.

　多様な商品を大量に扱い，即日配送のニーズに応えるためには需要が高密度に存在する首都圏や関西圏に大型の物流施設を展開する傾向が高まってきた（コラム 5-1 参照）。それとともに，小売業の中には，ユニクロのファーストリティリングや無印の良品計画のようにこれまで外部の 3PL 企業に委託していた物流業務をインソースするという逆のケースも発生している。それに，ラストワンマイルといわれる家庭への宅配の多くは自社物流よりも宅配企業にアウトソースする傾向が高まっており，宅配企業では配送だけでなく，それをきっかけにそれ以前の受注管理，商品の集荷・発送などバックの物流業務や修理などの取り込みから 3PL への拡張を図ろうとする戦略対応もみられる。

　物流の自前主義か，外部委託か，その業務範囲のどこまでを，誰がどのように担当するのか，それぞれの荷主企業の置かれた立場と，それを受託する 3PL 企業との間で改めて効率性と有効性を同時に実現するための仕組みづくりとしての物流イノベーションの戦略が問われている。

コラム 5-1：物流不動産への投資と REIT(リート)

　前の第4章では，ネット通販企業の物流インソーシングの動向にも触れたが，ネット通販の成長を受けて，アマゾン，楽天，ゾゾタウン，テレビショッピングを拠点としたジャパネットたかた，それに有店舗をベースに発展してきた小売企業のユニクロ，ニトリ，ヨドバシカメラなど大手を中心に，物流不動産企業などと共同で最新型の巨大な物流施設への投資を加速している。

　最近は，大型な物流施設を開発・建設する手法として REIT（Real Estate Investment Trust：不動産投資信託）が活用されるようになってきた。この手法は米国のショッピングセンターの開発において，巨額な投資資金を調達する上で，金利の高い金融機関からの間接金融に代わるものとして多く用いられてきたが，日本でも国内外の不動産企業はデベロッパーとして大型な商業施設や物流施設の開発に導入するようになってきた。これは不動産を担保に，多数の投資家から資金を集め，そこから得られる賃貸料収入や売買差益を投資家に配分する金融商品である。投資家にとっては，高い収益を期待できる不動産であるほど，配分するための利回りが高く，魅力的な投資対象となる（Ghosh and McLafferty, 1991, pp.357-365；『週刊東洋経済』2015年6月6日号, pp.58-59)。

　3PL 企業にとっては，今後の展開として収益性の向上を図るためにも，従来型の物流下請けモデルではなく，コスト削減への対応はもちろんであるが，コスト削減に傾斜しがちな荷主企業の認識を改善させるために，顧客の課題を的確に読み取り，効率だけにとどまらず，付加価値を先導的に提案できる企業の方向も検討されるようになってきた。「リードロジスティクスプロバイダー」（LLP）というコンセプトを提唱する企業も出現してきた。これは，顧客企業の課題を読み解いて，改善点を洗い出し，生産・販売・物流をトータルに最適化することをねらいに，効率はもとより，高付加価値をベースとした物流サービスのイノベーションを提案できる 3PL の進化した企業として期待されている[21]。

21　『LOGI-BIZ』2014年9月号, pp.6-7.

3．物流を制するための仕組みづくり

　これまで，物流イノベーションの展開を構想する上で，物流概念をめぐって近年，新たな動きとして注目されているSCMの特徴，促進要因や障害要因，それにSCMと3PLの関係について考察を加えてきた。そこでは，ロジスティクスとSCMの位置づけについて，物流担当者によって大きく4つの見解に整理できることが確認できた。さらに，原材料から完成品に至るサプライチェーンにおいて，メーカー（原材料メーカー，部品メーカー，完成品メーカー），卸売店や小売店，さらには消費者までの関係企業間の情報共有をベースにした連携がモノの流れをスムーズに進める上で大きな役割を果たしている。しかもそれと同時にSCM運用の企業の組織体制や人の問題が推進の重要なファクターになっていることも認識しておく必要がある。しかしこの点の関係がどのように働いているのかについて，日本のケースなども含めてさらに検討を加える必要があるといえる。SCMがどのような方向で構築されるか，3PLの登場の背景と利用の実態をみてきたが，3PLの発想の前提は，顧客満足と競争力の強化のために，自社で行う資源やノウハウが弱体な領域を競争優位性のある専門企業をパートナーとして弱みを強みに転換する戦略という性格を持っている。物流業務の何を，誰に，どこまでアウトソースするか，残す業務は何か，それらによって得られる成果はという一連の問いかけが，物流で勝負する企業の姿勢を作り出す。このような視点から，3PLを発展させるための市場の整備や業界改革が求められると考える。

　最近では，物流に求められる課題も多様化しているが，大きく分けて物流業界に対する規制緩和と競争促進の流れと，環境や安全に対する規制強化とエコロジー促進がテーマとなりつつある。冒頭でも触れたように，物流のネットワーク，SCMの展開の範囲はますますグローバル化しており，一国内だけではこれも全体最適とはならない時代となっている。ネット通販利用の高まりや高齢化の進展は，ますます物流を推進する能力によってビジネスの成否を決める割合が高まってきている。物流イノベーションという大きなテーマの下で，改めてSCMと3PLを適切に関係づけて，国内外での物流ソリューションを提案することが求められている。

第6章
ブランドをめぐる企業間関係と
戦略提携：OEM vs. OBM

1．OEM・EMS の事例とモノづくりに対する考え方の変化

　ある特定のブランド商品が流通過程に登場するまでには，そのバックのプロセスでは，どのような企業の戦略が展開されているのだろうか。一般的な企業のイメージでは，商品開発，購買，製造，販売，物流という企業の基本的な仕事は1つの企業組織の下で遂行されていると考えられやすい。しかし，現実の企業を観察してみると，このような統合の関係だけで商品の開発・製造・流通などが行われているわけではないことが見えてくる。むしろ他の企業を巻き込んだ分化と自社の統合との組み合わせで展開されていることが多いことに気がつく。本章では，流通過程に登場するまでの特定のブランド商品をめぐってどのような分化と統合の仕組みが戦略的に展開されているのか，OEM（Original Equipment Manufacturing：相手先ブランド製造・供給あるいは Manufacturer：製造業者）というビジネスのツールを通してブランド商品をめぐる開発と提供の仕組みを明らかにしたい。OEM を提供する側からは OEM 受託製造という表現になり，それを利用する側からは OEM 委託製造という表現が使用される。

　本章では，先行研究を通して OEM のビジネス戦略としての枠組みを提示し，その役割と課題を考察していきたい。その上で，自社ブランド化の課題についても検討を加えていきたい。ブランドと OEM の関係を考察する意味は，次の第7章の PB（プライベートブランド）商品の開発を考える上でも重要な論点を提供している。本章では製造企業（メーカーや生産者）を中心に考察し，次章では流通企業を中心に考察する。

　まず，具体的な事例から考えてみよう。自動車業界では，次世代環境対応車として電気自動車や水素自動車の開発，安全性対応として自動ブレーキ

（衝突被害軽減ブレーキ），さらには自動運転という技術面のイノベーションが注目される一方で，国内市場の少子高齢化や若者のクルマ離れ，維持費の高騰，ガソリンの高騰などを背景に業績の不振という明暗が交錯している。こうした狭間で，自動車の売上が落ち込む中で，成長可能性が期待されているのが軽自動車市場である。軽自動車は，2015年4月には軽自動車税の増税という逆風が吹くようになっているが，日本独自規格の車といわれ，すでに国内新車販売の4割を占めるまでに成長してきた。

　トヨタは，2011年9月，初めて軽自動車を発売することになった。「ピクシス　スペース」という車名である。トヨタの軽自動車の発売によって，国内乗用車メーカー8社がすべて軽自動車市場に参入したことになる。しかし，この車自体は，トヨタが製造したわけではなく，系列会社であるダイハツの「ムーヴコンテ」をベースとしたOEM車である。ブランドはトヨタであるが，製造はダイハツであるという関係は，どんな意味があるのだろうか。同じような事例として，日産は軽自動車を製造していないにもかかわらず，「モコ」や「ルークス」という日産のブランドで軽自動車を販売している。これはスズキからのOEM調達である。2011年には，三菱自動車と軽自動車のための共同開発企業を立ち上げ（NMKV：Nissan Mitsubishi Kei Vehicle），2013年6月に日産では「デイズ」，三菱では「eKワゴン」と同じ車をそれぞれの企業のブランド名で市場導入した。日産の「デイズ」の発売に当たって「日産が本当につくりたかった軽自動車」というキャッチコピーを使った真意は，軽自動車の設計や開発に初めて介入したということが反映している。しかし製造は三菱の水島製作所である。

　はたして，トヨタや日産のように軽自動車を製造せずにブランドを付けて販売する立場と，ダイハツやスズキあるいは三菱のように自前のブランドで自動車を販売するだけでなく，他社の自動車の製造まで引き受ける立場には，それぞれどのような効果や役割があるのだろうか。さらには，近年注目されている新興国の市場成長を背景に，それぞれの国の契約製造企業の自社ブランド化の動向が活発になっている。とりわけ，BRICS（ブラジル，ロシア，インド，中国のほか，最近ではSを南アフリカとして新興5か国と表現する場合もある）といわれる新興国の市場拡大が顕著になっている。そうした

第6章 ブランドをめぐる企業間関係と戦略提携：OEM vs. OBM

国々やすでに経済発展で先行してきた台湾や韓国などの製造企業において，エイサー，エイスース，サムスン，LG，ギャランツなどに代表されるように，OEM（Original Equipment Manufacturing）から自社ブランドを確立して自前のマーケティングを重視したOBM（Own Brand Management or Original Brand Manufacturing）への新たな動きがみられる。こうした企業の動向も含めてOEMからOBMへの移行のための理論的な課題についても検討していく予定である。

OEMという用語は，日常的にはあまりなじみのない言葉であるが，ビジネスの用語としてはかなり浸透している。しかし，企業間での契約関係が守秘義務によってオープンにされることが少ないだけに，マスコミで取り上げられない限りは，一般には実態がよくわからないことが多い。そのため研究面で，その意味や役割となると，必ずしも十分に整理されているわけでない[1]。しかし，このような自社のブランドで他社に製造を委託したり，開発を頼る事例は何も自動車業界に限らず，われわれの身近な消費財（B to C）やビジネス目的の生産財（B to B）で実に多様に利用されてきている。代表的な業界では家電製品，自転車，デジタルカメラ，携帯電話，ゲーム機，化粧品，飲料・食料品，旅行，金融商品，工作機械や農機具などさまざまな分野で利用されている。

OEMとは，相手先ブランド製造（もしくは製造業者）と訳されている。OEMを委託する企業から定義すると「完成品を他のメーカーから調達し，自社ブランドで販売すること」，受託する企業から定義すると「メーカーが自社製品としてではなく，他社のためのブランド製品として製造すること」を意味する。つまり，主として受託先の企業が部品から製品を組み立て最終的な品質管理を行って完成させたものを，委託先の企業が自社のブランド名を付与して販売するケースを指している[2]。

元来この用語は1950年代にIBMで生み出され，コンピュータや電子部品

---

1 実態調査を含むOEMの研究自体が十分に進められてきているとは言い難いだけでなく，ブランドとOEMの関係についても研究がしっかり行われているわけではない。この点については，鈴木（2007），pp.59-60ですでに指摘されてきた。
2 田口（2009），pp.197-198.

業界で使用されてきたが，今日では経済のグローバル化を背景に，さまざまな業種や業界で国内外を問わず利用されるビジネスツールとなっている。またOEM受託企業が製造だけでなく，設計開発までをトータルに担当する場合をODM（Original Design Manufacturing）といい，委託元の企業は販売だけに専念する方法も存在する。

　日本では，こうした関係は製造業を中心とした協力企業や下請け・系列という縦の企業間関係で捉えられることが多かったが，OEMには垂直的な関係だけでなく，水平的な企業間関係，しかもライバル企業間でのOEM契約のようなケースも増えており，両者を包括した展開で考察が行われる必要がある。

　OEMに類似した用語としては，電子機器の分野ではEMS（Electronics Manufacturing Service；製造受託サービス）やファウンドリー（foundry；半導体受託生産）があり，これらの企業は1つの工場で複数の企業から製品を受注して大量生産することで，相手メーカーのコスト削減や経営の効率化を実現する役割を担って発展してきた[3]。これらも電子機器や情報機器の事業分野で展開されるOEMの一形態と見ることができる。

　これまでの傾向として，欧米では，本来のメーカーがEMS企業にモノづくりの権限を次々と委譲してきたことが特徴といえる。その結果，パソコンのデルやコンパック，スマートフォンのアップルに代表されるように，自社ではマーケティングと製品開発だけしかしない，モノを作らないメーカーが次々と誕生し，メーカーのファブレス化が進んできた。その背景には，ICT化や製品のデジタル化の進展があり，ビジネスのさまざまな機能が分散可能となり，また部品のモジュール化によって汎用性の高い部品の組み立てが多くなり，メーカーにとって製品の組み立てに対する魅力が低下してきた。つまり，誰がやっても特徴が出せないものは力を注いでも経営的視点に立てば魅力がないということになる。EMS企業が受託する製品にパソコンやサーバーなど情報機器が多いのはそれなりの理由がある。それらの製品に組み込まれた部品は汎用性の高いものが多く，メーカーを問わず共通しているため

3　秋野（2008），pp.82-97．

であるといえる[4]。

　こうした動きは，日本メーカーと欧米メーカーとの製造に対する考え方の違いからもきている。日本の企業が製造分野を特別に重要なコア・コンピタンス（中核能力・事業）と位置づけているのとは対照的な特徴を持っている[5]。製造に特別なノウハウやこだわりがない，あるいは製品のコモディティ化が急速に進行する中では，誰が手掛けても同じ製品であるなら，EMS 企業にアウトソーシングして，設計やデザイン・イメージ，マーケティングでの差別化に投資する行動が顕在化してきても不思議ではないといえる。このような EMS 企業が専門企業として技術の集中や顧客の集中を通して，量産効果を実現できるまでに成長してきていることが指摘できる。アジアの企業の成長は，産業のモデルが統合型から分業型へと移行する動きに対応したものである。しかも，とくに米国の場合，企業経営者は，ROA（Return On Assets；総資産利益率）や ROE（Return On Equity；自己資本利益率）の最大化が株主などから厳しく求められ監視されており，常に付加価値の高い業務に選択と集中を図るための行動を追求してきた[6]。日本でも，こうした製造の外部依存は増えており，カメラの場合デジタル化の影響を背景に，日本のカメラメーカーでも，自社ですべてのパーツを製造する割合は減少してきた。

　また，ブランドとの関係で言うと，ライセンス契約と OEM 契約は同じように受け取られている向きもあるが，異なった事柄といえる。ライセンス契約での生産は，他の企業が開発した技術，設計，商標などに対して，ライセンス料を支払い，ライセンス受託者（ライセンシー）のリスクでその製品を生産する方式である。これに対して，OEM 契約では，完成品供給と部品供給の 2 つの種類があるが，製品自体は販売元のブランドなので，製品の仕様は依頼主の委託企業が決め，完成した製品の管理権や所有権は依頼主に属する。依頼企業は，OEM 受託企業と製造委託契約を締結し，仕様書，図面，原材料などの供給および製造上の機密保持に関して取り決めを行うことが多

---

[4] 藤坂（2001），pp.32-53. および稲垣（2001），pp.40-42.
[5] 藤本（2003），pp.9-12.
[6] 延岡（2006），p.274；稲垣（2001），pp.4-7.

い。ただし，OEM契約と一口にいっても，委託企業が供給元に対する介入の程度によって，さまざまなバリエーションが生まれていることも事実である。法律的な視点からいうと，委託企業が供給元に自社仕様規格での製造を委託する請負契約型，供給元が原料や資材を独自に調達して製造し完成品を納入する製作物供給型，供給元が製造した製品を委託元のブランドを付与して納入する売買契約プラス商標添付型の３つのタイプとして分類できる[7]。このことは，委託先が開発・設計を担当する場合，受託先が委託先企業との関係で開発・設計を担当する場合（ODM），さらには受託先が独自に開発・設計・ノンブランド状態までを担当し，他社からの受注を待つ状態（ODM）という分類も可能である。

2．OEMの理論的な研究とフレームワーク

(1) 製品ライフサイクルとOEM

OEMはどのような条件で採用されるのかについて，先行研究から検討してみたい。山田は，OEMの採用条件を製品や産業のライフサイクルの視点から取り上げた[8]。この研究では，市場規模の増減変化に対応して，製品のライフサイクルの導入・成長・成熟の各段階でOEMの採用が行われているということを明らかにし，従来考えられてきた受託企業・委託企業の双方にとってコストダウンというねらいから，製品のライフサイクルの成熟期に多いとされてきた認識以外のOEM採用の広がりを指摘している。

導入期は，市場規模が小さく将来性が不確実なこともあり，委託企業にとっては単なるコストダウンという理由以外にも，消費者動向・製品・技術・規格などの将来性を見定める機会探索のためにOEMを採用する。これに対して，受託企業は自ら立ち上げた新製品のような場合は，自社主導の業界標準の確立と普及を目指して，仲間づくりと市場づくりのためにOEMの採用を行う。やがて，市場が確定し，成長し始めると委託企業は内製へと移行する選択も行われる。

---

7 秋野（2008），p.88；中島（1992）．
8 山田（1992），pp.233-240．

成長期は，市場の規模が拡大することで，委託企業は追いつかない生産量をOEMに依存する。さらにさまざまな製品ラインの拡充を追求する傾向が現れ，そうした製品多様化に迅速に対応するために自社にとって弱い・手薄な分野の製品や事業については初めから開発に着手するのではなく，すでにあるものを活用する形で，いわゆる時間の節約としてOEMを採用する。受託企業では，成長段階でさらにコストを下げる戦略として競合企業よりも速いスピードで累積生産量を増やして規模の経済を実現し，OEMを引き受けることで，キャッシュフローの向上や自社の強い分野をいっそう強くするために経営資源を集中する。

　成熟期は，拡充した製品ラインの中に採算の取れない製品や事業が発生しても，販売店や顧客との関係で簡単に撤退できない場合，委託企業は製品ラインの維持の点から，自社生産の撤退を行っても，製品調達の確保のためにOEMを採用する。市場の成熟は市場でのプレイヤーの数を制限するように働くが，受託企業がOEMを積極的に採用することで，生産の集中によるコストダウンに加えて，競争者を減らす効果を発揮し，過当競争を回避することもできる。

　このように，OEMは製品のライフサイクルの3つの段階で，市場の規模の変化に合わせて発生する生産規模の変動について，自社による生産か，他社による生産かという戦略的な使い分けを通して利用していることが明らかになっている。このことは，委託企業にとっては，単にコストダウン目的だけでなく，製品戦略やチャネル戦略のマーケティング視点からもOEM活用をいっそう考慮する必要性を示しているし，受託企業にとってはこうした委託企業と分担関係を通して，キャッシュフローの改善，さらにはさまざまな専門的な知識の交流や学習の機会が存在していることもうかがえる。

(2) 事業システムのデザインとOEM

　OEMは企業間提携の1つと捉えることができるが，委託企業から見てOEMはトータルなビジネスをデザインする戦略においてどのような位置づけになるのだろうか。延岡は，事業システムのデザインとマネジメントという視点からOEMのポジショニングを明らかにしている。この問題意識は，

製品レベルの差別化ではなく，組織能力の差別化の重要性を指摘することでもある[9]。

　事業システムをデザインする上での重要な要素として，顧客企業との関係と供給企業との関係という2つの局面で考える必要がある。供給企業との関係とは，特定の部品やデバイスを外部調達するのか，内部化（垂直統合）するのかという問題であり，いわゆる make‐or‐buy の戦略である。その裏返しとして，顧客企業との関係で，部品やデバイスを競合企業へ販売するべきか否かという問題，いわゆる sell‐or‐not sell の戦略である。

　OEMとの関係でいえば，自社ブランドを持つメーカーは，製品の開発や製造を外部のメーカーに委託して外部調達するのか，それとも自社で内部化して開発と製造を統合すべきかの選択問題といえる。それに対して，自社ブランドを持たないメーカーは，ブランドを有する他のメーカーのために開発や製造を受託すべきか，自社ブランドを開発して製造すべきなのかという選択問題として理解することもできる。後者の選択問題は，自社ブランドを例え持っていても，他社のブランド製品のために，自社ブランドと同じ製品をOEM供給するケースがあるように，受託の形態をどのように選択するかがポイントなっている。

　近年，企業の事業システムは，内部ですべての部品開発や最終製品の製造を行うのではなく，外部企業を多く活用する傾向が増加している。この点はすでに本章の1において指摘したところであるが，部品の多くを専門企業やコスト優位なアジアの企業に求める動きも含めて，企業内部で多くの機能を統合する事業システムから，それぞれの機能を専門企業に分業させる事業システムへ変化してきている。

　ここで垂直分業の形態として，あるメーカーがR&Dや開発設計，製造などでどのような選択を行うことが可能かをマトリックスで描くと図表6-1のようになる。

　これによって，あるメーカーにとって，(1)製造だけを委託する場合，(2)開発だけを委託する場合，(3)開発と製造を委託する場合，(4)自社ですべて

9　延岡（2006），p.274.

第6章　ブランドをめぐる企業間関係と戦略提携：OEM vs. OBM

図表6-1　垂直分業の形態

製造		開発・設計	
		内部	外部
外部		（1）製造委託 (EMS・ファウンドリー)	（3）開発・製造委託 (ODM・OEM)
内部		（4）内製	（2）開発委託 (デザインハウス・IPプロバイダ)

出所：延岡（2006），p.272.

を内製する場合というように4つの選択肢が与えられる。ここで延岡はODMとEMSの違いを，経営学において，これまで言葉がきちんと定義されてこなかったことを指摘しながら，今後言葉の使い方が変化する可能性を示唆し，基本的にはODMは開発・製造の両方を受託するのに，EMSは製造のみを受け持つという違いを指摘している。またOEMは競合企業が自社の商品をそのまま相手先企業へ提供するのに対して，ODMは受託専門メーカーが顧客の要望に応じて商品を設計・製造して提供することとそれぞれの違いを明確にしている[10]。

　個別企業が外注戦略を採用する場合，考慮する必要がある点としては，何を外部企業から購入（または委託生産）し，何を企業内部で開発・製造すべきかを判断しなければならない。延岡はこの判断を3つの基準から考えるべきと指摘している。これらの基準はOEMの利用を検討する場合，委託企業の立場から考慮すべき点で共通点を多く含んでいる。第1は部品の付加価値であり，設計・生産することが高い付加価値に結びつく場合は自社で内製すべきと提唱する。その条件として，企業がその部品技術に関して競争優位性を持ち，さらには自社商品の顧客価値に影響が強い部品の場合は内部での開

10　延岡（2006），p.272.

発や製造を続けるべきである。第2は，その部品が他の部品との間でどのくらい相互依存性が強いかという設計特性（製品アーキテクチャー）である。部品間の相互依存性が強いほど，インテグラル型の製品アーキテクチャーの場合は外部企業との調整やコミュニケーションコストがかかり外部調達するのは高コストになるため，そうした部品は内部での設計・製造が望ましい。さらに③はある部品を供給する企業が複数あるかどうかという問題であるが，これについては2つの方向で判断すべきである。1つは，供給企業が1社しかない場合，調達する側の交渉力が弱くなり，良好な条件での調達がしにくかったり，調達が安定しない。そこで調達の安定をねらって自社での内部化が動機づけられる。しかしこれに対して，供給できる企業が1社しか存在しないことが，他社に真似ができない，自社にも内製できないということを意味する場合も考えられる。ここでは個別企業にとって，その部品や製品が長期的に見て自社のコアとなるように育てたいのか否か，という顧客価値への影響も含めて判断すべき問題となっている。

　これに加えて，第3の問題は個別企業が自社の部品やデバイスを外販すべきか，自社チャネル内での販売に限定すべきかの選択も，OEMの場合の特性とは異なった点もあるものの，共通に考慮すべきことが多いと考えられる。最終製品を持つ企業が，競合企業にデバイスや製品を販売するかどうかの意思決定は，企業の競争力や業績に大きな影響をもたらす。これは後に述べる，軽自動車での自社ブランド以外に，他の競合メーカーのブランドのために外販を認めるかどうかという問題として置き換えて考えることができる。デバイスの場合と，OEM完成車の場合は明らかに市場のレベルが異なるので，一概に比較はできないが，OEMにより相手先ブランドでの外販を認めることが，自社の最終製品の売上や利益を高める場合は，外販が自社にプラスの効果を与えるといえる。逆に，売上や利益が減少する場合はマイナスの効果があるといえる。延岡のロジックに従うと，OEM（外販）によって期待される事業業績と，OEM（外販）によって自社の最終商品事業が受ける効果を加えたものを最大化するように意思決定すべきであるとして，外販がプラスになる条件を4つほど指摘している[11]。

　①量産効果

第6章　ブランドをめぐる企業間関係と戦略提携：OEM vs. OBM

部品や製品を他社へ販売することで量産効果が発揮され，自社製品や部品の生産コストが低下する。

②仲間づくり

業界標準に関連するデバイスや部品であれば，国内外の企業にいち早く積極的に採用してもらうことで競合企業を仲間に引き込むこともできる。

③学習効果

競合企業に対して部品やデバイスを販売する場合，またOEMでの製品の外販はそれを利用する競合企業の商品に関する情報を学習することが可能となり，こうした学習を通して組織能力を高めることはブランドを持たない，あるいはブランド力の弱い企業にとっては重要である。

④抑止効果

デバイスや完成品を競合企業へ外販して購入してもらうことは，競合企業が自社の部品やデバイス，あるいは製品よりも優れたデバイスを開発するリスクを抑えることができる。

OEMと外販という行動は，基本的には異なっているが，ここでは延岡の外販という選択肢を，相手先ブランド製造を引き受けて提供する販売行為として捉え直して比較検討のベースに利用してきた。外販の問題点，OEMを受託する問題点は，自社の最終製品が競争力の形成にとって重要であるほど，OEMは引き受けない方がよいということであり，OEM受託が自社の最終製品の競争力を阻害しない場合はOEMを引き受けてもよいということになる。

多くのOEMは，自社のブランドを持たない企業やOEM専業の企業であるため，競合企業とのこうした完成品同士のカニバリゼーションは少ないとはいえ，近年は軽自動車でのOEMのようなライバル・メーカー同士の事例が多くなるにつれて，ライバル間での自社製品とOEM製品との競合は避けられなくなっている。そうした場合は，自社ブランドのブランド力が弱いほど，強いライバル・メーカーのブランドのOEMを引き受ける構図が成立することになる。

11　延岡（2006），pp.282-283.

3．OEM 戦略をめぐる評価

これまでの理論的な考察に基づく OEM の先行研究から，分析や選択のフレームワークをイメージできるようになった。ここでは，OEM 戦略をめぐる優位性と問題点についての評価を，これまでの理論的な検討を踏まえて論じてみたい。

まず，OEM を提供する受託企業の立場とそれを利用する委託企業の立場で，それぞれどのような優位性があるかを分析する。

(1) OEM 受託企業にとっての優位性

OEM は，OEM 専業のメーカーがブランドを有する企業のために受託する垂直的なタイプだけでなく，ライバル関係にある企業同士での水平的なタイプとしても形成されている。

とくに，OEM を提供する企業にとっての優位性は，ライバル企業同士の OEM のケースで顕著であるが，その第 1 は量産効果である。自社ブランド製品だけでなく，他社ブランド製品の生産によって生産設備の稼働率を上げることができ，それだけ生産コストを引き下げることが可能となる[12]。軽自動車を日産やマツダに OEM 提供しているスズキの鈴木修会長は，「自動車生産は量産効果が大きい。1 車種で 12 万台の生産か，6 万台の生産かでは 1 台当たりコストは 3 割も違う。OEM 供給は大変ありがたい」と発言していたほどである[13]。それに加えて，景気の低迷で過剰な設備を抱えた企業にとっては，自社ブランドのシェアを奪われるかもしれない危機を冒してまで，相手が NB（ナショナルブランド）の競争企業であれ，あるいは流通企業からの PB（プライベートブランド）であれ，設備を遊ばせるロスや工場閉鎖，あるいは従業員の解雇を避けるためにも効果的な方法といえる。

第 2 の優位性は，市場開拓コストやリスクの回避である。このことは短期的に資金を確実に獲得できる有効な方法であることも意味する。技術力はあっても，ブランド力が十分に確立できていない企業の場合は，マーケティ

---

[12] 田口（2009），pp.206-207.
[13] 『日経産業新聞』2006 年 8 月 10 日。

ングを相手に任せることで市場開拓や販売チャネルの維持コストを抑え，売上の規模を重視してキャッシュフローを向上させることが期待できる。パナソニックに統合吸収された三洋電機は，かつてデジタルカメラの OEM をかなり大規模に採用してきた。デジカメの生産の中で，自社ブランドは1割にすぎず，9割は OEM に向けられた。そのことで1999年の世界のデジタルカメラの総出荷額シェアは4割にも達したという。自社ブランドが1割という比率は2011年頃まで維持されてきた[14]。国内ではブランド力のない三洋電機にとって，デジタルカメラに限らず，携帯電話，冷蔵庫など OEM によって獲得できた資金をもとに，財務的な体力をつけることを優先してきたといわれる。その資金をブランド育成に向けることができれば，国内でのブランド認知や企業の再生は進む可能性もあったはずである。しかし，商品レベルに落とし込んだ長期的なブランド力の強化にまで徹底できない状態だった。この点で OEM は短期的にキャッシュフローを向上させる方法で終わってしまった。

　第3の優位性は，リード・ユーザー（キー・バイヤー）からの優れた技術や経営の専門的知識の学習が期待できることである。相手先が強いブランド力を持つ場合は，そのブランド力を梃子に自社にとって質の良いモノづくりの実績を積み上げることができる。世界的にブランド力のある大手メーカーから最新の製品やデザイン動向を吸収し，自社製品に応用することも大きな刺激となる。圧倒的な人気商品であるアップルの「iPhone」や「iPad」，携帯音楽プレイヤー「iPod」は，アップルが自社で生産しているのではなく，電子機器の受託製造サービス（EMS）で世界最大手である台湾のホンハイ（鴻海精密工業），実際の生産はその子会社のファックスコン（富士康）によって，さらにホンハイに次ぐ台湾の EMS 大手のペガトロン（和碩聯合科技）によって，日本製を含む最先端の部品や素材を使い，世界的な需要に対応した大量生産によってその成長を実現している。スマートウォッチはやはり台湾のクァンタ・コンピュータ（広達電脳）に生産を依頼している。ソニー・コンピュータエンターテインメント（SCE）のゲーム機「プレイス

14　『NIKKEI BUSINESS』2000年5月29日号，p.54.および三洋電機本社へのヒアリング調査に基づいている（2011年9月5日実施）。

テーション」シリーズ，それに任天堂の Wii の製造・組み立ても，台湾の EMS 企業によって行われている。ノート型のパソコンに至っては，世界シェアの 9 割が台湾の EMS 企業によって握られている。

その一方で，エイサー（宏碁股份有限公司）やエイスース（華碩電脳股份有限公司）に代表されるように，受託企業にとっては，コストや品質の面で実績を確立し，技術的な蓄積によって一定の評価が生まれると，次第に自社ブランドでデビューする動きが見られるようになってきた。サムスンが，今から 20 年前，日本や米国のリード・ユーザーに学びながら低コストの OEM 企業であった頃から，やがて今日では自社ブランドの液晶テレビやスマートフォンなどで世界的に認知されるブランドへと成長してきた。それを支える R＆D，マーケティング，それにデザインによって世界のリーダーへと自らを変身させることを予測できた人はほとんどいなかった[15]。台湾のエイサー，エイスースはじめ，韓国の LG，それに中国のギャランツ（格蘭仕）などの企業はこうした OEM から自社ブランドの自立化に成功した企業である。

(2) OEM 委託企業にとっての優位性

OEM を委託する企業にとっての効果の第 1 は，設備投資を削減でき，固定費の変動費化としてコスト削減効果が期待できることである。そのことによって損益分岐点を引き下げる効果と投資収益率を向上させる効果も期待されている。すべての機能や設備を自前で負担することは，変化の激しい時代には大きなリスクとなっている。OEM による製造のアウトソーシングの大きなねらいは，自社で製造設備や人件費をかけて生産するよりも OEM に委託したら安くなるという判断がベースにある。先に触れたように，ICT の進行，デジタル化，モジュール化はコストの安い地域を求めて，製造拠点の先進国から新興国への移転が行われてきた。

第 2 には，市場変化に対する迅速な対応である。新製品の開発には膨大な時間と開発コストがかかることが多く，とくに自動車業界のように年々強化

15　Khanna et al. (2011), pp.142-147.

される環境対策，安全技術，それに快適性の向上のため開発コストが増大しており，競争企業の特許との関係などリスクが付きまとう。また製造においても膨大な設備投資が要求される。軽自動車の市場に参入した日産にとっては，軽自動車は新しい成長市場であるが，軽自動車以外の登録車の新車投入を梃子入れするためにも，そして自ら軽自動車の開発や製造に対する投資負担を回避するという判断の下で，スズキや三菱からのOEMに頼っている。日産の企業ブランド力によって市場開拓を有利に進める戦略を選択したといえる。ブランド階層の視点から捉えると，企業ブランドを梃子にして，OEMにより製品ブランドを拡充する方式といえる。

このことは医薬品業界にも当てはまる。小林製薬では，従業員からの提案制度を通して13か月で新製品を市場にデビューさせている。しかし新製品が開発されても，すぐに生産設備に投資することは避け，それが市場に本格的に受け入れられ利益が出るまでは，外部委託での生産が採用されているのが特徴である。新製品の多くは，当初はOEMで立ち上げており，内製化基準に照らして利益が見込めるようになって初めて自社生産に転換することで，コストの負担回避に加えて，経営に機動性を持たせようとしている[16]。一般的には，OEMを利用することで急速に変化する市場需要に迅速に対応するには，他社に製造を任せることで固定費の負担を軽減したり，他の企業がすでに開発し，製造している製品を利用するのが有効な方法とみなされている。

第3の効果は，選択と集中による自社の経営資源の有効活用が期待できることである。多くの企業は経営資源が限られており，企業の規模が拡大するにつれて，すべての機能や事業を同じように扱うことは難しくなってくる。市場の変化に応えるためには，自社の強みと弱みを十分に検討し，強みをどこで発揮し，弱みをどのようにカバーするかという，経営戦略でしばしば話題になる「選択と集中」の問題となる。強いところを強化するために弱いところを切り捨てることも必要であるが，簡単に撤退できない場合もある。2002年に日産が軽自動車に参入しようとしたきっかけは，当時の調査で「軽自動車市場は年間200万台，全自動車の3分の1にあたる。日産車1台とそ

---

[16] 小林製薬本社広報部でのインタビューによる（2011年9月7日実施）。

れ以外にもう1台併有するユーザーのうち，22％が軽自動車を所有すると見られていた。さらに軽自動車ユーザーは，軽自動車から軽自動車へ乗り継ぐ割合が高いと見られていた」[17]。このことが意味することは，日産にとって品揃え上，普通乗用車のユーザーをリピーターとして確保する上で軽自動車がきわめて重要な役割を果たすという判断であった。日産のユーザーを囲い込むためには，軽自動車は自社で製造していないが，日産のディーラーにはなくてはならない商品と位置づけられた。その結果として，スズキからMRワゴンをベース車として，OEM契約で「モコ」という日産ブランドに変身させて商品を調達し，現在まで三菱自動車からのOEM調達を含め，日産の軽自動車はすべてOEM調達で商品構成されている（コラム6-1参照）。

　次に，OEMを提供する受託企業の立場とそれを利用する委託企業の立場で，それぞれどのような問題があるかを分析する。

(3) 受託企業にとっての問題

　第1の問題は，OEMという委託企業と受託企業の関係の不安定性に原因が求められる。とくに，両者の関係が競合状態にある場合は不安定さが増幅される。日産は，本章の冒頭で述べたように，軽自動車市場の成長性を取り込むために，これまでスズキの完成車をOEMでもらい受けていた関係から，一歩踏み込んで三菱との共同開発に移行したことで，スズキのこれまでの取引量は削減されることになる。競合関係にない場合でも，先に触れた製品のライフサイクルの導入期にOEMで受注契約が獲得できたとしても，やがて市場の規模の拡大とともに，成長期に入るや否や，委託企業が利益確保にめどがたったとして内製に切り替えるというリスクが付きまとう。いつOEM契約が切られるかという不安定な取引関係の中では，リスクの分散が重要となる。

　第2は，カニバリゼーション（共食い）の発生という問題である。相手先ブランドが自社ブランドを駆逐するリスクも無視できない。冒頭で紹介したトヨタの軽自動車「ピクシス　スペース」は，ダイハツの「ムーヴコンテ」

---

17 『日経産業新聞』2002年4月11日。

第6章　ブランドをめぐる企業間関係と戦略提携：OEM vs. OBM

コラム 6-1：OEM による品揃えの確保

　企業によっては，自社に弱みがあって開発や生産に手が回らないが，顧客維持の観点からフルラインの品揃えを確保せざるを得ないというジレンマが発生する。日産と同じようなことは，マツダでも発生した。マツダは 1990 年代後半にフォードの支援を受けて経営再建を進める中で，強みを持つ中・小型車とスポーツカーに経営資源を集中するため，赤字に陥っていた軽自動車の開発と製造から撤退し，その部門をスズキからの OEM 調達でカバーしている。不得意だからといってその分野の商品の品揃えを怠ると，顧客やディーラーの支持が得られず，企業の全体としての競争力を低下させてしまう。OEM はこの弱点を補強してくれる。そしてコア部門への経営資源の集中を実現できたことがマツダの復活に結びついたといわれている。自社の強みをどこで発揮し，弱みをどのようにカバーするかを，OEM というビジネスのツールを活用して乗り越えようとしてきた。

マツダ（ブランド名）	⇐⇐⇐	スズキ（ブランド名：ベース車）
フレア（旧 AZ ワゴン）		ワゴン R
フレアクロスオーバー		ハスラー
フレアワゴン		スペーシア
キャロル		アルト
スクラムバン		エブリィ
スクラムワゴン		エブリィワゴン

＊しかし，軽自動車以外では，マツダは普通乗用車のプレマシーを日産のラフェスタとして OEM で供給しており，逆に日産も商用車で AD バンをマツダのファミリアバンとして供給するなど，OEM を利用して柔軟に相互補完が行われている。

出所：筆者作成。

をベースとした OEM 車である。多くの消費者はその関係を知る由もないし，ブランド力で評価すれば，トヨタの車として購入される割合が高いほど，ダイハツの「ムーヴコンテ」は割を食うはずである。ちなみに，日産の「モコ」は，2010 年で供給元のベース車である「MR ワゴン」よりもよく売れており，「MR ワゴン」の販売台数 1 万 7179 台に対して，モコは 3 倍以上の 5 万 4452 台と販売力の差は歴然としていた。2014 年時点で，日産が三菱と

共同開発した「デイズ」は同じベース車の「eK ワゴン」に対して軽自動車売上高上位4位にランクインしている[18]。この点で，OEM 受託企業にとっては，製造規模の拡大が効率的な生産を実現し，キャッシュを捻出する旨みはあるものの，逆に相手先のブランド力や販売網による提供自体の反動を無視することができない。つまり，相手先のブランドが強いほど，自社ブランドの競争力の低下を生み出すことになる。

第3は，ブランドを持たない顔のない企業のジレンマという問題である。あえて OEM 専業という企業が多数存在するので，すべての OEM 企業がこの問題に直面するわけではないともいえる。しかし，ブランドを持たず，マーケティングを相手先に任せることで，消費財の場合は消費者から作り手の企業の存在やそのブランドが認知されることはないし，裏方に徹する顔のない企業として，製品に独自のコンセプトを打ち出せなかったり，従業員のモラール（士気）や働くモチベーション（意欲）にも影響しかねないという問題点もある。今，アジアの企業や新興国の産業の発展過程で，OEM 専業の企業からブランドの育成と自立化を実現し，OBM（Own Brand Management or Original Brand Manufacturing）へと飛躍しようとする取り組みは自社の企業文化や組織のアイデンティティを軸にこの問題を克服しようとするねらいからでもある。この点は次の節でさらに検討したい。

(4) 委託企業にとっての問題

第1の問題は，開発や製造を他社に任せることに伴う弊害として，開発や製造の技術についてのノウハウが蓄積・継承されないことである。このことは品質や性能についての研究開発や製造に習熟した人材が育たないという問題も生まれやすい。先の延岡の考察によれば，自社の商品に個性を持たせるために，設計や製造が付加価値を高め，そのことが顧客価値を規定する場合は自前で設計や製造を行うことが重要であり，OEM に出すべきではないという判断になる。それでも，品揃え上，その商品が必要となれば，専門企業に依存するメリットは大きいが，開発・設計・製造に介入できない場合は，

---

18 『NIKKEI BUSINESS』2011年7月4日号，p.15. および http://car.watch.impress.co.jp/docs/news/20150115_683817.html。

第6章　ブランドをめぐる企業間関係と戦略提携：OEM vs. OBM

ややもすると商品がコモディティ化しやすいし，消費者やユーザーからの不満やクレームに対する十分な対応ができないという二次的な問題を発生させやすい。

　第2の問題は，故障や修理あるいはクレームに対する問題解決能力が不足するということが指摘できる。第1の問題は，第2の問題にも影響を与える。OEMは一見便利なビジネスツールとして手軽に利用されてきた傾向がある。しかし，便利さの裏には，さまざまなリスクや潜在コストが組み込まれている。2013年12月に起きたマルハニチロHDの子会社「アクリフーズ」（現マルハニチロ）の群馬工場での冷凍食品への農薬混入事件の場合も，自社ブランド商品だけではなく，大手スーパーやコンビニのためのPB商品の製造もOEMで行っていたことで，流通の広がりを示していた。これがもとで日本のPB商品開発を大きく左右する食品表示法の施行（製造業者・製造工場の記載義務の発生）にまで波及したことは本書の次の第7章の5（1）でも取り上げる。古いケースでは，07年に中国国営企業の天洋食品の製造過程で起こった農薬混入の冷凍ギョウザ事件で，ジェイティフーズ（JTF）や日本生活協同組合連合会（日生協）の対応はOEMでの企業間関係のマネジメントが単に表面的な関係の管理ではうまくいかないことを露呈したといえる。

　第3には，責任の所在が曖昧になるという問題も指摘できる。委託企業と受託企業とは，契約によって役割分担が決められているとはいっても，どうしても企業間の関係には曖昧さが入り込む余地や責任回避の行動が発生しやすい。OEMに特有の問題として見た時でも，誰が責任を負うのかという明確な役割分担・リーダーシップの確立と，問題発生に対する解決方法の情報共有や意思決定の迅速化，それに日ごろからコミュニケーションを絶やさずに運用する組織風土の醸成やそうした経営姿勢の維持こそ重要といえる。

　このように，OEMにはプラス面もマイナス面も存在しており，いかに市場環境と企業の状況に応じて，適切に活用するかという戦略的な判断が求められている。

4．OEM から OBM へ

(1) OBM（Own Brand Management）展開の条件について

これまで見てきたように，OEM を委託する企業には，製品戦略において，主力製品と周辺製品の2つのカテゴリーで，付加価値の高い主力製品は内部化し，需要の将来性が不確実な周辺商品はアウトソーシングする関係が存在する。前者は内部化によって蓄積した能力を囲い込むことができ，自らが業務改善を主導しやすい。これに対して，外部化による OEM 委託の場合は，自社仕様のケースでは企画やデザインなどが漏れ出すリスクもある。開発や設計まで委託するような場合は技術面・開発面でのノウハウの弱体化や人材育成がはかどらない可能性を指摘できる。しかし，何より OEM による委託の最大のメリットはすでに触れたように，主に自社で生産するよりも受託企業の効率や高い生産性，あるいは自社で製造するよりも品質・性能の良さを期待して両者の関係が構築・維持されている点であろう。電子機器分野では，EMS 企業の介入なしには立ちいかないメーカーが存在することも否定できない事実であり，アップルの製造委託はその典型ともみられる。

ここで考察の対象は，受託企業に焦点を当てた時，契約製造業としての OEM 受託から，やがて自社ブランドを確立し，ブランドメーカーとしてマーケティングや研究開発を自社で行うような戦略が選択されるようになる動向の存在である。しかし，B to B で成功した企業が B to C に簡単に移行できるほど現実は甘くはない。Kumar と Steenkamp（2013）は，B to B では技術的なエクセレンス，合理的な製品特徴，大規模な顧客，それに営業文化（sales culture）が重視されるが，B to C では消費者セグメント，感性的なニーズと合理的なニーズを理解すること，ブランドマネジメント，マーケティング，それに多様な流通ネットワークのマネジメントが重要となり，両者ではビジネスモデルが異なっていることを強調する[19]。

ここで，現在 OEM 受託企業にとって重要な戦略の選択として，3つの方向が与えられている。

19　Kumar and Steenkamp（2013），pp.62-63.

① 従来通り，OEM 専業企業にとどまる戦略，つまり現状の維持と高い生産性を期待するユーザーとの関係の緊密化の戦略である。
② 自社ブランドを育成し OBM へと進む戦略，ユーザーとは場合によってはライバルに転化することも起こりうる戦略である。
③ OEM 企業が資金力を蓄積することで，すでに確立されたブランドやブランド企業を M & A をする戦略である。

ここでは，②のブランド自立化戦略について考察する。とくに，この点の先行研究で注目されるのは，台湾の企業の OEM から OBM（Own Brand Management）を分析した Ching Horng と Wayne Chen の論文（Horng and Chen, 2008）である[20]。彼らの研究では，ⓐ OEM 受託メーカーがどのようなプロセスを経てブランドメーカーに成長できるかという問題について，とくに March の二分法でいう探索学習と活用学習の能力の関係について考察している[21]。この点は，探索（exploration）は，長期にわたり，深い学習を特徴とし，新しい技術や戦略，リスクテイキング，柔軟性，イノベーション，組織形態の開発とそれに伴う試行錯誤などの新たな可能性の追求を内容とするものであるのに対し，活用（exploitation）は，短期的で即効的な学習であり，既存の技術や戦略，精緻化やルーチン化による合理化を含めた過去の確実性の追求を内容としている。OEM から OBM への移行には，これまでの既存の技術やルーチン化に伴う活用学習だけではなく，新たな技術や戦略としての探索学習が重要となることが強調されている。

また，ⓑこのプロセスでブランドの確立や自立化にどのような条件が働いているのかという問題，とくに自社による消費市場での新しい顧客を獲得するためのマーケティング能力の開発や育成が不可欠であるということである。

さらに，ⓒ OEM 受託企業の自社ブランドの確立の過程では，これまでのリード・ユーザー（彼らの用語ではキー・バイヤー）や自社の海外子会社がどのような役割を果たしているのかという問題の検討が必要なことを指摘している。

まず，これまでの専門能力をどのような形で自社ブランドの確立に結びつ

20　Horng and Chen（2008）pp.109-133.
21　March（1991），pp.71-87.

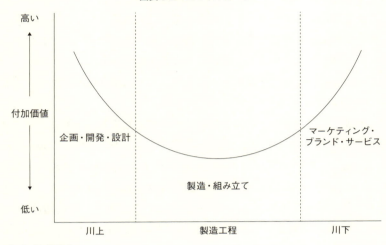

図表 6-2 スマイルカーブ

出所：筆者作成。

けるかという問題がある。かつてエイサーの創業者である Stan Shih（施振栄）は当時の電子機器業界の OEM 企業にとって付加価値のある領域を目指すことを提唱していた。その重要な要素として，技術力，製造力，経営規模それにブランドマネジメントであった。一般に，OEM は製品の組み立て・製造工程の請負に限定すれば利益率の低い業務であり，量の拡大なしには成長可能性に乏しいビジネスという弱点を持っている。そのため，スマイルカーブとして知られている付加価値の高い事業分野である川上段階では製品の企画・開発，川下段階ではブランドベースのマーケティングや顧客サービスへの拡張や移行が次のステップとして求められる[22]（図表6-2参照）。ビジネスツールとしての OEM の活用原理が，付加価値の高いものを内製で，低いものを外注でという選択と集中が働く限り，OEM 企業にとっての戦略も探索型学習を通して，独自の技術や製品の開発，さらには自社ブランドへの夢を実現することが求められる。そのためには，リード・ユーザー（キー・バイヤー）との関係を通して，OEM 受託から獲得できた資金や評判を梃子

22　福谷（2008），pp.118-121；荘（2004），pp.136-157.

に，製造技術に限らず，製品・デザインの企画・開発の実績を重ね，マーケティング・ノウハウを学習し，自社のコア技術を確立し，それらを発展させるための仕組みづくりに投資する戦略が重要となる。

　台湾企業に限らず，韓国のサムスンの場合は，日本や米国など海外の多くの優れた企業をベンチマークし，2代目会長のLee Kun-Hee（李健熙）の強力なリーダーシップの下，当初日本に学んでいた経営方式に欧米の成果主義を導入するハイブリッドビジネスモデルで，日本企業がまだ本格的に取り組んでいなかった新しいデジタル市場に注力し，俊敏さ，革新性それに創造性を重視して，日本のライバルを凌ぐことがサムスンにとって可能となった。そこには，かつての低価格志向のメーカーの経営ではなく，日本のメーカーがこだわる擦り合わせ・作り込み型から組み合わせ型のオープンイノベーションへ，さらに顧客との接点に積極的な投資を行うことで，目立たないところへの過剰なこだわりを捨て，デザイン重視によるブランド形成を特徴としたマーケティングを展開するようになった。この前提には，徹底した海外での長期にわたる人材教育と地域研究が成長の源泉をなしている[23]。

(2) リード・ユーザー（キー・バイヤー）からの学習の制約問題

　台湾の契約製造業としてのOEM受託企業のケーススタディでは，OBM・自社ブランドマネジメントへの移行が予想を超えて制約要因が多いことも指摘されている。それは，OEM受託企業がOBMへ移行することが，委託企業にとっての競争相手になることへの警戒心から，これまでの主要な取引先のキー・バイヤーからの学習がさまざまな形で制約を受けたり，エイサーやエイスースが実際に直面したように，キー・バイヤーによって他の契約製造業者への切り替えが行われるなどの抵抗に直面した例が指摘されている。これまではややもすると，OEMの委託と受託の企業間関係は受託企業が委託元のキー・バイヤーから学習することで成長が実現されるハッピーな関係で捉えられることが多かったが，実態は必ずしもそう単純ではないといえる[24]。

23　Khanna et al. (2011), pp142-147；石田 (2011), p.8.
24　Horng and Chen (2008), pp.111-113. これに対して，荘 (2004) では，台湾IT産業企業が先

むしろ，キー・バイヤーにとって受託企業の存在は効率的な生産を期待する相手ではあっても，ブランドの自立化を求める相手ではなく，ライバルに転化するリスクを防ごうと防衛的な姿勢がみられることも否定できない。このようなキー・バイヤーからの学習機会の制約に対しては，Horng と Chen の研究では，台湾企業のケースを通して自社の海外子会社がその役割を果たすことを紹介している。とくに，活用学習よりも，探索学習のような性格のものになるほど，キー・バイヤーとの関係は OEM 受託企業が OBM へ進もうとするほど，暗黙知の成文化や知識習得の可能性では困難な問題に直面し，組織間の学習に支障をきたすようになる。こうした問題を克服してきた例として，台湾企業の米国や中国での子会社の進出が，本社に対して現地市場や技術情報を提供する拠点となっており，子会社が本社の OBM への転身を支援する効果を発揮することを評価している。

　その際に有効な働きをするのが，組織のアイデンティティの徹底であることに注目している。Horng と Chen の研究によると，組織のアイデンティティは，組織メンバーによって内部化された基本的な価値の集合を意味している。中核となる企業の最も基本的な内部価値として，アイデンティティが OBM における新しい能力を開発することで幅広くかつ深く学習できるように企業を推進するものと捉えている[25]。アイデンティティの先行研究は組織の一体化を強調することが多かったが，ここでは組織特性の 1 つとしての文化的伝統（heritage）におけるプライド（誇り）の役割を重視している。

　彼らは台湾での経営者へのインタビューを通して，アイデンティティと OBM のパフォーマンスの間には正の関係を導く 2 つのメカニズムがあることを示唆している。ユニークであるという願望と一貫性である。ブランドはこの区分を伝えるものである。ユニークさについてのこの共通の強調は，アイデンティティと OBM パフォーマンスとの間での有意な関係を示唆してい

　　進国企業と OEM 取引において，何を作るか，どのように作るか，材料や部品として何を使うか，どの程度の品質やコストなのか，いつまでに作るかといった情報を中心にして，その関係自体がさまざまな学習の機会となるという評価をしている。問題は，どのような形で学習の機会が促進され，どのような形でその制約が発生するのかのプロセスを評価することが重要と考えられる。

25　Horng and Chen（2008), pp. 114-117 and pp.124-128.

る。ユニークであろうとする願望はOBMを目指すOEM受託企業の努力を方向づける一方で，一貫性は当該企業がOBMの方向にとどまろうとするのに役立つものである。このような2つのメカニズムを通して，アイデンティティはOBMパフォーマンスに有意な効果を発揮するという方向を提示している。しかし，この関係はさらに多くの企業でのケーススタディを通しての実証が不可欠といえる。

　新興国での市場成長を背景に，多数の外資系ブランドメーカーが参入し，国内企業にとって競争激化の中で自社ブランドの確立と育成が大きな課題となっており，OEM受託企業がOEM専業からブランドメーカーに自立する上で困難が多いこともさまざまな局面で観察されている。そこで重要なのは，OEM受託企業の経営者のブランド自立化に向けたビジョンと組織をまとめるアイデンティティ，その土台にはその企業の文化的伝統や理念を明確に社内外に発信することが求められており，この文脈でブランドのマネジメントがよりいっそう組織のまとまりや顧客獲得にとっても有効な役割を発揮すると考えられる。

5．課題と展望

　OEM利用と提供の双方の企業にとっての共通点は，経営資源の効果的な活用を促進し，コストや時間を節約し，リスクを抑えてくれるということであろう。OEMが採用される条件は，市場における需要サイドと供給サイドの双方から生み出されている。需要サイドの視点では，消費者のニーズやライフサイクルの急速な変化や多様化によって，常に新しい低価格の製品や利便性のある新しい製品が求められ，製品ライフサイクルの短縮化を促進している。一方で，供給サイドの視点では，ビジネスに対する規制緩和やグローバリゼーションを背景に競争関係が激化しており，多数のライバル間での新製品の開発やマーケティングによって，新製品といえども急速にコモディティ化する傾向がある。こうした不安定性の高い市場環境の中で，多くの企業は常に新製品開発や他社との製品差別化を通して競争優位を確立しようと努力しているが，開発期間の長期化，投資金額の巨額化，さらに同時に製品

やその製造をめぐる技術の複雑化に直面し，競合企業間での特許侵害などの紛争も後を絶たない。

　自社にとって，限られた経営資源を有効に活用するために，優先順位からより多くの付加価値を生むコアの製品の開発や製造は内部化する傾向やそのための戦略を指摘してきた。それに対して，モジュール化されたデジタル部品のように，どこで誰が製造してもそれほど差がない周辺的な製品，あるいはすぐに内製できない製品のような場合，それらを手に入れる比較的容易なビジネスツールとしてOEMが利用されている理論と実態について明らかにしてきた。

　さらには，OEM受託企業にとっても，激しく変化する市場環境において，これまでのように中国やタイなどのアジアの廉価な労働力を軸に受託製造するビジネスモデルだけではすでに企業成長に限界を生むようになっている。すでに人件費の高騰が現実の問題となっていることもそのモデルの条件を変質させている。制約条件が多いとはいえ，リード・ユーザーに学びながら自社との緊密な関係構築から，また自社の海外子会社を通して，製造ノウハウの蓄積から開発・設計に至る幅広い能力を獲得することで，自社ブランドを育成することが求められる。OEMの役割を，マーケティングやブランドマネジメントに関する学習の機会として，またその間に確実に資金を獲得する有効な方法として位置づけることが必要となる。このような考察を通して見えてきたことは，自社の経営資源の強みや弱みを踏まえて有望な他社とどのような目的で何を実現するかを明確にした戦略提携がますます重要となってきているということである。企業にとってのOEMの活用について，さらにはOEMからOBMへの移行はどのようなプロセスや条件の下で実現可能かについて，新興国の企業にとっては焦眉の急となっており，そのための幾つかの課題を提示してきた。さらにこの課題解決については，今後の研究で検討していきたい。

第7章
小売企業のPB商品開発の変化と課題

1．ブランドをめぐる消費者と企業の動向：ブランド・バトル

　このところ，PB（Private Brand）商品に対する消費者や企業の評価が大きく変化してきた。PBはStore Brand, Private Label，またヨーロッパではOwn Brandとも呼ばれている。とくに，高品質PB商品の活発化は従来のPB商品の「安かろう，悪かろう」というイメージを一新し，消費者や小売企業においてPB商品の活用を高めている。この事態をPBイノベーションと捉える主張も生んでいる[1]。

　従来のPB商品に対するイメージは，メーカー（製造企業）や生産者の責任で開発し提供するNB（National Brand）商品と比較して低価格ではあるが質的に見劣りのする，いまいちのポジションにあった。NB商品が主役であれば，PB商品はNB商品の価格が高すぎたり欠品していたりする場合に求められる脇役の存在であった。しかし，この5年ほどの間にそうしたイメージからNB商品と比べても遜色のない，むしろ質的に同等かそれを超えたイメージで受け取られるような主役の座に躍り出るPB商品も見られるようになってきた。PB商品の開発を主導する小売企業にとっては，PB商品はその種類も豊富になり，質的なレベルの向上とともに店の代表格として収益にも貢献するコア商品として積極的な役割が与えられるようになった。

　これに対して，供給サイドのPB商品に対する対応の変化も見逃せない。これまで，知名度のあるNB商品を有する大手メーカーほど，PB商品の開発や製造には消極的であった。PB商品の開発や製造は，むしろブランド力の弱い中小製造企業にとって，すでに第6章で述べたようにOEM（Original

---

[1] 矢作編著（2014b），p.13.

Equipment Manufacturing：相手先ブランド製造・受託製造）ビジネスの活動領域と見なされていたり，たとえ大手企業であってもあくまで不況を乗り切る一時的な生産調整への対応という扱いに過ぎなかった。トップブランドを有する大手メーカーにとってはPB商品のOEMは本来の仕事からは対象外のポジションに置いていた。日本の場合は製造業のモノづくりの良さを反映して，消費者が長い間NBやデザイナーズブランドを高く評価する風潮が支配してきた。そのようなメーカーの姿勢が大きく転換しつつある。とりわけ最近は，わが国においてコンビニエンスストアを中心に流通イノベーションと呼ぶにふさわしいPB商品の開発をめぐって，大手製造企業に従来には見られなかった対応が生み出されるようになってきた。

　本章では，PB商品開発の背景や歴史を踏まえ，最近のPB商品に対する消費者評価，PB商品を製造するメーカーや生産者，そして開発主体である小売企業の取り組みを分析することで，PB商品のポジションや評価に対する変化の意味を明らかにしてみたい。さらに，PB商品がわが国の消費者にとって単に一過性ではない，広範囲な認知と持続性のある支持を獲得するための，小売企業のブランド戦略の特徴と課題を検討しておきたい。

2．小売パワーの形成とPB商品の戦略的位置

　これまで，わが国における小売企業のPB商品開発は，不況や物価上昇など経済的な理由によって生み出されてきたと捉える見方が多い。しかし，本章ではそれだけにとどまらず，小売企業が地球規模で店舗（チェーン）網を拡大し，消費者や製造企業それに卸売企業との関係において，従来では見られなかったICT（Information and Communication Technology）やSCM（Supply Chain Management）のイノベーションを通して「小売革命」を推進してきた点を考慮して考察を進める。小売革命とは，小売企業のマーケティングによるパワーを背景にメーカーから流通支配権を奪い取ることを意味しており，具体的には小売企業自らの主導の下に顧客情報，製品開発，SCM，価格決定，ブランドとストアイメージなどを掌握することで小売企業が主体的に市場創造を実現できるようになったことを意味している[2]。

第7章　小売企業の PB 商品開発の変化と課題

　歴史的に見て，20世紀は，製造企業が支配する NB 商品の時代であったといえる。製造企業が自社の製品にブランドを設定したことで，消費者は品質，信頼それに豊かさのシンボルとして製造企業が保証したブランドを購入してきた。その結果，これらのブランドは是非とも手に入れたい憧れや熱望の対象として，高品質のイメージとして，またライフスタイルのシンボルとして消費されてきたということができる。コカ・コーラ，ナイキ，ルイ・ヴィトン，シャネル，ソニー，GM，トヨタなどがその典型といえる。20世紀の半ばまでは，製造企業の大規模化に対比して，小売企業は企業といえる以前の家業との未分離な状態に置かれ，小規模で分散的な立地に置かれていた。このことは製造企業が大量生産を実現するため，イノベーションと大規模な設備投資を繰り広げながら次第に寡占化し経営規模を拡大するのに対して，まだ小規模・分散的な小売企業を取引相手として取り込んだ流通チャネルを通して，製造企業のマーケティング・パワーを発揮することで，市場に自社製品の販売を実現してきた。この傾向は，欧米よりもわが国の場合にいっそう鮮明に，寡占化した消費財メーカーによる卸売段階や小売段階における販売店の流通系列化に象徴される動きに見られた。

　しかし，1970年代には，米国や西ヨーロッパ，さらに少し遅れてわが国でも小売企業の全国チェーン化が展開されるようになり，事態が変わり始めた。小売店舗のチェーン化は，多数の店舗を複数の地域に立地させることで，大規模な販売力を獲得できるようになった。それだけではない。80年代には，製造企業から製造される製品にはバーコードが付けられ，スキャニングの技術によって POS システムを動かすようになると，小売企業の世界は一変した。それまでは製造企業や卸売企業に商品の売れ筋情報を求めていた小売企業の立場は，逆に小売企業から何が売れて，何が売れないかについての情報を自ら収集し発信できる自立した性格へと変わっていったことである。日本のセブン-イレブンが1982年9月に当時1350の全店舗に POS レジを導入し，単品管理に基づき売れ筋と死に筋を把握することで情報処理能力を飛躍

2　小売革命という視点から，最近のグローバル・リテーラーの市場創造とその影響を取り上げたものとして，Lichtenstein（2009）がある。類似した視点から，Retailization（小売主導）という表現で小売のパワーを解明したものに，Thomassen et al.（2009）がある。

的に増大させ，地域ドミナント出店，多頻度，小口配送，共同配送など物流システムの効率化により利便性の高い品揃えと在庫回転率を向上させることで業績の増大を実現した。また米国のウォルマートは，ディスカウントストア業界の中で先駆けとなって，情報や物流のシステムへの絶えざる投資を続けることで，1989年には当時ディスカウントストア業界トップのKマートを売上高で追い抜き，やがて世界一の売上規模を持つ小売企業へと成長することになった。このように小売業界の中で改革を進める小売企業は積極的に情報や物流へのイノベーションを推進し，それをもとにマーケティング能力の確立とパワーの形成が実現してきたことを確認することができる。この点の詳細はさらに第8章でも触れることになる。

　現在，急速に「小売革命」が進行しつつあるといえる。その実態は，幾つかの条件によって引き起こされている。ウォルマート，コストコ，テスコ，カルフール，セブン-イレブンに象徴される，巨大化する小売企業は，地球規模での出店を通して，価格の交渉から製品開発，さらには自社ブランド＝PB商品の導入，そのためにサプライヤーとの関係をコントロールすることで，市場を創造しリードするという新たな枠組みを構築してきた。今日ではこうした小売企業は，NB商品でトップシェアを有する消費財メーカーであるネスレ，P&Gやコカ・コーラの売上高を上回るようになっており，単品ベースの販売でも圧倒的な力を発揮できる時代に入っている。このことは経済や経営のグローバリゼーションと密接に関係して生み出されてきたことも事実である。やがてこの革命はこれまでも触れてきたが，次の第8章でもさらに述べるようにアマゾンやアリババといったネット通販の小売企業やその集団に引き継がれつつある。

　小売企業のパワー形成には，スキャニングやインターネットを基礎にした情報処理能力の向上が影響しただけではない。アジアや東ヨーロッパの発展は，グローバルな製造拠点として台頭し，米国の製造企業の国際競争力を減退させた。日本でも製造企業の海外移転はそれだけ，小売企業にとってグローバルソーシングという視点でコスト優位な調達を拡大することを意味していた。小売企業はサプライチェーンを組織することで，合理的な取引の標準を確立し，生産・在庫・品揃えをコントロールすることで，製造企業や他

のサプライヤーへの影響力を強めていった[3]。

　大手の小売企業の中には，海外からの商品調達だけではなく，店舗をチェーンベースで海外進出させる動きも目立つようになっている。自国以外の複数の国に，M&Aを含む直接投資であれ，合弁であれ多数の店舗を出店させ，海外からの売上比率を高めるグローバル・リテーラーが出現するようになった。グローバル・リテーラーの多くは，先進国のみならず，新興国を対象に多数の店舗の集中的な出店を進めるようになってきた。これは，新興国がグローバル・リテーラーにとっては製造委託や調達の拠点であるだけでなく，急速に成長する消費市場として注目される存在に発展してきたことに基づいており，販売の規模がグローバルに拡大しつつある。こうした小売企業は，次第に規模の優位を梃子にして製造企業や卸売企業，それに物流企業との交渉力を発揮することで，また消費者の反応を迅速にフィードバックすることにより，低コストや利益率を安定的に確保できる商品の提供を実現しつつある。

　国内市場に焦点を当てた場合でも，上位小売企業への市場シェアの集中は，ブランド製造企業とのパワーバランスが逆転する事態を生むようになった。こうした事態は，製造企業の小売企業への対応も，対立と協調が入り混じった状態で，小売企業主導の下で大手製造企業に協力を取り付ける形でのPB商品開発が活発化するようになっている。わが国での大手小売企業のPB商品の中には売場で定番化する商品も現れており，またNB商品と互角に競争する商品も見られるなど，PB商品に対する消費者の評価も大きく変化してきている[4]。

　このように，小売企業は，単にメーカーや生産者が開発・製造したNB商品を調達して消費者に提供する受動的な存在から，消費者との接点を活かして自らのリーダーシップと責任で商品を企画・開発し，製造を指示するブランディングの能動的な主体へと変化してきた。小売企業にとってのNB商品と自社企画ブランドとしてのPB商品とのバランスを考慮したブランド戦略

3　Petrovic and Hamilton（2006），pp.107-142.
4　藤村（2009），pp.35-53；『月刊BOSS―価格から価値へ：PBが変える日本の社会』2014年3月号，pp.19-25.

やブランド・マネジメントが重視される時代になってきた。

3．わが国における最近のPB商品を取り巻く3つの動向

(1) PB商品の普及のプロセス

　わが国においても，これまで数多くのPB商品開発や提案が行われてきている。これまでPB商品に対する注目が集まった波動が何度か見られ，それぞれの時代背景の中でPB商品の開発や提案が進められてきた。主だった動きを中心に，主要な時代とPB商品の代表的なものを検討してみると以下のようにまとめることができよう。

　1960年代：高度成長を背景とした物価高騰が問題視され，消費財メーカーの価格支配に対抗して，ダイエーを中心にメーカー商品の安売りを行いメーカーとの軋轢を生み出す。大気・水質汚染や有害食品添加物の問題を受けて，安全安心を訴求する日本生活協同組合連合会（日生協）や急速に店舗網を拡大するスーパーがPB商品作りに取り組み始めたが，当時はNB商品の品質に対して，消費者の認知を得られるまでには至らず，安価であるが，品質が劣る一過性のものになってしまった。

　1980年代：78年の第2次オイルショックを背景とした価格意識の高まりを受けて，大手スーパーがPB商品に積極的に取り組んでいる。西友がジェネリックのPB商品として「わけあって安い」（1980年）のキャッチコピーで始めた「無印良品」（後に1989年には「㈱良品計画」というPB専門企業として独立），ダイエーが価格破壊の象徴として打ち出した「セービング」（1980年），ジャスコ（現イオン）が生活提案をベースに「ホワイトブランド」（1980年），そしてイトーヨーカ堂が低価格PBの「カットプライス」（1981年）をそれぞれ発売する。こうした動きは消費者にPB商品への注目を喚起し，PB商品が一定の地位を確立する。しかしその効果は，PBの類似品の増加やメーカーによるNB商品の価格引き下げの対抗で思ったほど長続きしなかった。やがて，景気が好転しバブル経済へと向かう過程で，消費者のブランド志向が強まり，安価なPB商品への消費者の支持が失われ売上が減少した。

第 7 章　小売企業の PB 商品開発の変化と課題

　2000 年代：1990 年代のバブル経済の崩壊後には一転して景気低迷を迎え，2000 年に入って原油価格の高騰やバイオ燃料への転換問題を契機に食料品の値段が上昇したこと，さらには 2007 年から 2009 年頃には，米国のサブプライムローン問題やリーマン・ブラザーズ破綻などの金融危機以降，世界的に不況が浸透し，所得や雇用に対する不安から生活防衛に走る消費者が増え，低価格を訴求した PB 商品に大きな期待と関心が持たれるようになった。2014 年以降，消費税の増税や円安による NB 商品の値上げは PB 商品には有利に作用しやすい傾向を示している。さらに，この時代の特徴はいわゆる低価格志向の PB 商品の開発にとどまらず，PB 商品の質にこだわる消費者の要求の高まりに応える形で PB 商品の高質化や多様化が生まれた点でこれまでの時代と異なっている。

　欧米では，品質重視の PB 開発が活発化するのは 1990 年代といわれているが，わが国では 2000 年代に入ってからといわれている[5]。イオンの PB 商品は，ジャスコ時代の 1974 年に発売したカップ麺「ジェーカップ」から，1980 年発売の「ホワイトブランド」などさまざまなブランドを展開してきたものを 1994 年に「トップバリュー」に統一したが，2000 年にはそれを「TOPVALU（トップバリュ）」に名称変更している。英国のテスコのブランド戦略にならって，ブランドの選択肢として「トップバリュベストプライス」（低価格帯），「トップバリュ」（中価格帯），「トップバリュセレクト」（高価格帯）という 3 層構造に編成し，従来にはない PB 商品のバリエーションを与えた。この点は，以前のダイエーの「セービング」に象徴される低価格一辺倒の PB 商品とは一線を画す特徴を示す。この体系はテスコの戦略から影響を受けている。テスコの PB 商品の 3 層構造のねらいは，低価格（Vale），中価格（Tesco），高価格（Finest）を用意することで，ディスカウントストアのリドルやアルディに低価格ブランドで対抗し，高級化をねらうウェイトローズやマークス＆スペンサーには高級化ブランドで対抗するという形で PB 商品のポジショニング戦略的がデザインされていた[6]。

　セブン＆アイは，2007 年にスタンダード PB 商品として「セブンプレミ

5　矢作編著（2014b），p.4；Varley and Rafiq（2014），p.210.
6　MarketLine Case Study（2011），pp.6-7.

アム」,さらには 2010 年にはワンランク上を追求した NB 商品を上回る高価格・高品質の「セブンゴールド」を発売し,この2層構造をベースに上質を強調した高付加価値の PB 商品の流れを主導する。これに加えて,それ以前の 2008 年にはイトーヨーカ堂の業態転換によるディスカウントストア向けのエコノミー PB 商品として「ザ・プライス」を展開している。同じ PB 商品でも,イオンの場合はスーパー（総合スーパーやスーパーマーケット）を軸に展開されているのに対して,セブン&アイ HD の場合はコンビニエンスストアを軸に展開されているということができる。そしてこの5年ほどの間に,PB 商品の開発の主体と主な販路がコンビニエンスストア主導へとシフトしてきたこと,さらにその推進業態の下で価格から価値の訴求に転換してきたこともわが国の PB 商品開発の特徴といえる。

　流通経済研究所の PB 商品についての消費者調査（2009 年・2012 年・2014 年の3期間における関東圏・中京圏,大阪圏の3地域の消費者を対象）をみると,PB に対する認知率が 97 − 100％,最近の1年間の購入経験率 90 − 94％,繰り返し購入率 85 − 94％といずれも高い水準を示しており,PB 商品の購入使用に抵抗感がないというように PB 商品の普及がかなり進んでいることがうかがえる。しかし PB 商品の経済的な評価は相対的にウエイトが低下して,むしろ PB を使うときはある程度選ぶという選別意識が3時点とも高いことが示されている[7]。また調査結果のコメントとして,安全性や原材料,原産地,嗜好性が高く味の微妙な違いを識別されやすいカテゴリーでは有力 NB が好まれる傾向,それに対して日常的な消費のためにある程度経済性が求められ,バラエティを楽しむカテゴリーなどでは比較的 PB が選ばれることを指摘している[8]。このことから言えることは,これまでのようにもっぱら値段の安さで選ばれる傾向に対して,最近では特定の目的やこだわり,あるいは選ぶ楽しみから選別される傾向が生まれている点である。

(2) PB 商品の品質向上と種類の充実

　このように,最近の PB 商品が活発化する動向の中には新しい特徴を見出

---

[7] 重冨（2015）, pp.23-25.
[8] 重冨（2015）, pp.22-29.

すこともできる。その1つは，PB商品の品質向上と種類の充実を指摘することができる。PB商品の品質改善や種類の豊富化・シリーズ化は消費者のPB商品に対する「安かろう，悪かろう」のイメージを払拭させるきっかけにもなっており，先の流通経済研究所の調査からも示されているように，PB商品に対する消費者の用途に応じた選別や使い分けの期待を促進する条件ともなっている。とくに，食品に対する安心・安全要求の高まりが，小売企業主導の商品開発への推進動機となった面があり，消費者のPB商品の売上を後押ししてきた。より最近では，PB商品に対する品質の改良や食品では味の向上を評価する動きが目立つようになっている[9]。それだけではない。大手小売企業を中心に高品質・高価格PB商品開発への取り組みは，小売企業自体の販売力の増大，バイングパワーを活用した大手メーカーへの共同開発や受託製造の働きかけによってNBと同等もしくはそれ以上の高品質のPB開発を活発化させている。さらに，高品質のPB商品開発への最近の変化はそれだけ大手小売企業間の競争の激化を反映しており，NB商品だけではライバルとの差別化が難しいことから，高級PB商品までのブランド体系を駆使した差別化戦略が求められるようになってきた。

　この動きを積極的に推進してきたのは，イオンのPB商品開発が代表といえる。先にも触れたように，イオンは，2000年に「トップバリュー」を「TOPVALU（トップバリュ）」に名称変更し，英国のテスコの3層構造に基づくブランド戦略にならって，「トップバリュベストプライス」（生活必需品を納得品質と低価格で提供），「トップバリュ」（生活の基本アイテムを安心品質とお買い得価格で提供），「トップバリュセレクト」（素材，産地，製法，機能にこだわった高品質で提供）の3層構造を確立した。さらにサブブランドとして，レディーミール（調理済み食品・簡単調理で手軽な家庭の味が楽しめる商品），共環宣言（リサイクル・クリーン・ナチュラルの視点で開発したエコロジー商品），プレミアム（上質な素材と製法にこだわった大人の衣料品），ヘルシーアイ（健康と美を快適につくるお手伝いをする商品），「グリーンアイ」（農薬・化学肥料・抗生物質・合成添加物の使用を抑えて

9　永家（2015），pp.24-29.

作った農水畜産物，それらを原料に作った加工食品の提供）の合計 8 つのブランドを展開してきた。さらに，2014 年には「グリーンアイ」以外の 3 つのブランドはすでに日常的になってきた理由から見直しが行われ，トップバリュに包含させている。そのためサブブランドとして唯一残された「グリーンアイ」を加えた 4 つのブランド体系で PB 商品が編成されている。サブブランドのグリーンアイの場合を見ても，それ自体がシリーズ化しておりオーガニックシリーズには 120 品目を扱うなど広がりのある品揃えを提供している。顧客にとって節約ニーズとこだわりニーズに対応した多数の選択幅のあるブランドを展開するようになっている。

イオンの PB 商品の特徴は，この 3 層構造＋αのほかに，PB 商品を専門に開発し企画する企業として 2007 年に設立されており，PB 商品のパッケージにはイオントップバリュ株式会社の社名のみが統一的に表示されている点である。つまり，イオントップバリュ株式会社がすべての責任の主体であって，欧米の PB 商品にならい製造元のメーカー名が記載されていないことを特徴にしてきた。セブン＆アイ HD では，これとは異なって，大手のメーカーや生産者との共同開発を強調し，大手メーカー製ということを商品のパッケージに刻印してダブルチョップ方式で消費者に安心感を与えるようにしている。この点については後ほど詳しく検討する。

非食品分野では，ホームセンターのカインズの場合，オリジナル商品を含む PB 商品の売上構成が 4 割を占め，アイテム数も 1 万 3000 とかなりの数に及んでいる。ホームセンターで扱う日用品は食品と違って海外生産に多く依存しており，多くは OEM を活用することで PB 商品を展開している。カインズの PB 商品は，「コーディネート」「イージーケア」「デザイン」と 3 つのカテゴリーに分け，さらに「アイディア」をプラスして PB 商品開発に取り組んでいる。商品開発の特徴は，生活シーンに基づくコーディネート発想により，重点分野として家庭用品，インテリア用品，さらにはペット用品，ワインやつまみなどの食品にまで広がっている。開発方針は，不便の解消をテーマに，10 人ほどの女性スタッフからなるデザイン企画室が担当している。重点開発分野での進め方は，大手の NB 商品が少ない，価格が高止まりしている分野，需要が伸びている分野，最近ではヘルス＆ウエルネスの健康

関連分野がターゲットになっており，店の従業員からの意見聴取を通してPB商品の多様性を生み出している。イオンやセブン＆アイHDに見られるように，必ずしもNB商品の品質を超える商品群まで拡張することはなく，「日本の暮らしを良いものにすること」から，不便の解消というコンセプトでNB商品が十分にカバーできていない，しかし成長性のある分野をメインにしていることが特徴となっている[10]。このような事例からも，改めてPB商品の量的な増加や質的な向上，それに種類の多様化などを確認することができる。

(3) 小売企業の寡占化とグループ化

わが国の小売企業にとって，売上総利益率・粗利益率の改善が大きな課題になっているが，その改善の方法をPB商品や資材・商品調達コストの削減に求める動きが広がっている。PB商品の成功はNB商品などに比べて高い収益が期待できる。しかしPB商品を持たない場合，仕入原価の上昇を自社で負担するか，これができない場合は価格に転嫁するしかない。ただし，PB商品を持つということはそれなりの生産規模や販売力が求められる。そのため，小売企業のPB商品戦略を効果あるものにするには，生産と物流でのスケールメリットを基礎とした大きなバイイングパワーを持つことが必要となる。ここから獲得できた利益を原資に新規出店や同業他社のM＆Aなどでさらにバイイングパワーを向上させ，PB商品戦略を有利に展開することができる。

小売企業は，スキャニングの技術，インターネット，サプライチェーンマネジメント（SCM），それにカテゴリーマネジメントを駆使して，大手メーカーとの取引関係を緊密化し，低価格で高利益を生み出すPB商品開発への積極的取り組みを進めつつある。その一方で，大手を中心にいっそうの販路を拡大しつつある。それは人口の動きや政府規制の変化を受けながら，小売企業は全国チェーン展開，郊外での複合商業施設の開発，およびそこでのテナント展開，M&Aによる地方や首都圏小売業の再編，さらには都市部での

10　『食品商業』2015年6月号，p.42.

小型店の出店などのバリエーションを伴いながら PB 商品の販売窓口の開拓に努めてきた。

　チェーンベースの販売力の拡大は，それだけ単品の大量生産が生産の最適規模を超えスケールメリットを享受することで，PB 商品の生産コストの引き下げを実現できる。セブン＆アイ HD のケースでは，店舗数 1 万 8099 店（2015 年 9 月末現在）存在しており，単品の大量生産が十分に規模の経済性を発揮できる水準に達している。コンビニのセブン－イレブンの市場シェアは一企業レベルで 39.4％（2014 年度）ときわめて高く，ファミリーマート 19.7％，ローソン 19.3％，さらにサークル K サンクス 9.1％を合わせた上位 4 社で 87.5％と高度な寡占市場を形成している[11]。さらにセブンプレミアムは，セブン－イレブンでの販売が主要なルート（2014 年で全売上の 76％を占める）になっているが，鈴木敏文セブン＆アイ HD 会長は「どの業態でも同じものを同一価格で販売する」ことを徹底させてきたように，その規模の効果はさらに大きなものになっている[12]。したがって，同じ PB 商品がセブン－イレブンに加えて，総合スーパー，食品スーパー，百貨店，さらには傘下の提携小売企業を含めたグループへの販売となり，大量に販売できる枠組みとしてグループ企業による販売シナジーは絶大な力を発揮している。

　コンビニのほかに，家電量販店，それにカジュアル衣料の小売業界では寡占化が進行しており，特定企業に規模の経済性が働きやすくなっている。しかし，総合スーパーの場合は急速に寡占化しているというよりも，その歩調は緩やかであり（2014 年：上位 4 社集中度で 25.7％），1 企業での単品大量販売を補完する手段としてグループ化の効果を高めることで単品大量販売力の強化を図ろうとしてきた。今や大手小売企業の PB 商品は，1 企業のレベルで行われるのではなく，グループ化によってバイイングパワーをさらに強

11　日本経済新聞社編『日経業界地図』2016 年版，pp.172-173.
12　鈴木（2015），p.34. ちなみに商品開発の基準は「1 日 1 店舗当たり 10 個以上売れるもの」となっており，セブン－イレブンの店舗数 1 万 8099 店の展開に加えて，イトーヨーカ堂はじめ百貨店の西武やそごうまで含めたグループの店舗でも扱っているので，年間 10 億以上売れる商品を生み出している。さらに鈴木は，自社の PB 商品の開発に際して，「おいしいものは飽きられるので，常にリニューアルする」と発言し，セブンプレミアム，セブンゴールドを定期的に見直して，既存の PB 商品の入れ替えを指示し，さらに新たな PB 商品の開発を進めている点に，小売企業の PB 商品開発への主導権とパワーを示している。

化し，グループレベルの店舗ネットワークでの販売を前提にPB商品開発に結び付けようとしている。

　グループ企業へのPB商品提供には，大きく2つのねらいがある。まず1つには，PB商品の大量生産によるスケールメリットの発揮を期待している。自社のチェーンだけでは実現できないコスト削減効果をねらうためであり，系列のグループ企業の店舗に品揃えされることで消費者に認知させる効果にも結び付く。もう1つの効果は，売れ残りのリスク削減効果である。小売企業にとって，PB商品の開発や販売は先に述べたような良いことばかりではない。大量に委託生産したPB商品は基本的に全量買い取りであり，テストマーケティングを実施することがないため，売れ残りによる過剰在庫はメーカーに返品することはできず小売企業の負担となる。自社のチェーンで販売するだけでなく，グループの小売企業にも取り扱わせることで複数の販路を確保でき，それだけ販売のチャンスを増やすことで売り切る可能性を高めることにもなる。しかし，例えばグループ内の業態特性を無視して，高付加価値型のPB商品をディスカウントストア業態に提供する場合，ブランドの毀損，ストア・イメージとブランド・イメージのギャップが発生する問題には配慮する必要がある[13]。

　最近のわが国の小売企業のPB商品戦略の特徴は，チェーン店での発売をベースに，さらにグループレベル・共同仕入機構に拡大して販売強化しようとしている点にある。一小売企業の単独の商品調達よりも，複数の参加企業を合わせた規模の方がPB商品の開発力や商品調達力を発揮しやすくし，原価率や粗利益率の改善，さらにはNB商品および他の小売企業との価格差を優位に進めることができる[14]。

　このようなPB商品戦略を軸として拡大されたグループ化の動向は，大手製造企業や生産者にとって無視できなくなっている。グループ化の展開方向としては次の特徴が指摘できる。

　① 資本や地域を越えた小売企業同士，または共同仕入機構のPB商品の提携が進んでいる。

13　伊藤（2013），p.86；秋川・戸田（2013），p.152.
14　鈴木（孝）（2008），pp.226-232.

図表 7-1　PB 商品供給と小売企業グループ

ブランド名	PB 売上高：億円（年度）	企業グループ	グループ売上高：億円（年度）
セブンプレミアム	8,150 (2015.2)	セブン&アイ・ホールディングス　セブン-イレブン，イトーヨーカ堂，そごう・西武百貨店，ヨークベニマル，天満屋ストア	77,450 (2014)
TOPVALU	7,799 (2015.2)	イオン　イオンリテール，マックスバリュ，ダイエー，いなげや，カスミ，マルエツ	81,700 (2014)
CO-OP*	4,055 (2015.3)	日本生活協同組合連合会　コープ共済連，日本生協連，医療福祉連，全国大学生協連，全国住宅連，全国労働者共済連	33,534 (2013)
CGC	2,943 (2014.3)	CGC グループ　アークス，アクシアル・リテイリング，マミーマート，オギノ，三和	43,246 (2013)
くらしモア	1,300 (2015.2)	ニチリウグループ　平和堂，ライフコーポレーション，オークワ，イズミ	31,662 (2013)

出所：CO-OP：日本生活協同組合連合会（2014）『生協の社会的取り組み報告書』グループ売上高は総事業高を指す。他のデータは主にダイヤモンド社『DIAMOND Chain Store 2015.5.1』pp.70-71. をベースに作成。

② 大手小売企業の PB 商品戦略は，さらに多くの販売を実現するためにグループ化を進めている。それは資本による統合ではなく，PB 商品を軸とした商品開発と仕入・調達力に基づくものである。商品開発力があり，有力な PB 商品を有する小売企業ほどそのグループに多くの企業が結集する傾向があり，PB 商品の提携をコアにしたグループ間の競争・対抗が生まれる可能性も考えられる（図表 7-1 参照）。

4．PB 商品開発の推進条件と大手製造企業の対応の変化

(1) PB 商品をめぐる理論的条件

ここで改めて PB 商品の開発や製造はなぜ行われるのか，どのような条件

第7章　小売企業のPB商品開発の変化と課題

や背景のもとで行われるのか，そしてどんなメリットがあるのかを検討してみよう。まずここでは，PB商品開発の理論的な考察を行っていく[15]。論点を要約すると以下のように述べることができるであろう。

① 景気動向：景気後退期にPB商品が受け入れられる傾向が強い。
② 余剰生産設備の程度：不況や過剰投資によって生産設備の稼働率の低下がPB商品の生産を受託しやすくする。
③ NB商品との価格差：NB商品とPB商品との価格差が大きいほどPB商品が支持される傾向がある。逆に小さいほどNB商品が選択される傾向がある。
④ 製品ライフサイクルの段階：一般的には，成熟期にPB商品が開発・提供される傾向が強い。
⑤ 生産段階の集中度：生産集中度の少ない過当競争状態の方がPB商品の生産が行われやすい。

この点は，主にメーカーや生産者を中心としたPB商品開発の条件を検討したものである。現在でも，メーカーの視点から国内外の小売企業のPB商品開発の条件を説明するものとして理解されてきている。ただし，③はメーカーだけではなく，消費者目線とも共通して，PB商品を受け入れる理由を示している。しかし，今日の大手小売企業のPB商品開発の進展には，小売企業の消費市場でのプレゼンスの増大とともに，小売企業の品質やブランド力の向上を目指す戦略的要因と消費者のPB商品の認知という要因が影響しており，さらに考察を加える必要がある。

そこで，大手小売企業にとって，PB商品開発や提供がどのような効果をもたらすのかについて明らかにし，そのこととPB商品のタイプが消費者の認知や支持といかに関連しているかを検討することが重要といえる。

PB商品が小売企業に与える効果としては，以下の5点を指摘できる[16]。

① 利益確保の効果：広告費・販促費・物流費などを圧縮することで高い利益率が期待できる。ただし，規模の経済が実現できるほどの単品の大

15　この点は主に，大野（2009），pp.1-10；大野（2010），pp.14-31. さらにはCook and Schutte（1967）；Hoch and Banerji（1993），pp.57-76を参考にしている。
16　伊藤（2013）；Lincoln and Thomassen（2008）；Kumar and Steenkamp（2007）。

量生産や大量販売が連動していること，買い取り制のため売り切ることが条件である。
② 競合店舗との差別化効果：NB商品では他店との品揃え差別化が難しいが，PB商品はその店の主張や独自性を主張できる。
③ 消費者選択拡大効果：消費者の予算や用途に応じて，NB商品だけではなく，PB商品を品揃えとして加えることで，価格や品質などの選択の幅を提供することになる。
④ 交渉力発揮効果：PB商品を持つことで，NB商品取引の交渉において調達価格や製品選択を有利に運ぶことができる。
⑤ 商品の安定供給と安全性の確保：PB商品開発を通して供給先との緊密な関係と安全性を担保するためのトレーサビリティを可能にする。

大手小売企業にとっては，単品の大量販売が可能なほど，メーカーに大量生産が委託しやすくなる。しかし，品揃え上PB商品が増加し過ぎると，消費者から逆に単調と評価される問題を生んでいるとの指摘もある。ブランドレベルの品揃えにおいて，集客力のあるNB商品と収益力のあるPB商品とを同時に組み合わせることで成長を実現するといえるので，NB商品との適度なバランスが検討課題となっている[17]。

そうした単調さを回避するねらいもあって，PB商品レベルでのシリーズ化や多様化が生み出されている。価格帯や用途や目的に応じて，エコノミー型，スタンダード型，プレミアム型，あるいはライフスタイル型などの種類の拡大や強化が図られ，素材・品質の違い，デザイン・ファッション，生産・栽培方法・製法の違いをアピールして，複数の選択肢を提供することで消費者にPB商品へのこだわりやNB商品との組み合わせでメリハリのついた消費行動を生み出す傾向も生まれている[18]（図表7-2参照）。

(2) 大手製造企業の対応の変化とシェルフ（棚）・シェアをめぐる競争

これまでPB商品が主に生産される条件や小売企業にとってのPB商品開発のメリットについて検討してきたが，寡占化した市場での大手製造企業の

---

17 中村（2015），pp.10-17.
18 『日経MJ』2015年7月24日。

第 7 章　小売企業の PB 商品開発の変化と課題

図表 7-2　PB 商品のタイプと戦略的ねらい

	第 1 段階	第 2 段階	第 3 段階	第 4 段階
ブランドのタイプ	低価格型 エコノミー型 ジェネリック型	スタンダード型 模倣型 コピーキャット型	プレミアム型 高付加価値型	テーマ型 SPA 型 専門店型
戦略	低価格	模倣 実用性	価値付加型	ライフスタイル提案 環境配慮・安全安心の訴求
目的	マージンの増大 低価格オプションの拡大	カテゴリーマージンの増大 製造企業との交渉力の増加	競合店舗との差別化 顧客の拡大と維持 マージンの強化	店舗ロイヤルティの向上と維持 口コミの誘発 デザイン・ファッション・品質・価格のベストな組み合わせ
製品開発＆品質	後発型の技術 製造企業からの類似技術のリバースエンジニアリング NB より低く知覚される	リーダー・ブランドの製品に接近 大手を含む製造企業に OEM 委託	リーダー・ブランドと同等かそれよりも高い品質	費用対効果において効果的イノベーションの発揮 リーダー・ブランドと互角に戦う，リーダーを目指し高機能・高品質とファッション性の強調
価格設定	低価格 リーダー・ブランドとの価格差 10 － 50％程度	低価格 リーダー・ブランドとの価格差 5 － 20％程度	NB と同等かまたは高い	リーダー・ブランドより 20 － 50％安いタイプと逆にリーダーブランドより高価格設定のタイプ
具体的な PB 商品例	ベストプライス ザ・プライス 断然お得 セービング (2009 年 2 月で販売中止)	トップバリュ セブンプレミアム 皆さまのお墨付き・きほんのき CGC	セブンゴールド トップバリュセレクト ローソンセレクト チョイス	グリーンアイ オーガニック 無印良品 (1980 年に西友のジェネリック・ブランドとして登場し，後に PB 専門企業・良品計画として独立) ユニクロ イケア

出所：伊藤 (2013)；Kumar and Steenkamp (2007) から作成。

従来のPB商品に対する対応について考察してみよう。大手製造企業にとってPB商品の存在は，決して好ましいものではなかった。つまりNB商品の価格，供給力，それにブランド・イメージの安定確保のねらいから，PB商品開発にはそれほど協力的ではなかった。
　その理由は，以下の点に示される[19]。
① PB商品はメーカーにとって利益率が低く旨みがない。
② PB商品は研究開発費，設備投資費用，特売の原資としての拡販費や広告宣伝費を負担してくれない。
③ 一小売企業のための特別扱いは他の流通企業から不満を生む。
④ NB商品のイメージダウンやカニバリゼーション（共食い）による価格競争の発生を危惧する。
⑤ 一小売企業のPB商品では市場形成・育成が困難である。

　小売企業は製造企業にとって，取引関係では自社製品の販売協力者である。しかし，PB商品の製造受託（OEM）は自社のNB商品がその小売店舗の棚割りで縮小される危険性を秘めており，同時にPB商品が自社NB商品のライバルに転化することにもなる。明らかにPB対NBの棚・シェルフをめぐる競争を生み出し，さらには他の取引先小売企業との取引関係で，自社NBのブランド・イメージにもマイナスの影響が出かねないことを懸念し，多くの大手製造企業は躊躇してきた。その分，これまで中小製造企業が受託製造に乗り出し，大手小売企業とのPB商品生産を引き受ける構図が展開されてきた。しかし，やがてこの構図が崩れるのは小売企業のバイングパワーの形成に起因している。
　つまり，小売企業のチェーン化と情報化は商圏の規模拡大によって大量の販売力の獲得と売れ筋情報を掌握することで，大手製造企業にとって大量に売りさばく能力のある取引相手として無視できない存在となってきた。逆に，大手製造企業にとってそれまで育成してきた系列チャネルの衰退とは対照的

---

[19] この論点は，主に，味の素株式会社広域営業部長（当時）池田直士氏の講演資料「プライベートブランドの拡大と今後について」専修大学経営学部　特殊講義（2009年4月29日）を参考にしている。

な動きを示してきた。しかし，そのことはこうした大手小売企業がこれまで以上に大手製造企業からパワーを奪取し，流通過程を小売企業主導の仕組みに転換することを意味していた。ブランド力のある大手製造企業にとっても，NB商品をパワーのある小売企業に取り扱ってもらうためにはその小売企業のPB商品の受託製造という踏絵が設定されるようになったともいえる。そして単に大手製造企業から大手小売企業へのパワーシフトという問題にとどまらず，その根底には消費者にとっての大手小売企業のストア・ブランドの定着やPBブランドのイメージ向上が相乗作用となって，大手製造企業のPB商品受託を動かしているといえよう。

　PB商品が浸透している英国の例でも，大手小売企業の商品調達は，メーカーのNB商品についてトップブランドに絞って調達する傾向が強い。このことは，2番手以下のメーカーが自社のNB商品のみならず，大手小売企業のPB商品生産を引き受けるようになっており，品質に遜色のないPB商品が普及する要因となっている[20]。このような状況はすでにわが国でも現れていて，NB商品対PB商品の競争関係が強められており，大手メーカーにとってもトップブランドであっても，消費者のマインド・スペース維持をめぐる競争に勝利することと同時に，シェルフ（棚）・シェアをめぐる競争を有利に進めることも不可欠となってきた。このことは，メーカー同士のNB商品間の競争に加えて，大手小売企業の店頭でのPB商品とのシェルフ・スペース確保をめぐる製造企業対小売企業間の競争へと移行するようになった。さらには，NB商品対NB商品間，NB商品対PB商品間，その上にはライバルの小売企業のPB商品対自社のPB商品間の三つ巴，四つ巴の競争へと競争が複雑化している（図表7-3参照）。そして大手製造企業といえども，競争の激化と多様化する消費者ニーズを背景に自社のNB商品だけのシングルブランド戦略から，小売企業のPB商品の製造受託によるPB商品とNB商品のデュアルブランド戦略の最適化へと戦略課題が変化している[21]。

20　田口（2009），pp.206-207；Clark et al.（2002），pp.160-162.
21　矢作編著（2014b）.

図表7-3　PB商品のポジショニング戦略の変化
～棚をめぐる競争：シェルフシェアの獲得～

NB商品間の競争
↓
NB商品とPB商品間の競争
↓
PB商品・PB商品・NB商品間の競争

PBの敵はPB！！
一流メーカーと組むことが知名度アップになる

出所：筆者作成。

(3) PB商品主導の新しいビジネスモデル

　このように大手製造企業にとって，PB商品への対応に大きな変化が生まれてきた。その主な理由として，以下の点が指摘できる。最近では概ね，大手製造企業の中には，NB商品のポジショニングとの兼ね合いで，PB商品の開発や製造受託に協力的に対応する動きが見られる。

① 自社製品でトップブランドでない製品群でPB商品への受託を検討
② 競合他社でのPB商品開発を防衛するために，自社のトップブランドの製品群でもPB商品の生産を受託するケースも発生
③ PB商品開発を受託することで工場稼働率を上げ，その見返りとして自社のNB商品とPB商品で小売店の棚を埋め尽くす囲い込み戦略

　大手製造企業がこのような行動を受け入れる背景には，大量販売力を実現している小売企業との取引を最優先せざるを得ないパワーシフトの発生が前提にある。強いブランドを有する大手製造企業の場合でも，PB商品の受託製造という選択をしないまでも，アサヒやキリン，コカ・コーラ，あるいは花王や資生堂のように，セブン-イレブンなど圧倒的な店舗数を持つ特定の大手小売企業のために専用商品の提供という妥協案で対応する事例も見られる。特定の大手小売企業のためにメーカーの責任で専用商品の提供が行われる事例は，小売企業のパワーの反映であり，店頭でのシェルフ・シェアの確保が切実であることを物語っている。とくに，コンビニの場合は，棚に並ぶ商品はせいぜい2品目程度である場合，トップブランドのNB商品を1つ置くとして，他をPB商品とした場合，それだけで棚はフルに満たされる。こ

第7章　小売企業のPB商品開発の変化と課題

うした状況で大手コンビニ企業からのPB商品の開発や製造の依頼を拒否することはライバルにチャンスを与えることを意味する。専用商品を提供することも，小売企業との継続的に棚割を確保するために，要求されたら応じざるを得ない環境が形成されている。ネット通販のアマゾン・ジャパンも，アマゾンの検索データを活用し，すでに2005年から，本格的には2014年から日本の大手メーカーの協力の下で「アマゾン限定商品」を発売しているように，情報や販売のパワーを発揮できる小売企業の存在は大手メーカーにとって受託製造や取引の拒否ができない取引相手となっている。したがって製造段階で寡占化した市場にもかかわらず，大手製造企業側の対応は明らかに変化してきた。下位の大手製造企業ほどPB商品を受託製造する傾向は強いが，近年ではトップブランドを有する大手製造企業でも同じ商品カテゴリー内でのPB商品の製造受託に取り組む動きが活発化してきた[22]。

　このような大手製造企業の対応の変化も含めて，PB商品は流通構造や消費者に新たな影響を及ぼすまでに進化している。これまでPB商品のポジションは「安かろう，悪かろう」のイメージが強かったが，近年のPB商品は，そのレベルからかなり質的に前進してきたといえる。しかも，PB商品は，価格体系の破壊を引き起こすことも多く，新しいディスカウントストア（DS）・モデルと評価する者も現れている[23]。それは，従来のDSとPB型DSの違いはPB型の方が粗利益率がはるかに高いことである。さらに，PB型の方が商品に独自性があり差別化に優れていると見ることができる。その上，この5年ほどの間に高付加価値PB商品の活発化は，セブンゴールドの例に示されるように，大手メーカー名という製造元を表示した形で，NB商品の機能や価値を上回るPB商品が市場に導入されることで，PB商品に対する消費者の評価をさらに高める役割を果たしてきた。このことが従来のPB商

22　矢作編著（2014b），p.175-176．田中陽「経営の視点：相次ぐセブン専用商品」『日本経済新聞』2015年5月25日。なお，日本コカ・コーラがセブン＆アイHDという特定小売企業の専用商品のためにコーヒーや緑茶の製造を行う共同企画の事例は，コカ・コーラ社にとって日本だけでなく世界的にも初めてとなる。また，専用商品とPB商品の境界も曖昧になっている。資生堂の場合，セブン＆アイHDに対して，一方で専用商品を提供し，他方で男性向けシャンプーやボディーソープなどで「セブンプレミアム」での発売に協力するように使い分けが行われている（『日経MJ』2015年9月28日）。
23　鈴木（2009a），pp.31-35；鈴木（2009b），pp.69-77．

コラム 7-1：PB 商品のポジショニングとイノベーション

　ここでは，PB 商品のイノベーションという視点から，とくに PB 商品の革新性（innovativeness）の程度を整理するために，消費者が製品の革新性を評価する段階を大きく 4 つのポジショニングに分けて考えている。まず①は，小売企業の PB 商品がメーカーや生産者の開発した既存製品カテゴリーの中で従来品に対して素材，容量，性能を最低限に抑えてムダを削った低価格を訴求したエコノミー型商品の提供というポジショニング，②はメーカーや生産者の開発した既存製品カテゴリーの中で，小売企業サイドからの働きかけで従来品と同等という意味で模倣型だが，パッケージングの改良，使いやすさ・利便性の改善を施し，それと同時に低価格を訴求した商品というポジショニング，③はメーカーや生産者の開発した既存製品カテゴリーの中で，小売企業サイドからの働きかけにより従来品にないプレミアム型として新しい材料成分，品質や性能の向上，それに食品で言えばすぐれた味が開発された独創性を訴求した商品というポジショニングである。③には NB 類似型高品質 PB と NB の品質を超えた価値創造型 PB という 2 つのタイプが存在する。後者の事例はセブンゴールドの「金の食パン」などが当てはまる。価格訴求よりも価値訴求が明示的に強調された新しい段階の PB 商品戦略といえる。また，図表 7-2 で示した第 4 段階のテーマ型もこの領域に含めて考えることができる。④はメーカーや生産者の開発した既存製品カテゴリーの中にも存在しなかった，全く新規の製品カテゴリーの創造を内容とした新商品提案というポジショニングである。一般に理解されている PB 商品開発は，製品ライフサイクルでの成熟型もしくは成長型商品が中心となり，全く新規というポジショニングはきわめて少ない。これはむしろメーカーや生産者の新製品開発において本来力を入れるべき領域ともいえる。これまで PB 商品の多くは①や②のところに集中していたが，近年の小売企業の PB 商品の付加価値を重視するねらいの下で，次第に③のポジショニングが増える傾向にある（図表 7-2 および図表 7-4 参照）。
（伊藤，2013，p.94；矢作編著，2014b，p.95. 矢作は後者のセブンゴールドのケースを価値（品質）創造型と表現し，新しい PB 路線と指摘している）。

第 7 章 小売企業の PB 商品開発の変化と課題

図表 7-4　PB 商品のポジショニング戦略

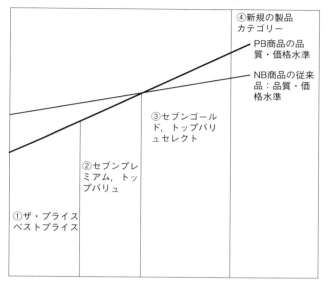

出所：筆者作成。

品とは異なった発展を意味しており，冒頭に指摘したように PB 商品のイノベーションという評価が生み出されてきた（コラム 7-1 参照）。

5．PB 商品開発による NB 商品開発へのインパクト

(1) PB 商品をめぐる小売企業と製造企業の共同開発の取り組み

　これまで PB 商品は不況の下で注目される一過性のものという評価がなされてきた。確かにそのようなレベルやタイプの商品が多いことも事実である。全国さまざまなスーパー，コンビニエンスストア，ホームセンター，あるいはドラッグストアなどで低価格 PB 商品の導入が活発し，それほど特徴ある商品とは思えない PB 商品が蔓延し，PB 商品のコモディティ化が進行し，かえって価格競争に拍車をかけてきた現実もある。

　これまでは，小売市場における PB 商品の増大はそれだけ製造企業に対する NB 商品の開発の抑制や価格競争を刺激し，負のスパイラルを拡大するイ

メージが強かった。しかし，PB 商品の中にはこれまで指摘されてきた単に低価格訴求やメーカー任せという限界を飛び越えて，小売企業のリーダーシップと責任の下で高機能，こだわり，あるいは新たなライフスタイルを提案するものも表れており，小売企業とメーカー・生産者との関係構築や再編成を含めて，従来の流通構造を大きく変える可能性を示すようになってきたことが注目できる。

　PB 商品の開発では，北海道を拠点としたコンビニエンスストアのセイコーマートのように，商品種類によっては自社の工場や農場を抱えて自社生産や他の小売企業に卸売する小売企業も存在する[24]。しかしこの企業の場合もすべての商品を自社でカバーするわけではない。多くは小売企業だけで行われるわけではなく，そこにはメーカーによる受託製造や開発という協力関係によって実現される。なお開発の主体という点では，近年ではチェーン展開や POS データを活用した小売企業のリーダーシップの下に開発が推進される割合が増加している。それ以外にも PB 商品の開発は，小売企業同士の共同開発や卸売企業による開発など多様な開発リーダーによっても担われている。

　このような形での PB 商品への取り組みや PB 商品の増加は，メーカーの NB 商品の革新的開発を阻害する抑制要因とみなされたり，逆に PB 商品の増加が NB 商品の革新的な開発を刺激する促進要因とみなされたり，さまざまな見解が提起されている。ちなみに，近年の PB 商品開発の成長が食料品のカテゴリーの革新性（innovativeness）にどのような影響を与えているかの関係を分析した Anselmsson と Johansson（2009）の研究では，スウェーデンの食品市場で 34 の食品を利用して 2000 年から 2004 年までのデータで調査した結果，小売企業の PB 商品のシェアの成長と製品カテゴリーにおける革新性の水準との間に統計的に有意な相関があることを見出している。食品に限定されており，サンプル数が少ないことや一国の事例という面では制約条件が多いものの，製造企業にとっての PB 商品への対抗や防衛の戦略として，とくに食料品のカテゴリーのケースで既存製品や新製品に対するいっ

24　今野（2015），pp.17-21.

第7章　小売企業のPB商品開発の変化と課題

そうの革新的な製品開発を刺激するという見解が提起されている[25]。

　日本では，すでにユニクロを展開するファーストリテイリングと東レの新素材を活かした新製品開発の事例のように，大手メーカーと大手小売企業とのPB商品の共同開発が従来にない新機能の商品を実現させたことも明らかになっている。とりわけ，これまでも日本のコンビニエンスストア・システムは長期的な改善や改革を通してインクリメンタルなイノベーションを実現してきたという評価が与えられている[26]。そうした取り組みは，PB商品の開発においてもいかんなく発揮されてきた。

　大手小売企業のPB商品の活発化は，大手製造企業に対してNB商品とPB商品のポジショニングをめぐってデュアルブランド戦略を迫っているように見られる。しかし，矢作と浦上らの研究調査では，製造業における市場シェアの高低や研究開発比率の高低によって，とくにPB商品の取り扱いが微妙に異なっていることも指摘している。「市場シェアの高いメーカーはPBに柔軟に対応していても，結果的にPB比率が高くなりにくい傾向がある」ことを示し，そうしたメーカーの場合NB商品の製品改良や新製品投入で差異化を図るPB防衛策が講じられている。また「研究開発費比率が高い企業は，製品改良や新製品の投入でNBの差異化を図れるため，デュアルブランド戦略によってPB比率を引き上げる必要性は乏しくなる」[27]ことを明らかにしている。

　このことは，メーカーが位置する製造業での市場シェアやブランド力の存在に対して，小売企業における市場シェアや小売企業のマーチャンダイジング力が相互のパワーの綱引き状態の中で，PB商品のポジションが規定されていることを物語っている。こうした相互関係において，従来のPB商品開発の慣行を超えてより強かに，バイイングパワーと企業イメージをベースに新たな視点でPB商品開発に取り組んできたのがセブン－イレブンを中心としたとセブン＆アイHDといえる[28]。

25　Anselmsson and Johansson（2009），pp.75-95.
26　小池（2015），pp.32-70.
27　矢作編著（2014b），pp.210-211.
28　以下の論点は，主に矢作前掲書を参照している。矢作編著（2014b），pp.80-111.

セブン&アイ HD は 2005 年にイトーヨーカ堂グループから純粋持ち株会社へと移行して設立されたグループ統括会社である。セブン-イレブン・ジャパンを中核企業としてグループシナジーを追求する戦略が展開されている。その代表例が 2007 年にイトーヨーカ堂，ヨークベニマル，ヨークマート，シェルガーデンを含む5社で当初開発に取り組んだグループ MD（マーチャンダイジング）改革プロジェクト（プロジェクトリーダー：ヨークベニマル大高善興社長）であり，その取り組みとして「セブンプレミアム」が発売されることになった。その基本コンセプトは「NB 売れ筋商品と同等かそれ以上の品質で，同店頭実勢価格より2－3割安く，十分な利益を確保できる PB 商品」と定義されていた。

　その PB 商品開発の過程は，セブン&アイ HD ではコンビニエンスストアのセブン-イレブンを中心として発足時から編成されてきた企業横断的なチームマーチャンダイジングというプロジェクト方式を受け継いで PB 商品開発が行われている。スーパーを中心としたイオンの場合は独立の PB 開発会社が設立されているのとは組織形態が異なっている。その特徴は，セブン-イレブンにおいて運用してきた方式である，米飯商品，調理パン，惣菜といった地場的性格の強い商品の共同開発やその原材料・資材の調達の共同購入には，日本デリカフーズ協同組合（NDF）という協同組合組織を利用し，原材料メーカー，製品メーカー，包装容器メーカーを厳選し，各取引先メーカーとのきめ細かい独自商品開発を実現している。さらに特定商品ごとに設定される個別プロジェクト方式の場合にも，業界事情を考慮して，ハム，ソーセージなど複数の NB メーカーが参加するチームマーチャンダイジングと，ビールのように特定メーカー1社とのみプロジェクトを編成する個別プロジェクトの2通りの方法が行われている。矢作によると，一対多か，一対一かはセブン-イレブンの時代から経験済みであり，業界事情やメーカーの力関係を考慮して使い分けられているという[29]。とくに特徴的なのは，その企業間の緊密な関係の維持にある。この協同組合には既存ベンダー（中食や惣菜メーカー）に加えて日本を代表する味の素，ハウス食品，プリマハム，

29　矢作編著（2014b），pp.97-98.

エスビーカレー，森永乳業などのNBメーカーが多数参加していることである。これらのメーカーは食材や調味料を扱う企業であり，共同仕入れを行う協同組合（NDF）のメンバー企業に業務用商品を供給するビジネスチャンスも活かしている。既存ベンダーのセブン-イレブンとの取引関係の歴史の中では，中食・惣菜の製造受託から始まって，各地にある工場は原則として専用工場であり，工場併設型の共同配送センター中心のロジスティクスの提供が行われ，こうした企業間の緊密な関係が前提となって，「セブンプレミアム」導入後においてもチルド惣菜や食パンなどでのPB商品の供給が新たに加えられている。

　それだけではない。有力NB商品を持つメーカーの場合でも，協同組合に参加し，他のメンバー企業への業務用食材の供給やPB製造受託にとどまらず，高品質を実現するために専用工場の建設をいとわず，共同開発を通して取引特定的な投資や知識を提供し，メーカー自身も取引の安定化や収益性の確保を実現するように行動している[30]。このように小売企業によるNBメーカーの経営資源や開発能力を囲い込み，かつ引き出すことで商品開発に新たな弾みを生み出している。協同組合の主力メンバーである武蔵野グループによって開発された「セブンゴールド」の食パンのケースはPB商品がNB商品に大きなインパクトを与えたことでも注目された。セブン＆アイHD側のPB商品に対するテレビやチラシなどの広告宣伝，店頭での優先的に顧客の目につきやすい場所での棚割りなどのマーケティング努力は着実に市場を創造してきたといえる。NB商品にはない品質の実現をベースに市場創造に取り組むようになっている。さらには日本ハムやキユーピーのケースでも，PB商品として開発された売れ筋商品がNB商品として発売される事例もあり，新製品のリスクをPB商品で削減する効果を引き出していることを示唆している。そして重要な点は，セブンプレミアムやセブンゴールドの場合，イオンの場合とは異なって製造元のメーカー名を表記する方針を貫いており，メーカーの反応も，高い品質を重視するPBの場合は，メーカーもむしろメーカー名を表記することにより責任のある商品開発や品質管理ができると

30　矢作（2015）.

評価するようになって協力が進む関係が生まれていることが注目できる[31]。

さらに，2015年6月施行の食品表示法は，PB商品でも製造業者名の情報開示が義務づけられることになり，このことは，メーカーの保証機能がPB商品の消費者支持に影響を与える効果も無視できなくなるといえる。このことは今後，日本の消費者が製造業者名をチェックして購買する行動が生まれやすくなり，PB商品の開発や製造が大手メーカーにシフトし，中小メーカーにとって受託しにくい環境が形成されることも懸念される。さらに中小メーカーを軸に編成していた中堅・中小小売企業のPB商品の開発・製造態勢が再編成を迫られることや同じメーカー名が表記されたPB商品では店舗差別化の効果が薄れることなどの問題が浮上している[32]。

ここで，小売企業だけでなくメーカーの今後の展開にも触れておこう。価値訴求型のPB商品の増加は，受託メーカーにとっても自社の名前を世にアピールするメリットもあるが，すでに前の章で指摘したように，反面で自社のNBブランドとのカニバリゼーションを引き起こしたり，PB製造受託は定期的に見直しが行われることで取引が解消されるなど不安定な性格を有していることも考慮しておく必要がある。しかし，小売企業のPB商品の存立基盤は，元をただせば製造企業のNB商品の開発力と品質に依存している点も無視できない。そこで，小売企業ではできない新製品開発のための研究開発投資や新しい製造方法の開発，さらには原材料や素材などの改良などを通して，いっそう高付加価値なNB商品力の育成のためのマーケティング展開が求められている。さらに言えば，製造企業も，PB商品の共同開発からヒントを得て，テストマーケティングの場として小売企業の膨大な販売のパワーを活用し，自社のNB商品作りを進める強かさが必要であるといえる。

---

31 矢作編著（2014b），p.96.
32 消費者庁は2015年6月施行の食品表示法において，原則，PB商品の製造業者名や製造所の記載を義務づけることとしている。PB商品にも適用することになったきっかけは，2013年12月に起きたマルハニチロHDの子会社「アクリフーズ」（現マルハニチロ）の群馬工場での冷凍食品への農薬混入事件による。同社は，自社ブランド商品だけではなく，大手スーパーやコンビニのためのPB商品の製造もOEMで行っていて，製造業者名が記載されていなかったことで消費者からの回収が遅れたことなどが背景にある。OEMについては本書の第6章参照。なお，食品表示法施行後，加工食品は5年，生鮮食品は1年6か月の猶予期間がある（石橋，2015，pp.16-21）。

コラム 7-2：NB 商品メーカーは PB 商品の進化でどのように変化するのか

　コンビニによる PB 商品の進化はメーカーにどのような影響を与えているのだろうか。PB 商品と NB 商品との関係は，先行研究ではこれまで NB 商品の品質優位性を前提とした主張に加えて，メーカーが PB 商品の開発に関わると新製品開発能力が低下するという議論も存在する（コンビニに限定した議論ではないが，この点は Anselmsson and Johansson（2009）での先行研究の紹介に詳しい）。最近の日本での食品メーカーの動きでは，PB 商品を通してメーカーの NB 商品の開発やマーケティングが洗練されるというケースも現れている。すでに矢作（2015）の研究からも，日本ハムやキユーピーなどが PB 商品として発売された売れ筋商品を NB 商品としても発売することで，NB の新製品のリスクを削減する効果を引き出していることを本章 5.（1）で紹介した。

　一般に，コンビニ用の PB 商品の場合，新製品として発売しても 3 か月から半年程度しか持たない商品が多いといわれ，そのライフサイクルは短命であるとみられている。そのためメーカーの対応としては，ネスレの場合，最初からコンビニ用に期間限定で商品開発と提供を行う売り切りご免方式という強かな戦略が採用されている。カルビーの場合も，長期的に時間をかけて育てる商品と，短期間で売り切って商品開発のヒントを見つける商品を明確に区分している。

　改めてコンビニの活用法，それに PB 商品受託の意味や効果が問われている。カルビーでは，コンビニ用の限定商品は 1 か月などと期間を区切って生産数量を制限し，計画的に売り切ることで商品数が増加してもコストを抑えるように工夫している。こうした商品の販売データを活用して，売れ行きの良かった商品を発見し，翌年には期間限定商品として全流通チャネルで発売する。さらにその中から長期的に売れそうな商品を見極めて定番化する方向も検討している。

　カルビーの場合でもこれまでは「じゃがりこ」のような知名度のあるブランドを持つケースでは，アイテム数が膨らみコストが高まる理由で限定商品を避ける傾向があった。しかし最近では，むしろコンビニの販売特性を活かして限定商品，高速回転を特徴に消費者を飽きさせない，さらに強かにコンビニを実験台にして売れ筋商品の発掘やロングセラー商品の育成を進めることで，NB 商品の開発の新たな在り方を提案している。

出所：『日経ビジネス』2015 年 11 月 2 日号，pp.28-31 に基づいて作成。

大手製造企業にとっても，NB商品と小売企業との共同開発によるPB商品とのブランドの適切な組み合わせをブランド戦略として遂行することが重要となっている（コラム7-2参照）。

(2) 小売企業のブランド・マネジメントの課題

　PB商品に対する消費者の認知と支持を向上させるには，常に消費者ニーズを察知しながら，小売企業のPB商品のマーケティング力の強化とその開発のインフラ整備，つまりメーカーとの緊密な協力関係の構築・維持，さらにはそのための十分な人材の確保と育成がますます必要不可欠となっている。このことは小売企業がPB商品とNB商品を店舗での品揃え上どのようにポジショニングするのかという戦略的な判断も重要となっている。

　これは，小売企業にとってのブランド・マジメントがますます重要になってきていることを意味している。一般的にブランド・マネジメントはメーカーの視点で問いかけられることが多かったが，パワーの発揮を背景に自らのブランドを開発するようになった小売企業にとってむしろこのテーマは避けて通れない。消費者の視点から，ブランドは4つの役割を有するということができる。それは，ブランドの識別（証明），情報，品質保証，それにシンボル的な連想から構成される。ブランドの識別や情報的側面は買い物効率を高めるし，品質保証は消費者のリスクを減らしてくれる。その一方でシンボリックな連想は消費者に心理的な効果を提供し，さらに社会的なメッセージを与えることにもなる[33]。一般的に，小売企業でのブランドの成功は，メーカーの場合と同様に，最初の3つの役割を実行することから実現される。

　しかし，メーカーと比較して，小売企業の場合はシンボリックな，あるいは感性的な連想という視点からはまだ十分な取り組みを実現してきているとは言い難い。そこで，メーカーのブランド製品分野でシンボリックな連想や製品イノベーションがそれほど重要でない分野において，小売企業が比較可能な製品品質を証明でき，かつ経済的に見合った価格を提供できるなら小売企業はメーカーと十分に競争できるし，それ以上のパフォーマンスを達成す

33　Varley and Rafiq（2014），pp.219-223.

ることも期待できる。これに対して，メーカーのブランドはこれまでの経緯からも新製品開発や新たな製品のカテゴリー拡張などイノベーティブなパフォーマンスを実現してきた。そこでVarleyとRafiq（2014）は，小売企業のブランド・マネジメントの課題として2つの方向を提起している。1つは，2008年にマークス＆スペンサー（Marks & Spencer）がそれまでのPB商品への過度な集中の改善に取り組んだ例を示しながら，NB商品と自社のPB商品間のバランスを考慮したトータルなブランド戦略の展開である。さらに2つ目は，PB商品に対するポジティブな連想を持たせるために，PB商品開発をめぐって小売企業がメーカーの有する優れた開発能力や経営資源を有効に取り込む形での連携や共同を行うことで，PB商品のブランドの信頼性を強めることと，ストアレベルや企業レベルでのブランドの思いや主張をベースにシンボリックな，かつ感性的な価値の提案やストアロイヤルティの構築を指摘している。小売企業のブランドに対するロイヤルティのマネジメントはオムニチャネルにとっても重要な役割を果たすことが期待されている[34]。

結論としては，消費者にとっての店舗に対するロイヤルティとPB商品の支持（ブランドロイヤルティ）との間に強い関係を構築することが求められる。以下にこれまでの論点をまとめておこう。

わが国における最近の小売企業のPB商品戦略の特徴としては，

① 景気低迷や食品の安全性に対する消費者の関心の高まり，それに品質にこだわりを感じる消費者の増加を背景に，価格訴求型と価値訴求型のPB商品の開発が大手小売企業主導によって活発化している。

② トップブランドを持つ大手製造企業のPB商品開発への協力が目立つようになっている。

③ PB商品の品質の向上と多様化・シリーズ化が行われ定着しつつある。

④ PB商品の供給を軸としたグループ化と販売規模の拡大が図られるようになってきた。

⑤ SPAにより川下から顧客のニーズを捉え，革新的製品を開発・販売

---

[34] Varley and Rafiq（2014），pp.221-223.

する新しいビジネスモデルの展開がみられるようになってきた。

PB商品の一過性ではない持続的な発展とさらなるイノベーションのためには，小売企業のPB商品戦略の今後の課題を提示しておきたい。

① NB商品に比肩できる品質の商品を衣食住にわたって安定供給できる自主企画の仕組みを構築し運用できるか。

② 単品の生産数量の拡大によるPB商品の共同開発や共同調達のための提携とグループ化。

③ NB商品とPB商品の価格差が小さい場合でもPB商品が優先的に選択されるための信頼性と独自性を軸とした価格と品質に関するバランスの徹底した追求。

④ 顧客ニーズの把握とローコストオペレーションの実現のためのICTとSCMの構築，それによる徹底した安さとこだわりの品質の実現。

⑤ 大手メーカーとのPB商品開発をめぐる持続的かつ緊密な協力体制の構築と有効活用の推進。

⑥ PB商品を通して消費者のストアロイヤルティを育成するため，自主企画・開発する小売企業のブランドについてのシンボリックな思いや主張が伝わるブランドベースのマーケティングの展開，などである。

第8章
グローバル・リテーラーの戦略(1)：
ウォルマートの動向とグローバル戦略

1．グローバル・リテーラーの動向

　これまで，小売業の世界には，われわれの生活を豊かにし充実させるために，さまざまな流通の技術や仕組みを駆使することで流通イノベーションが生み出されてきた。チェーンストアオペレーション，バーコードやICタグによるPOSシステム，SCMやインターネットEDIなどをベースに流通イノベーションが繰り広げられ，小売革命と呼ぶにふさわしいドラスティックな転換が実現されてきた。小売企業は，こうした流通技術を活用しながら国内の消費者のニーズに適合した業態やビジネスモデルを確立し，卸売企業や製造企業と対比して国内市場での覇権を強固なものにしようと行動している。さらに小売企業によっては，多くの消費者を獲得してきた実績や成功体験，さらにはそこで確立されたビジネス（事業）モデルやストアブランドを通して，国内市場以上に成長可能性のある海外市場でのグローバルな成長戦略を選択するようになっている。大規模な小売企業の中には直接投資，合弁，あるいは買収などによって海外進出し，商品調達・店舗立地・現地販売のネットワークを複数の国にまたがって展開する，いわゆるグローバル・リテーラーとして発展するようになっている。その進出先も，先進国のみならず，経済成長の著しい新興国市場へと拡張され，複数国への複数業態（マルチフォーマット）での展開が活発化している[1]。

　本章では，こうしたグローバル・リテーラーの成長戦略に焦点を当て，海外市場での成功条件を検討してみたい。とくに，世界的に売上高が上位のグローバル・リテーラーは，先進国で必ずしも成功しているとはいえない状況

1　Mukoyama and Dawson（2014），pp.55-76.

が指摘されており，新興国の場合も成長市場であることが必ずしも進出小売企業の成長を保証するわけではない現状を指摘することができる。ここでグローバル・リテーラーがどのような国に進出し，いかなる方法で成長戦略を展開し，はたしてその成果はいかなるものであるのかを，ウォルマートとテスコを事例に検証してみたい。そして日本市場でのグローバル・リテーラーの成長戦略の検討を通して，成功に必要な条件や課題を提起してみたい。

本章の第8章と次の第9章での検討のねらいは，いずれのグローバル企業にとっても，流通イノベーションという面で，これまでの流通イノベーションによって成功してきた過去の栄光にとらわれず，現在抱えている課題を解決するためには，効率性と有効性の同時達成に向けた新たなイノベーションへの挑戦が必要であることを強調する点にある。

2．世界のトップ小売企業の成長戦略

まず，フォーチュン誌が毎年調査を行っている世界の企業の売上高上位500社ランキングから，企業動向を検討してみよう（図表8-1参照）。2014年のランキングでは，以下の図表のように，米国に拠点を置いた小売企業のウォルマートがトップを占めている。ウォルマートがグローバル企業の中で

図表8-1　世界の企業の売上高ランキング(2014年)

順位	社　　　名	売上高 100万ドル
1	ウォルマート（米）	485,651
2	シノペック集団（中）	446,811
3	ロイヤルダッチシェル（蘭）	431,344
4	チャイナナショナル石油（中）	428,620
5	エクソンモービル（米）	382,597
6	BP（英）	358,678
7	ステートグリッド（中）	339,426
8	フォルクスワーゲン（独）	268,566
9	トヨタ自動車（日）	247,702
10	グレンコア（スイス）	221,073

出所：*FORTUNE*　2015.8.1.

第8章　グローバル・リテーラーの戦略(1)：ウォルマートの動向とグローバル戦略

図表8-2　世界の小売企業の売上高ランキング(2014年)

小売企業売上高ランキング				単位　100万ドル	売上高対前年増減率（％）
順位	社　名	国籍	世界ランク	売上高	増減率
1	ウォルマート	米	1	485,651	2
2	CVSヘルス	米	30	139,367	9.9
3	コストコ	米	52	112,640	7.1
4	クロガー	米	54	108,465	10.3
5	テスコ	英	62	101,580	－1.6
6	カルフール	仏	64	101,238	－0.5
7	アマゾン	米	88	88,988	19.5
8	メトロ	独	97	85,505	－1
9	ホームデポ	米	101	83,176	5.5
10	ウォルグリーン	米	114	76,392	13.5
11	ターゲット	米	117	74,520	2.7
12	オーシャン	仏	129	70,908	11.1
13	イオン	日	147	65,273	1.6
14	ロウズ	米	176	56,223	5.3
15	ウールワース	豪	181	55,940	－8
16	セブン＆アイ	日	184	55,686	－1.6

出所：FORTUNE 2015.8.1.

初めてトップになったのは2002年からである。フォーチュン誌のグローバル500社ランキングが始められたのは1955年であるが，ディスカウントストアとしてのウォルマートという企業はその当時まだ存在さえしていなかった。ウォルマートの創業は，すでに第2章の1でも触れたように1962年7月であるから，ほぼ40年で世界のあらゆる企業の頂点に立つことができたことになり，世界の小売業の歴史においても革命的な出来事であったといえる[2]。そして，世界の小売企業の売上高ランキングにおいて若干の変動はあっても常にトップの座を維持してきたことは多くの人々の驚きとその持続の秘密に対する関心を引き付けてきた。バラエティストアから，ディスカウント

2　田口（2005a），p.2.

ストア，ウエアハウスクラブのサムズクラブ，スーパーセンターなどによる新たな業態イノベーションを行い，非食品のディスカウント販売だけでなく，食料品を取り込むことで高い購買頻度での来店客を誘い，常時安さをアピールしたEDLP（Every Day Low Price），それに10万アイテムを超える圧倒的な品揃えによるワンストップショッピングの導入によって，安さと買い物の利便性を融合させて世界の頂点を極めている。

　これに対して，世界の小売企業の売上高に焦点を当てたランキングを見てみよう（図表8-2参照）。

　このランキングの中から，世界の小売企業の上位10社までの売上高順位を見ると，改めてウォルマートの売上規模の大きさが際立っていることがわかる。2位のCVSヘルス（CVSケアマークから社名変更）との売上の差は，3倍以上開いている。かつては，グローバルな展開を進め小売業の世界売上高で2位につけていた仏のカルフールはその勢いを低下させている。2009年には世界ランキング22位を確保していたほど成長力があったが，2014年には小売企業売上高ランキング6位，世界ランキングでは64位であり，仏国内での業績悪化を反映して苦戦が続いている。世界で大きな市場地位を確立・維持するには自国市場でリーダーであることがストアイメージや海外投資ポートフォリオの面で重要といえる。国内市場での業績悪化に陥っている同じような傾向は，英国のテスコにも当てはまる。テスコは国内での本業の財務問題を抱えており，2015年9月になって，韓国でのテスコの成功事例とされていたホームプラスを独立系投資ファンド（MBKパートナーズ）に売却し，その資金を英国本業の立て直しに活用しようとする動きが生じている。韓国最大規模（約60億ドル＝7兆1000億ウォン）のM&Aによる買収であり，テスコの韓国からの完全撤退となる[3]。それと対照的に，米国の小売企業の躍進が目立っており，CVSヘルス（昨年の総合ランキングでは35位から30位）やコストコ（同じく60位から52位）が堅実に順位を上げてきている。コストコについては，本章の3（2）で詳しく触れたい。さらに注目すべきは，アマゾンの動きである。創業は1995年であるが，フォー

3　『日本経済新聞』2015年9月8日。

第 8 章　グローバル・リテーラーの戦略(1)：ウォルマートの動向とグローバル戦略

図表 8-3　年度別売上高と前年比増加率の比較

年　度	売上高 100 万ドル（前年増加率：%）[順位] ウォルマート	売上高 100 万ドル（前年増加率：%）[順位] アマゾン
2008	405,607　(7.1)　[3]	19,166　(29.2)　[485]
2009	408,214　(0.6)　[1]	24,509　(27.9)　[340]
2010	421,849　(3.3)　[1]	34,204　(39.6)　[269]
2011	446,950　(6.0)　[3]	48,077　(40.6)　[206]
2012	469,162　(5.0)　[2]	61,093　(27.1)　[149]
2013	476,294　(1.5)　[1]	74,452　(21.9)　[112]
2014	485,651　(2.0)　[1]	88,988　(19.5)　[88]

出所：*FORTUNE*　2009-2015 から作成。

　チュン誌のグローバル 500 社ランキングで，2008 年にはすでに 485 位にランクインし，年を追うごとにランクが上昇しており，2014 年には売上高上位から 88 位と 100 位以内に入り込んできた。日本への進出は 2000 年からであるが，創業から 20 年も満たない年数でこのランクに上り詰めてきた。2008 年で 500 社にランクインした時のアマゾンとウォルマートの売上規模は 21 倍ほどの格差があったが，2014 年にはその差は 5,4 倍ほどにまで縮まってきており，年々その格差が小さくなるほどアマゾンの成長力が顕著である。図表 8-3 において，アマゾンが上位 500 社以内にランクインしてきた 2008 年から，ウォルマートとアマゾンの売上高，それに前年比売上高増加率を比較してみると，改めてアマゾンの急成長が目立っている（図表 8-3 参照）。この両社の前年増加率を小売業態のライフサイクルに当てはめるなら，まさにアマゾンは成長期に位置しており，対するウォルマートのスーパーセンターは米国内では成熟段階の様相を呈していると言えるだろう。はたして，ウォルマートは実店舗を活かしてどこまでアマゾンを突き放せるかが問われている。

　多くの小売企業がグローバリゼーションを推進する中で，食料品を含む総合商品小売企業が先進国で優位性を獲得できず，必ずしも成功していない状況を指摘する先行研究がある。コースジェンスとラル（Crstjens and Lal, 2012）は，製造業や他の業界のグローバル化と違って，食料品（グローサ

リー：食品雑貨）を扱う小売企業のグローバル化では，あまりメリットをもたらしていないことを論証している[4]。つまり，グローサリー小売企業が，世界最大級の市場である米国，ドイツ，日本，英国，フランスに参入しても，この5か国のどこかの国では撤退を余儀なくされ，このすべての国を対象に一括して展開している小売企業が1社も存在しないことに注目している。ウォルマート（米），テスコ（英），カルフール（仏）の世界売上高上位3社に焦点を当てた場合，2000年代にウォルマートは韓国とドイツから撤退し，現在日本市場では西友を買収して進出しているものの，売上高で圧倒的な優位性を実現しているわけではない。テスコもフランス，台湾，米国，日本から撤退している。カルフールも米国，ドイツ，韓国，それに日本からも撤退している[5]。上記5つの国は先進国という位置にあり，それなりに市場規模も大きいので，グローバル展開の経験や知識が豊富な3社にとっては進出は賢明な選択と思われたが，国によって必ずしも結果を出していないのはなぜなのか。

多くの小売企業は本国で育成し成功したビジネス（事業）モデルを活用して，豊富な潜在力を有する海外市場に進出する。国境を越えた異国の市場で成功するには，自国で成功したモデルを普遍的に受け入れてもらえる市場の条件を求めて進出先を決定し，そこに自国モデルと共通の標準化の方式を採用するか，それとも進出先の経済，消費，競争，法律などの地域特性に焦点を当て，自国のモデルを現地の条件に合わせる適応化の方式を採用するかが問題となる。標準化と適応化は，これまで国際経営や国際マーケティングにおける古典的なテーマとして検討されてきた問題でもある。サーモンとトルジュマン（Salmon and Tordjiman, 1989）は，海外進出を行う小売企業の戦略のタイプをグローバル戦略とマルチナショナル戦略の2つに類型化した。国際化する小売企業が取るべき戦略について，同一化された小売業務を世界的規模で展開しているグローバル戦略（標準化戦略）と，小売業務を進出国の市場条件に適合させたマルチナショナル戦略（適応化戦略）という概念で

4　Crstjens and Lal（2012），pp.84-95.
5　田口（2010），pp.1-40.

捉えようとした[6]。スターンクイスト（Sternquist, 2007）は，前者の標準化の事例としてはザラ，マンゴやギャップ，後者の適応化の事例にはウォルマートのスーパーセンターやサムズクラブ，テスコのスーパーマーケットなどを挙げている[7]。しかし，これまでの先行研究では，「完全な標準化か，完全な適応化か」という二者択一ではなく，両方とも必要であり，両方の利点の同時活用という方向が打ち出されている[8]。

　矢作（2007a）は，日米欧の小売企業がアジア市場に進出したケースを分析し，このような捉え方をさらに精緻化して，小売事業モデルの現地化戦略を4つのパターンで示した[9]。①「完全なる標準化」志向：高級ブランド型小売企業のような事業モデルの正確な反復複製に戦略的価値がある場合に採用される。ルイ・ヴィトンはどこの国の店舗を訪ねてもルイ・ヴィトンとしての首尾一貫した事業哲学と統一的に標準化されたマーケティングが維持されている。先に取り上げたサーモンとトルジュマンのいうグローバル戦略のことである。②「標準化の中の部分適応」志向：自国の市場で確立した優位性をベースに標準化した事業モデルを進出先の市場に移転する場合，現地の市場特性の違いから部分的な修正が避けられないために行われる。サーモンとトルジュマンのいうマルチナショナル戦略がそれにあたる。これは何も海外だけでなく，国内市場でも地域の消費特性を考慮して部分的な修正が行われている。③「創造的な連続適応」志向：標準化された事業モデルを現地化する過程で，市場特性に合わせて連続的に適応する結果，移転された事業モデルは既存のモデルを超えた革新的な事業モデルを創造することになる。矢作は，セブン-イレブン・ジャパンが米国のサウスランド社が開発したオリジナルなものとは異なった日本型コンビニエンスストアを独自に創造したケースとして取り上げている。さらに④「新規業態開発」志向：参入する国や地域に応じて新しい事業モデルを作り出すパターンであり，既存業態による新規市場の開拓という地理的な多角化ではなく，新規業態での新規市場開拓の

6　Salmon and Tordjiman（1989），pp.3-16.
7　Sternquist（2007）（若林・崔他訳，2009，pp.20-29）.
8　川端（2000），pp.50-51.
9　矢作（2007a），pp.36-40.

異種の経営多角化を意味している。矢作はテスコのアジア市場でのハイパーマーケット戦略がそれに近い事例として指摘している。同じく矢作は，日本の総合スーパーとして発展してきた平和堂が中国湖南省で展開した百貨店のケースもこの領域に到達していると捉えている[10]。ここでの特徴は，小売国際化の研究は，小売企業行動が市場特性に依存して現地化戦略を調整する点が示されていることである。これらのパターンが参入後に，市場環境の変化によってどのようなバリエーションで進化していくのか，その結果いかなる成果を生み出すのかという問題も検討すべき課題となっている。

　先に述べたコースジェンスとラルは，食料品を扱う小売企業の国際化が製造企業と比較して想像以上に困難である要因として，以下の3点を指摘している[11]。

① 海外市場では，小売企業は多くの参入障壁に直面する

　　とくに先進国の場合は，不動産コストが上昇傾向にあり，M&Aによる有力な現地小売企業の買収の案件はそれほど多くはないし，たとえあっても，すでに国内小売企業同士での売却済みのケースが多いため，立地や規模，それに財務的に問題のある企業を買収することが避けられない。ウォルマートの韓国や日本でのケースがそれに当てはまる。買収しても，そもそも本国で培った優位性のある業態が進出国の買収企業にはうまく移転できないミスマッチのケースが発生する。

　　新興国への進出の場合，大規模なチェーン店が発展していることは稀であるが，その国の地域に密着した現地の小売企業が存在しており，業界が細分化されている。新興国や発展途上国に進出する場合は，外資の小売企業はたとえ本国で低価格を売りにして成功してきたとしても，現地の消費者には「高級な店」と見られることが多い。また，進出国の法的な規制で国内小売企業を外資小売企業の進出から保護していることも少なくない。インドのように，これまで総合商品販売の小売企業の参入が規制されてきたが，その参入障壁を乗り越えるために規制が緩和されている単一商品の小売業や卸売業として参入する事例なども見られる。

10　矢作編著（2011），p.346.
11　Crstjens and Lal（2012），pp.89-90.

② グローサリー小売企業は固定費が高く，利幅が小さいビジネスなので，利益が出るようになるまで時間がかかる

　国際化することの最大のメリットは自国よりも潜在力のある市場に投資することで成長のチャンスを得ることである。それには，経営者が，自国の市場で制約となっている，市場成熟，規制強化，競争激化など自国側から進出を動機付けるプッシュ要因，それに進出先の国の市場成長，規制緩和，ライバルの少なさなど進出国側から進出を引き付けるプル要因を背景に，自社のビジネスモデルの優位性に基づく経営者の進出意欲を考慮して海外進出が判断される[12]。

　しかし，進出してもすぐに店舗のネットワークやサプライチェーンが確立できるわけではなく，規模の経済性や範囲の経済性が達成できるのには長い時間がかかり，回収には数十年も要することが珍しくない。生鮮食料品の調達は地元の生産者に依存することが多く，進出小売企業にとって一括大量仕入れやグローバルソーシングが機能する割合は期待するほど大きくない。範囲の経済性が効果を発揮するのは，小売企業のコア・コンピタンスが進出先の市場に合致している場合に限られる。カルフールの日本での展開では，ハイパーマーケットという本国での優位な業態は日本の消費者にとっては総合スーパーとの差が理解されず，中間業者を排除した直接取引の方法や低価格の実現，グローバルな調達のネットワークも，日本の取引慣行や日本での店舗数の少なさもあって有効に機能しなかった。

③ 外国からの参入企業は，往々にして，進出対象の国だけで活動している既存企業と戦わなければならない

　グローバル化が進む中でも，ローカルやドメスティックな特性が働きやすい商品やサービス領域が存在する。食文化や宗教，それに法的規制の存在はそうした要素を持っている。多くの国や地域で，食料品を中心とした小売業界には，カントリーキラーと呼ばれる地元の消費者のニーズを熟知してそれに適合した品揃えを提供する地元小売企業の活躍が無

12　Alexander and Doherty (2009), pp.215-220.

視できない。グローバルなサプライチェーンを駆使して世界的な規模で大量に調達できても，食品の場合，現地のニーズや習慣が全く異なるため，規模の経済性や範囲の経済性の追求だけでは現地の消費者を満足させることができない。

　この地域需要の特異性という問題は国によって実に多様である。例えば，日本では総合スーパーや食料品のスーパーマーケットの市場集中度はコンビニに比べてきわめて低い水準にある。英国は食料品を扱う大型小売企業への市場集中度はきわめて高い。これが示唆するところは，日本の全国レベルで見た食の地域特性が非常に多様に分布していると考えることができる。全国型チェーンの総合スーパーやスーパーマーケットで食料品を購入する割合よりも，地元のスーパーで購入する購買行動が普及していることを意味している。そのため国内の全国型チェーンの総合スーパーやスーパーマーケットでも，地元密着のスーパーの優位性を超えない限り成長できない現実が存在しており，外資小売企業の現地化戦略は標準化の部分適応の中身が，こうした地域に密着したカントリーキラー以上の魅力的な差別的品揃えや柔軟な対応が成長にとって必要十分条件となっている。そこで，以下では海外進出経験が豊富なウォルマートとテスコを取り上げ，とくに日本市場でどのような成長戦略を採用し，その成果がどのようなものであったのかについて検討してみよう。

3．ウォルマートの経営戦略とグローバル展開

　本節では，売上高世界最大の小売企業のウォルマートについて，さらに次章では小売売上高世界第5位のテスコを取り上げる。その主な理由は，この2社は，いずれも規模やグローバル展開では実績のある小売企業であり，日本の小売企業を買収して日本市場に参入し，日本の顧客獲得に力を注いできた点で共通点があるからである。

(1) ウォルマートの国内市場での成長とグローバル戦略

　ウォルマートは，創業者のサム・ウォルトンが，1945年9月にアーカン

第8章　グローバル・リテーラーの戦略(1)：ウォルマートの動向とグローバル戦略

ソー州ニューポートにベン・フランクリンのフランチャイズによるバラエティストアを開業してから，17年後の1962年7月2日にディスカウントストアとしてオープンする。フランチャイズのバラエティストアを始めてから5年後に，サムの店の成功を見ていた地主が自分の息子に経営させる目的で契約更新に応じなかったことから，そこでの店舗を売却しベントンビルに拠点を移して同じベン・フランクリンのフランチャイズ店を再開し，それ以降，ベントンビルがウォルマートの本拠地となった[13]。サム・ウォルトンは，ベン・フランクリンのフランチャイズ店の中で最も高い業績を達成していく。しかし，その高い粗利益（45％）にこだわり続ける限り，バラエティストアの更なる発展は難しいと考え，それよりも低い粗利で大きな利益を生み出すディスカウントストアのイノベーションに魅力を感じていった。1960年代は，人口の増加や商品の供給過剰を背景に，ディスカウントストアが全米を席巻する時代であり，新しいトレンドであることを見通していた[14]。

　1962年にウォルマートがディスカウントストアに参入する年度は米国のディスカウント業界の創業期ともいえる時代であった。1960年代前半には，それまで売上高でトップであった食料品スーパーマーケットのA&Pが，シアーズローバックに追い抜かれるといった激動の時代の幕開けでもあった。シアーズは，かつてはカタログ通信販売からスタートし，非食品の分野でワンストップショッピングの利便性を提供する有店舗のGMS（General Merchandise Store）へと業態転換を図ることで，ほぼ30年近く売上高トップの座を維持し，豊かな米国社会をリードした。そして1962年はとくに米国の小売業界にとって画期的な年でもあった。その年は，バラエティストアの雄であるウールワースはディスカウントストアのウルコを立ち上げ，同じくバラエティストアのSSクレスゲはディスカウントストアへの業態転換によりKマートを創業し，デイトン・ハンドソンはデパートメントストアの事業多角化としてターゲットを創業した。これらの小売企業はすでに大企業であり，都市部やその郊外の人口密集地域に出店を行った。これとは対照的に，南部の小さな田舎町で当初，バラエティストアからスタートしディスカ

13　この経緯については，田口（2005a），p.7.
14　Walton（1993）（渥美・桜井訳，2002，p.151）．

ウントストアを創業するウォルマートは，当時は規模でも経営ノウハウでも，それに立地の面においても，どれをとっても上記の小売企業とは明らかに劣っていた。米国社会においてもほとんど認知されていない一介の片田舎のチャレンジャーにすぎなかった。しかし，ウォルマートは，1960年代から1980年代を通して先行企業に貪欲に学び，試行錯誤を繰り返しながら大手のディスカウントストアとは異なったビジネスモデルを確立し，独自の低価格戦略を実行していく。そして小売業界で技術を中心に起きた主要な流通イノベーションのほとんどすべてを先導してきたと言っても過言ではない[15]。

① 小さな町をターゲット：出店戦略として，ライバルには魅力的に思われないような，人口が1万人に満たないスモールタウンを対象とした。配送コストが高いため，田舎の商人が高値を付けて売っているエリアをねらってそこに集中的なドミナント出店することからスタートしたのである。

② 自社の配送センターの活用：大都市のようにベンダーの配送網が整備されていない地域では，自前の物流センターを軸に運用する方式が採用され，そのセンターがカバーできるエリアに店舗を集中的に展開した。1980年代半ばには，1つのセンターが半径240－480km内にほぼ100－175店舗をカバーすることで，店舗のほとんどすべての商品をたとえ少量でも発注の48時間後には納品できるようになった[16]。ウォルマートの経営陣は，小売企業の成長が店舗に商品を供給する物流能力に依存していることを理解するようになった。

③ POSシステムと通信衛星によるデータ管理：やがて店舗ごとの売上規模の拡大，店舗数や取扱い商品数それに商品種類の増加に伴って，情報システムの整備が重視されるようになり，バーコードとPOSシステムの活用を通してデータに基づく在庫管理と効率的な経営でディスカウント業界をリードするようになる。レジで電子スキャナーを活用して商品販売動向を把握するためPOSシステムを導入した先端的な企業で

---

15 Soderquist（2005）（徳岡・金山訳，2012, p.221）．
16 三谷（2014）, p.138．

第8章　グローバル・リテーラーの戦略(1)：ウォルマートの動向とグローバル戦略

あった。

④　EDLP（Every Day Low Pricing）の実現と普及：恒常的に低価格で販売するEDLPは，顧客に欲しい商品が常時低価格で手に入るという安心感を与える。ハイ・ロー・プライシングでは，販促や値引きが頻繁に行われるため，顧客は安い商品だけ，安い時だけ購買することで顧客を店に常時引き付けることができなくなる。EDLPの効果には，ロープライス・ギャランティー（最低価格保証）とセットで，買い控えを防ぐこと，必ずその店で買い物をするという習慣を形成させる働きも期待された。

⑤　店舗＆物流＆情報の統合的ネットワーク：商品を常時低価格で販売しても利益が得られるためには，EDLP，そしてその前提としてEDLC（Every Day Low Cost）を回す仕組みが必要である。小さな町の店舗を，情報システムとロジスティクスで結び付けることで，集権化による規模の経済性を実現することができた[17]。この仕組みをビジネスモデルとしてEDLPの戦略を徹底させることで，1970年代には巨大なディスカウントストアとして成長していたKマートとの売上格差を縮小し，1989年にはディスカウントストア業界でウォルマートがトップに立つことになった。それだけではない。さらにその成長の勢いは止まらず，それまで小売業の巨人とまでいわれ，30年近くにわたってトップに君臨していたシアーズの座を1993年には奪うことになった。ウォルマートが持続的に成長できた要因には，今述べたビジネスモデルに加えて，それを支える形で機能した要素として，創業者のサム・ウォルトンの従業員との密接なコミュニケーション，労働組合を排除した低い賃金と従業員への働くインセンティブとしてのプロフィットシェアリングやストックオプション，それに必要な部署への優秀な人材の外部からの引き抜きという要素が働いていた。これらの要素はサム・ウォルトン没後もウォルマートの企業文化として，組織的に継承され今日に至っている[18]。

17　Rumelt（2011）（村井訳，2012：pp.37-44）．
18　渦原（2012）第7章；渦原（2008），pp.89-114．渦原は，その戦略の成功要因をより体系的に捉え，①価格革新，②立地革新，③業態革新，④人事・労務革新，⑤インフラ革新（先端な

ウォルマートが国内で持続的に成長できた理由はこれだけではない。1980年代にディスカウントストアの業態に加えて，3つの主要な業態を導入したこと，さらに1991年からメキシコを皮切りに海外進出に取り組んだことに基づいている。ディスカウントストアの次に手がけたのは，1983年にオクラホマシティで1号店を開店したメンバーシップのホールセールクラブのサムズクラブ（Sam's Club）である。これは卸売業と小売業を融合したビジネスで小規模の自営業者も会員顧客として対象としており，食料品の取り扱いと大規模商圏に参入するきっかけとなった[19]。1988年にはディスカウントストアに食料品部門を統合した形でワンストップショッピングの利便性と低価格を同時に提供するスーパーセンターの開発が続く。これはそれ以前にブラジルを旅行したサムがフランスから進出していたカルフールのハイパーマーケットを見学したことがきっかけでハイパーマーケットを導入するが，店舗規模が大きすぎたために固定費がかさみ失敗に終わる。スーパーセンターはその失敗を活かして規模を縮小しての挑戦であった。1998年には既存の大型のスーパーセンターではカバーできない小商圏をターゲットにした，買い物時間の短縮やより鮮度の高い食料品の提供を目指してネイバーフッド・マーケットという小型の小売業態を創造する。このタイプは，さらにウォルマート・エクスプレスと呼ばれるコンビニ業態が開発され，大型店ではカバーできない需要を取り込むために生活場所に近いところでの利便性や鮮度を考慮した売場づくりへと多様化している。現在は，ウォルマート・エクスプレスはネイバーフッド・マーケットに統合されている。

　国内事業は，50州とプエルトリコ（2011年から国内に算入）を対象として，デジタルによる小売を含むディスカウントストア，サムズクラブ，スーパーセンター，ネイバーフッドマーケットの主要業態で運営されている。国内事業は2015年では，全体の売上の60％を占めている（図表8-4・図表8-5参照）。会員制のサムズクラブは，米国では48州とプエルトリコでデジタルによる小売を含め運営されている。会員からの収入が，低い粗利でも低コストで販売できる重要な要素となっている。現在，全体の売上の約12％

　情報システムと物流システムの構築など）を指摘している。
19　Soderquist（2005），pp.38-41.

第8章　グローバル・リテーラーの戦略(1)：ウォルマートの動向とグローバル戦略

図表8-4　小売業態別売上高シェア　　　　単位：100万ドル

	ウォルマート US		サムズクラブ		国際展開		全売上高
	売上高	構成比(%)	売上高	構成比(%)	売上高	構成比(%)	
2000年	108,721	69.6	24,801	15.9	22,728	14.5	156,250
2001年	121,889	67.4	26,798	14.8	32,100	17.8	180,787
2002年	139,131	68.2	29,395	14.4	35,485	17.4	204,011
2003年	157,120	68.4	31,702	13.8	40,794	17.8	229,616
2004年	174,220	68.0	34,537	13.5	47,572	18.6	256.329
2005年	191,826	67.3	37,119	13.0	56,277	19.7	285,222
2006年	209,910	67.9	39,798	12.9	59,237	19.2	308,945
2007年	226,294	65.6	41,582	12.1	76,883	22.3	344,759
2008年	239,529	64.0	44,357	11.9	90,421	24.2	374,307
2009年	256,970	64.1	47,976	12.0	96,141	24.0	401,087
2010年	259,919	64.2	47,806	11.8	97,407	24.0	405,132
2011年	260,261	62.1	49,459	11.8	109,232	26.1	418,952
2012年	264,186	59.5	53,795	12.1	125,873	28.4	443.854
2013年	274,433	58.9	56,423	12.1	134,748	28.9	465,604
2014年	279,406	59.1	57,157	12.1	136,513	28.9	473,076
2015年	288,049	59.7	58,020	12.0	136,160	28.2	482,229

※サムズクラブは米国でのウエアハウスクラブと samsclub.com の売上高を内容としている。
出所：Wal-Mart Annual Report 2000-2015.

を占めている。サムズクラブは，ウォルマートの創業者のファーストネームと会員制のホールセールクラブを組み合わせて店名がつけられた。開設当時はサムズホールセールクラブという店名が使用されていたが，7年ほど経過したときに，ノースカロライナ州のベタービジネスビューロー（Better Business Bureau）から訴訟が起こされ，顧客の多くが一般の消費者を会員とした小売が主流であったため，ホールセール（卸売）を再販売目的に限定する州の法律に違反するとのことで，1990年にはサムズクラブ（Sam's Club）という店名に変更した。しかしホールセールという名称を使わなくなったからといって，ビジネス会員への卸売を廃止したわけではない[20]。

20　田口（2010），p.6 および　Vance and Scott（1994），p.118.

図表 8-5　業態別売上高の推移　　　単位 100 万ドル

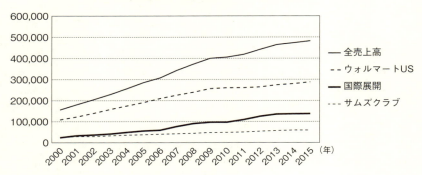

出所：Wal-Mart Annual Report 2000-2015.

　1988 年にスーパーセンターが新業態として開発されるが，その背景には消費者にとってのワンストップショッピングや当時の不況から低価格での食品の購入へのニーズの高まり，それに経営者がトップのサム・ウォルトンからデビッド・グラス（Glass, David）に交代することが影響していたといわれる。デビットはもともと食料品の販売に強い関心を持っており，店に食料品を導入することで，顧客の来店頻度が月 1, 2 回のところを週 2 回以上に増やすねらいから実行した[21]。

　スーパーセンターがディスカウントストアの店舗数を追い抜くのが 2005 年からであり，新たにスーパーセンターを作るだけでなく，既存のディスカウントストアを利用して食料品売場を追加する形でスーパーセンターに業態転換する方式が採用されたため，スーパーセンターの店舗数は大きく増加してきた。スーパーセンターという業態イノベーションは，ウォルマートの国内・海外市場での最大の稼ぎ頭として成長の源泉を作り出してきた。国内市場において，業態別に出店地域を比較すると，テキサス，フロリダ，ジョージア，カリフォルニア，イリノイ，ノースカロライナに主な業態が集中している。しかもこの傾向はほぼ 10 年前の州別出店動向と比較しても大きな違いがない。持続的な成長を実現するには，それだけ，以前のような小さな町

21　田口（2005a），pp.32-33.

第 8 章　グローバル・リテーラーの戦略(1)：ウォルマートの動向とグローバル戦略

図表 8-6　ウォルマートの業態別店舗数の推移(米国)

(2010 年)

業　　態	第 1 位	第 2 位	第 3 位	第 4 位	第 5 位
ディスカウントストア	カリフォルニア(135 店舗)	イリノイ(60 店舗)	ニュージャージー(46 店舗)	テキサス(40 店舗)	ペンシルベニア(38 店舗)
サムズクラブ	テキサス(72 店舗)	フロリダ(43 店舗)	カリフォルニア(33 店舗)	オハイオ(29 店舗)	イリノイ(28 店舗)
スーパーセンター	テキサス(298 店舗)	フロリダ(168 店舗)	ジョージア(129 店舗)	オハイオ(124 店舗)	ノースカロライナ(119 店舗)
ネイバーフッドマーケット	テキサス(33 店舗)	フロリダ(27 店舗)	アリゾナ(22 店舗)	オクラホマ(17 店舗)	ネバダ(11 店舗)

出所：Wal-Mart Annual Report 2010.

(2015 年)

業　　態	第 1 位	第 2 位	第 3 位	第 4 位	第 5 位
ディスカウントストア	カリフォルニア（92 店舗）	ニュージャージー(34 店舗)	テキサス(24 店舗)	イリノイ(23 店舗)	マサチューセッツ(23 店舗)
サムズクラブ	テキサス(81 店舗)	フロリダ(46 店舗)	カリフォルニア(33 店舗)	イリノイ(33 店舗)	オハイオ(29 店舗)
スーパーセンター	テキサス(363 店舗)	フロリダ(216 店舗)	ジョージア(150 店舗)	オハイオ(139 店舗)	ノースカロライナ(138 店舗)
ネイバー＆スモール	テキサス(91 店舗)	フロリダ(65 店舗)	カリフォルニア（64 店舗）	ノースカロライナ(43 店舗)	アーカンソー(38 店舗)

出所：Wal-Mart Annual Report 2015.

を対象とした戦略ではなく，むしろ人口規模の大きな都市周辺を集中的に店舗展開してきた状況が確認できる（図表 8-6 参照）。

　ウォルマートは，現在，売上高全体としての伸びは維持されているが，既存店売上高の低迷による国内事業の伸び悩みに直面している（図表 8-4 参照）。ウォルマートの国内市場での店舗数は，かなり密度が高くなってきたといわれる。米国の全人口（約 3 億 2000 万人）の 9 割は，居住地の半径 10

175

図表 8-7　ウォルマートのグローバル戦略　2015 年

進出国	進出年度	進出形態		主要業態②
メキシコ	1991	過半所有子会社	2,296	SC：251．CL：160．
プエルトリコ	1992	完全所有子会社①		
カナダ	1994	完全所有子会社	395	SC：283．DS：112
ブラジル	1995	完全所有子会社	559	SC：59．CL：27．HM：39．SM：61
アルゼンチン	1995	完全所有子会社	108	SC：32．
中国	1996	合弁会社	413	SC：379．CL：12．HM：19．NM：2
韓国	1998	2006 年撤退		
ドイツ	1998	2006 年撤退		
英国	1999	完全所有子会社	607	SC：32．SM：196
日本	2002	完全所有子会社	401	SM：238．HM：98
ニカラグア	2005	過半所有子会社	86	
コスタリカ	2005	過半所有子会社	219	SC：8
エルサルバドル	2005	過半所有子会社	90	SC：4
グアテマラ	2005	過半所有子会社	217	SC：9
ホンジュラス	2005	過半所有子会社	81	SC：1
チリ	2009	過半所有子会社	387	HM：80．SM：100
インド	2009	合弁会社→完全所	20	WS：20
アフリカ	2011	過半所有子会社	403	南アフリカを拠点に 13 か国で展開

注：SM：Supermarkets，DS：Discount Stores，SC：Supercenters，HM：Hypermarkets，CL：Sam's Club，NM：Neighborhood Markets，WS：Wholesale。
　①プエルトリコは，2011 年以降，国内市場扱いに変更している
　②主要業態は米国型フォーマットの移転を中心に表示しているが，それ以外は現地の小売業態から構成されている
出所：http://corpor.walmart.com/our-story/our-business/locations/#/argentina，2015 年 8 月 8 日現在。

マイル（約 16km）圏内にウォルマートの店舗が存在しているという[22]。次第に出店の適地が少なくなり，また出店反対運動の高まりの中で，この制約を克服するために，2 つの事業を強化しようとしている。1 つは国際事業の強化であり，もう 1 つはネット通販の強化である。ネット事業は 1999 年にシリコンバレー北方のブリスベンを拠点にスタートし，ネット販売で先行する

22　『DIAMONS Chain Store』2015 年 8 月 1・15 日号，p.69.

第8章　グローバル・リテーラーの戦略(1)：ウォルマートの動向とグローバル戦略

アマゾンに対抗するため本腰を入れるようになっている。ここでは国際事業の動向を検討してみよう。

　国際事業は，すでに述べたように，1991年にメキシコへの進出（最初はサムズクラブの業態で進出）に始まり，南米や北米を中心に，1990年代半ばから2000年代初頭にかけて中国，英国，それに日本，2000年代後半にはインドやアフリカに展開するようになっている（図表8-7参照）。英国や日本のような成熟市場だけでなく，メキシコ，ブラジル，中国，それにアフリカといった市場の成長が期待される新興国への意欲的な進出が行われている。アフリカは，南アフリカだけで365店舗を筆頭に，13か国に及ぶ展開である。南アフリカ以外のアフリカの国では店舗数は国ごとにわずか1店舗から11店舗まで幅広く分散している。一見アフリカ市場を重視しているようにも見えるが，1国わずか1店舗だけの出店というのは市場調査が目的になっている可能性を示唆する。進出の形態は，その対象国の条件を考慮して使い分けられている。①単独方式：進出国に適切なパートナーがいない場合に採用される。アルゼンチンなどで採用。②買収方式：現地市場に精通した現地小売企業が存在する場合に採用される。カナダ，ドイツ，英国，チリなどで採用された。先進国への参入方式ともいわれ，市場が成熟し，競合が激しい状況で採用されることが多い。③合弁方式：新興国や途上国への参入方式ともいわれ，メキシコがそのモデルとなっている。進出先市場での投資リスク，独自の商慣行，外資規制，現地政府の要請に対応する場合に採用される。メキシコ，ブラジル，中国，韓国，中米，インド，南アフリカなどで採用された[23]。ウォルマートの日本への進出方式は，次章で述べるテスコのような買収方式とは違って，②と③の中間の位置からスタートし，正確には包括業務・資本提携から段階的に出資比率を高めることで買収へと進んだように，日本市場の攻略にきわめて慎重な姿勢で取り組んできた。

　進出業態の特徴としては，従来はウォルマートの最も強い業態であるスーパーセンターやディスカウントストアを移転する形が多かったが，近年ではむしろ現地の買収企業や合弁企業の所有している業態をベースに展開するパ

23　矢作（2007a），p.281；宮内（2006），p.151；丸谷（2013），pp.48-49.

ターンが見られる。ちなみにウォルマート傘下の日本の西友の業態にはスーパーセンターという位置づけの店舗は1店舗もない。表示上は，西友ハイパーマーケットや西友スーパーマーケットという表示や捉え方で展開している。インドは総合商品小売業への規制のために，卸売業での進出である。

　国際事業は，2015年でウォルマート全体の売上のほぼ28％を維持している。2012年以降大きな構成比の変化は見られない（図表8-4参照）。事業内容は，小売だけでなく，卸売や飲食サービスなどその他のビジネスを含んでおり，米国以外に26か国（アフリカだけで13か国）で展開されている（図表8-7参照）。業態も，国内以上に多様化しており，スーパーセンター，スーパーマーケット，ハイパーマーケット，ウエアハウスクラブ（サムズクラブを含む），キャッシュ＆キャリー，ホームインプルーブメント，家電専門店，レストラン，アパレルストア，ドラッグストア，コンビニエンスストア，それにデジタル小売まで広く展開されている。国際事業は本体の国内事業と比較して商品ミックスや買収を通して成長してきた関係で，粗利益率は低いものの，現在では国内に次ぐ第2の稼ぎ頭となっている[24]。そして改めて，国際事業から獲得されている売上高の大きさも，他のライバルの本業の売上高を凌ぐ規模を示していることも，先の世界の小売企業売上高ランキングから確認できるところである（図表8-2でのフォーチュン誌の小売企業ランキングの2位以下の売上高と，図表8-4でのウォルマートの国際事業からの売上高を比較参照）。ウォルマートの国際事業単体だけの売上高で，世界小売企業ランキングの第2位のCVSヘルスの売上高に接近しており，第3位のコストコの売上高を超えているように，いかに大きな規模を獲得しているかが確認できる。

(2) ウォルマートの日本市場での戦略展開と課題

　売上高世界最大の小売企業が日本市場に進出してすでに10年以上が経過している。2002年3月，ウォルマートは当時日本の小売業界で第5位の西友の株式6.1％を取得し，包括提携を行うことで日本市場に進出した。その

24　Wal-Mart Annual Report　2015.

第 8 章　グローバル・リテーラーの戦略(1)：ウォルマートの動向とグローバル戦略

後，2005 年にその株式の大半を取得し，2008 には上場を廃止し，株式会社から合同会社に改組して完全子会社化した。そして最近になって，2015 年 11 月には，ウォルマート・ジャパン・ホールディングスは，会社の組織形態を合同会社から株式会社に変更する計画を示している[25]。当時，なぜ西友だったのかについては，ウォルマートの事情と西友の事情が影響している。

　まず，ウォルマートは 4 年間の日本市場での調査を行う過程で，すでに進出していたカルフール，コストコといった外資による食料品を扱う総合型小売企業の日本市場での苦戦を目の当たりにして，これらの企業の進出形態に不安を感じていたと考えられる。カルフールやコストコは単独進出，次章で取り上げるテスコは中堅スーパーの買収による進出であった。ウォルマートは，すでに 1993 年に日本でイトーヨーカ堂と衣料品や日用雑貨などを商品供給するための包括業務提携によって進出した歴史を持っていたが，日本の消費者に受け入れられずに撤退を経験しており，日本市場の攻略に慎重になる事情を抱えていた[26]。当時のウォルマートの国際部門最高責任者のジョン・メンザーは「ゼロから新しい店を作ろうとすれば，壁にぶち当たる」と発言していた[27]。外資小売企業の日本での市場開拓には現地の有力な小売企業をプラットフォームとして活用することで，進出国での市場開拓や競争対応へのリスクを削減しようとした。矢作はこの点を，「現地業務に対する統制水準は劣るが，リスク管理では優る柔軟な参入方式」[28]と評価している。この方式は最初に海外進出を果たしたメキシコで実験して成功を収めた方式であることから，メキシコ方式と呼ばれ，当初は合弁会社方式で参入し，段階的に現地企業に対して出資比率を引き上げ子会社化していった。西友の場合は当初資本・業務提携からの参入であったが，出資比率を段階的に引き上げる方法によって買収し，西友に経営技術を移転し経営の再建に取り組んできた[29]。

25　そのねらいとして，一般的な組織形態に改めることで M&A の推進や他社との協業を容易にするためとされている。一方でねらい通りに進まない日本市場からの撤退準備とみる見方も依然消えていない（『日経 MJ』2015 年 10 月 2 日）。
26　為広（2009），p.167.
27　『Newsweek』日本語版，2002 年 6 月 5 日号および矢作（2007a），p.277.
28　矢作（2007a），p.277.
29　田口（2010）．

これに対して，西友は当時，セゾングループの中核企業の位置にあったが，傘下のノンバンク東京シティファイナンスの多額の不良債権処理と，西友自体の業績不振に直面していた。西友は，96年には有利子負債が1兆円を超えるまでになり，優良子会社であったファミリーマートの伊藤忠商事への売却や良品計画，さらにはインターコンチネンタルホテルを売却する。それでも店舗改装などへの投資もできないほど疲弊した経営状態を背景に，経営支援を受けるために外資との提携を探っていた[30]。こうした両社の事情を背景に思惑が一致し，以前から西友が業務・資本提携を行っていた住友商事を介して包括提携が成立した。

　西友は，2015年まで6年連続で増収増益を実現できるようになった。その一方で，新店の出店計画はなく，不採算店の約30店舗の閉鎖に取り組んでいる。そうした中で，2015年5月に最高経営責任者（CEO）が後退した。スティーブ・ディカス（2011年6月就任）に代わって，2012年までユニリーバ・ジャパンで代表取締役社長であった上垣内猛が西友執行役員シニア・バイス・プレジデントを経て最高経営責任者に就任した。西友がウォルマートの完全子会社になって4人目のCEOである。トップを日本人にするのは，4年振りであるが，スティーブ・ディカス（2011年6月―2015年5月）の前は野田亨（2010年2月―2012年6月）であり，その交代のサイクルの短さからみても，あえて短期間でトップを日本人にする意図は，日本人をトップにすることで西友のウォルマート化を徹底させようとするための，わかりやすさやコンセンサスの浸透を図ろうとしているようにも考えられる。しかし，ウォルマート流の経営手法が成果を生み出してきたという評価もあるが，世界最大の小売企業がいまだに日本市場で期待したような果実を得ておらず，経営体制が目まぐるしく変わることで有力な連携相手を探れるかを依然として不安視する見方も根強く存在する[31]。

　2010年に，当時CEOの野田はインタビューの中で西友の進む方向について重要な発言をしていた。「07年にウォルマートの戦略を日本でどう着地させていくかと考え，抜本的にビジネスモデルを変えていこうと決めました。

30　田付（2010），pp.134-144.
31　『日経MJ』2015年5月29日および『日本経済新聞』2015年5月28日。

第 8 章　グローバル・リテーラーの戦略(1)：ウォルマートの動向とグローバル戦略

西友はややデパートに近いハイエンド・スーパーで，手間暇とコストをふんだんに掛けて，ある程度高い価格付けをしてお客様にサービスを提供するというビジネスモデルでした。それと決別して，『ディスカウントリテーラー』に変身しようというのが西友改革でした。私たちは価値の源泉を，①価格，②品揃え，③品質・鮮度，④利便性—の 4 つととらえています。その中で，価格と品揃えを，特に価格を最も強調するべきだと考えたのです。」[32]

　2015 年の時点で，新しく CEO に就任した上垣内は，インタビューで顧客に選ばれる小売業になることと信頼される小売業でありたいと発言し，「当社は信頼を構成する要素として，価格，品質，利便性などを重視しています。信頼を 100 とするなら，たとえば価格が 50，品質が 30，利便性が 20 というように，それぞれを店舗の商圏特性に合わせて要素をミックスし，お客さまからの信頼を勝ち取りたいと考えています。同時に，西友のプライスリーダーシップ（価格優位性）をしっかりとお客さまに伝えていくことをこれまで通り重視しています。」と EDLP の追求を強調している[33]。

　先に紹介した野田は，当時の西友のウォルマート流の取り組みの課題を幾つかの領域に分けて指摘していた。① EDLP の浸透：商品カテゴリーによってバラツキがあり，相場に左右される生鮮食料品，大型店で扱っている衣料品や住居用品，ファッション性の高い衣料品，季節性の強い住居用品には EDLP に合わないものがあり，価格以外の方法との組み合わせが必要であるという。②サプライヤーとの本格的協業：取引先のタイプとして，通常の取引先，ある程度の情報を共有する取引先，米国の P&G のようにがっぷり四つに組んでお互いに日本や世界のマーケットで成長していきたい取引先に分かれる。とくに，今後はこのがっぷり四つに組むタイプの取引先を全面的に後押ししていくことと，サプライヤーに交渉力や影響力を発揮できるように存在感を高めることが求められる。③業態・地域・部門の壁：2008 年に西友に統合されたものの，西友，サニー，エス・エス・ブイなどの会社の壁の存在とそこでの業態・地域・部門の壁を取り除いて一体化を進める必要，さ

32　野田（2010），p.14.
33　『DIAMOND Chain Store』2015 年 8 月 1・15 日号，p.58.

181

らにはウォルマート全体との一体化に向けた取り組みが課題となっている。[34]

野田の後を引き継いだディカスは，こうした課題をどの程度克服したかには触れていないが，インタビューで，西友が2014年に増収増益だった理由として，4つの戦略が働いたことを指摘していた。① EDLP とプライスリーダーシップの確立：同業他社の価格戦略がハイ・ローなのに，西友はその最安値よりも2013年で平均3.9％，2014年で4.1％価格優位性があったこと，② EDLC と生産性の向上：2012年ごろから畜産に導入していた自動補充システムによって従業員による発注作業がなくなり，人時生産性が向上したこと，顧客・商品・店舗に関する膨大なメタデータを使って OSA（オーサ：On Shelf Availability）というウォルマートの開発による売場点検システムで売れるはずの商品が売れていないなどの機会ロスを減らしたこと，③商品の品質と鮮度の改善：惣菜の充実や2014年から「ど生鮮。」というプロジェクトの開始によって，生鮮食料品のサプライチェーン全体で品質と鮮度の改善に取り組んできたこと，④快適で便利な買い物体験：店舗における利便性の向上のため必要な食品のみの短時間購入への対応，それに EC/ネットスーパー，英アズダで行っているネットスーパー専用の配送センターのダークストアの開始を指摘している[35]。

確かに，西友は「KY（カカクヤスク）」「家安（イエヤス）」「バスプラ（バスケットプライス）」さらには消費者から値下げしてほしい商品をツイッターで募る「サゲリク」，「プライスロック（特定商品の6ヵ月間の価格据え置き）」などユニークなキャッチコピーやキャンペーンで，テレビ広告やマスコミ報道を通して話題を提供してきた。消費増税が西友のこうした価格訴求には追い風になっている点は評価できる。しかし，ウォルマート流のEDLP が西友に本格的に定着したといえるかは，消費者が西友を低価格で評価することが定着の条件となっている。それも単に安いだけではなく，品質や利便性，それに買い物の雰囲気といった総合的な軸で評価されることが重要である。

西友の成功には，こうした低価格を生み出すウォルマートの仕組みの定着

---

34 野田（2010），p.17.
35 『DIAMOND Chain Store』2015年3月15日号，p.22.

第8章 グローバル・リテーラーの戦略(1)：ウォルマートの動向とグローバル戦略

の問題から提起する論点と，さらにはその価格戦略が日本の消費者や競争関係において評価される問題から提起される論点の2つが存在している。前者の論点として，矢作は西友のウォルマートの仕組みの定着について，短期と長期の課題を指摘している。まず短期的には，①「1社2システム」，②中途半端な価格政策，③品揃え形成の弱さが問題であり，長期的には，①物流・情報システムの未整備，②小売業務システムの現地化，③旧式な店舗構造を指摘している。現状は，一方的な教師と生徒の関係に止まっており，西友の内なる改革が求められていることを強調している[36]。しかし，長期的な課題としては，中小規模店舗の多さと老朽化といった本来のウォルマートの戦略には乗りにくい構造的な問題が存在しており，これから他社とのM&Aを含めて本格的に解決に取り組んでいく必要性が高い。EDLPはEDLCを前提に実現するものであるが，西友のこれまでの取り組みは価格政策としてはEDLPを謳いながら，実態は表面的な導入に止まっており，店舗オペレーションやSCMのローコスト化を条件とするほど徹底したものではなく，まだそこまで本格的に到達していない途中過程に置かれている。当初は，ウォルマート流を徹底させようとして，持ち株会社や合同会社への移行を図りながらも，奇をてらった広告キャンペーン，採算の悪い既存店の閉鎖や投資回収率の高い既存店の改装，日本型PB商品の開発（アズダ・ウォルマートの衣料品のグレートバリューは取りやめており，食料品の「みなさまのお墨付き」「きほんのき」の独自開発）などに示されるように，あくまで西友の主流の業態であるスーパーマーケットに対する既存店効率化を目指した取り組みに終始しており，直接顧客と接触するマーチャンダイジングの側面から展開されていることがうかがえる。

先にも触れたが，米国で主力業態のスーパーセンターは，日本では以前は静岡県沼津市（2004年4月）や神奈川県平塚市（2005年4月）などで実験店としてオープンし，24時間営業や店舗運営の標準化，それに自動在庫補充システムの普及など進めたこともあったが，現在の西友ではそれらの店舗を含め，そうしたポジショニングを取っていない。ウォルマートのホーム

---

[36] 矢作（2007a），pp.297-303.

ページで紹介されている西友の業態には,ハイパーマーケットとスーパーマーケットという2つのポジションが表示されており,スーパーセンターという業態は表示されていない。ウォルマートのそれぞれの国での業態の定義が明示されていないので,国ごとの業態の表示も不明確である。ちなみに,ウォルマートの先進国への進出で成功例となっている英国のアズダにおいては,もともとディスカウントを強調した小売業態であったことや店舗の規模や立地特性がウォルマートのねらうものと合致するところが多かった点で,スーパーセンターという業態での展開も行われており,西友のそれまでの企業コンセプト,店舗特性,立地条件などではウォルマートのねらいと齟齬が大きかったことが改めて確認できる(図表8-8参照)。むしろ,実態は新規にスーパーセンターのような大型店を主力に出店させていく方式ではなく,既存店舗をリストラしながらプラットフォームとして強化し活用することで,ウォルマート流のEDLPとそのための経営手法を浸透させる標準化による部分適応を模索している段階といえる。正確に言えば,西友というすでに日本で展開されているスーパーマーケットをウォルマート流の仕組みに標準化するところと,日本の現状に適応化する取り組みの模索が続いていると考えられる。

そして,日本の西友での展開において,本来ならリテール・リンクを軸にしたEDLPを実現するためのEDLCから回すべきであるが(コラム8-1参照),実際はそれが逆になっているところに大きな課題が内在している[37]。

図表8-8　ウォルマートにおける西友&アズダの業態ポジショニング

業態区分	店舗数	業態区分	店舗数
西友ハイパーマーケット	401	アズダスーパーストア	331
西友スーパーマーケット	98	アズダスーパーマーケット	196
若菜(総菜専門店)	55	アズダリビング	34
リヴィン[注]	9	スーパーセンター	32
西友GMS	1	アズダガソリンステーション	14
合計	401	合計	604

注:かつて西友運営による百貨店「西武店」からの新業態転換店。
出所:http://corpoate.walmart.com/our-story/our-business/locations/,2015年8月17日現在。

第8章　グローバル・リテーラーの戦略(1)：ウォルマートの動向とグローバル戦略

コラム 8-1：EDLP のための「スマート・システム」と「リテール・リンク」

　ウォルマートのビジネスモデルの特徴は EDLP に集約されている。それでは EDLP はどのような仕組みで実現されているのか。
　EDLP は、低価格を実現するため低い粗利益率でも利益が得られるように、仕入コストや販売管理費を徹底的に引き下げる仕組みをつくることが不可欠である。そのため EDLP は EDLC（Every Day Low Price）によって実現される。EDLP が消費者に対する対応を目指したものであるのに対して、EDLC はサプライヤーとの対応において行われる関係といえる。これを実現するツールとして、「スマート・システム」と「リテール・リンク」が利用されている。「スマート・システム」は、店舗運営費の効率化のための POS による販売データの管理、精度の高い発注と自動在庫補充を目指すものであり、「リテール・リンク」は、取引先への情報（販売・在庫）公開による商品本部のバイヤーとサプライヤーが商談する際の意思決定支援システムを内容とする。矢作によると、これらは統合情報システムとして一体的に利用されている。前者は競争相手のどこよりも効率的な店舗運営システムを構築するためのものであり、後者はどこよりも低い商品仕入コストの仕組みを実現するためのものであるという。「スマート・システム」から収集された販売データや発注データは、「リテール・リンク」によって取引先に対して、自社のデータ・ウエアハウスを公開し、有力メーカーと「ジョイント・ビジネス・プラン」（JBP）と呼ばれる協働関係を構築している。さらに、販売促進企画の共同作成等合理的な商品仕入コストの引き下げに取り組み、配送センター経由の一括納品体制を整備し、どの競争相手よりも低い販売価格が設定可能となり、顧客数が増大し、売上高が伸長する関係を確立できる仕組みとなっている。「スマート・システム」と「リテール・リンク」はウォルマートの情報システムの基幹をなしており、この情報システムと連動して商品の移動や保管を迅速かつ的確に行うための物流システムが一体となったサプライ・チェーンの運営がウォルマートの競争力の源泉となっている。EDLP によるプライス・リーダーシップの発揮は売上高を増加させ、在庫削減と売場効率の改善努力をもとに低コスト化と高収益を生み、資産と設備投資の効率が上がり、その成果をさらにコストに反映させ、そしてまた価格を下げるという好循環を「生産性ループ」と呼び、ウォルマートの最近の「プロジェクト・インパクト」でも改めてこの生産性ループを強調している。
（参考文献）矢作（2007a）p.282；田口（2010）pp.33-34.

当初導入されたものは，直ぐに取り込める表面的な部分であったし，現在までその取り組みが継続しているように考えられる。

そして最大の問題は，こうしたEDLPが消費者にどのように受容され，評価されているかという点である。さらにいえば競争関係の中でEDLPを消費者がどのように評価しているかという点である。これまで西友のCEOだったディカスは，EDLPの浸透について，「この戦略は非常に受け入れられ，成功している。マーケットリサーチを見ると，西友の価格の安さの認知は毎回上がっている。」と評価し，同じインタビューでの説明で，「クオリティを上げることにお客さまのニーズがあり，同時に価格の安さも認められ続けている。」そして続けて「どのグループのお客さまの目的を満足させるのかをはっきり理解した上で，そこに集中しきることが成功のポイントだと思う。われわれの差別化は，バリュー・フォー・マネー，お買い得感だ」と重要な指摘を行っている[38]。インタビューの中で西友の核心に触れるCEOの発言と思えるところを紹介したが，西友のウォルマート化が目指す方向が示唆されているように思える。

ここで問われているのは，西友のウォルマート化の方向についてである。それが消費者にとってどのように受容され定着するのかということである。ウォルマートが，これまで日本市場で業績低迷してきた理由は，宮﨑によると，ウォルマートをめぐる複数の業界誌の論調は，日本市場の調査不足，ウォルマートの手法を押し通す傲慢な姿勢，西友との経営陣のコミュニケーション不全，卸を媒介とした間接取引を中心とした流通構造，独自の食文化を持つ日本の消費などへの適応の失敗などを指摘しているが，このような捉え方には，ウォルマートが適切な適応行動を取っていれば成功していたという暗黙の前提が置かれているという[39]。

しかし，特徴的な業態や経営技術の移転あるいは複製を実現することと，当該市場において市場シェアを獲得することを区分して考えるべきであり，これはたとえ移植に成功しても，現地市場において，とくに先進国市場では

---

37 今井（2003），p.64.
38 『販売革新』2014年9月号，p.60.
39 宮﨑（2009），pp.209-210.

第 8 章　グローバル・リテーラーの戦略(1)：ウォルマートの動向とグローバル戦略

多くの競争者との競り合いの中で競争に勝利するだけの優位性を発揮しているかどうかが重要となっていることを強調している。ウォルマート＝西友が日本で苦戦している主要な理由を効率性と有効性（効果性）の関係で指摘している。つまり，日本の特徴的な小売企業が商品の品目数や鮮度というマーチャンダイジングの有効性を優先し，そのためのロジスティクスを前提とするのに対して，ウォルマート＝西友は少品種を大量に低価格販売するために，積載効率を重視した低コストのロジスティクスを追求することで効率を優先しており，現状では有効性を重視する日本の小売企業に対して，効率性を優先する戦略が苦戦している点を明らかにしている。先行研究に対する理論的な文脈の中での問題提起ではあるが，ウォルマートが日本市場において，既存の日本の小売企業のシステムに対してどのように優れているのかを競争関係の中で実証する必要性を問いかけている[40]。このことは，消費者のニーズや文化的な要素とともに，先進国での展開にはとくに現地小売企業や外資小売企業間での競争関係によって成果が影響を受けるという点をもっと重視しておく必要がある。この点は先の第 2 節で問題提起されていたコースジェンスとラルによる③における地元小売企業との競争とどのように差別化して戦っているかという論点にも共通している。

　あえて，ここで比較のためにコストコの展開方向を検討しておこう。コストコは，ウォルマートに先立つ 1999 年に福岡県久山町に 1 号店をオープンし，米国以外の海外展開としては日本を含め 8 か国に 675 店舗を進出しており，日本では現在 24 店（2016 年 1 月現在）を展開している。総店舗数の 3 割が米国外に出店している。同じように米国から日本市場に進出してきたものの，進出当初は本国での標準化の展開が有効に機能しない時期が続いたが，近年ではマスコミによるパブリシティを活用した商品情報の提供や会員制のメリットの浸透などにより，むしろ「標準化の中の部分適応」では「標準化により近い」戦略を採用して成長のチャンスを獲得するようになってきた。確かにコストコとウォルマートは業態が異なっており，コストコは卸売業と小売業を同時に行っているだけでなく，会員制という条件で顧客の利用を求

40　宮﨑（2009），pp.215-225.

めている点でウォルマートとは大きく異なっている。また日本進出の経緯も同じレベルでは比較できない。ウォルマートはすでに日本で展開されていた西友という総合スーパーやスーパーマーケットからなる中規模の店舗が主流の上物を利用して，ウォルマートの経営の技術とシステムを移植しようとした。それに対するコストコは倉庫のような形をした店舗で会員制のホールセールクラブであり，顧客はビジネス会員と一般会員から成っており，日本での展開は単独進出方式であり，米国発の店のコンセプト自体，日本人にとって比較的新しいイメージがあり，店舗も新たに立地・建設される形で出店している[41]。それでは何が比較の対象になるのかというと，消費者と競争環境の2つの側面での両社の比較である。コストコの成長要因は，「日本参入に当たって，日本の商習慣に妥協しなかった」こととまで言われている[42]。売場や店舗外観は米国とほぼ同じ作りになっており，会員証も世界中どこのコストコの店舗でも利用可能であり，日本の商品も取り扱われているが，ブランド品やPB商品も，フードコートでのホットドッグに至るまで米国と同じ品揃えで構成されている[43]。

　しかも「オペレーションは，世界中のコストコが同じものを使っている。商品も米国から持ち込んだものが多い。約4割が海外の商品で構成されている（日本支社長のケン・テリオ）。」[44]というように，マルチナショナルの小売企業としては標準化のウエイトが大きいことで特徴を発揮してきた。

　主たるポイントは，日本の消費者にとって会員制による買い物行動という特徴が功を奏していることである。一見，消費者には会費は不利に働くように思われるが，他の小売店では手に入らない魅力的な商品がある限り，またそうした商品が低価格設定（ただしボリュームディスカウント）されている限り，会費を払ってもリピートする傾向が生まれた。少子化や核家族化で大

41　日本でも，1992年から2002年まで，ダイエーがウォルマートのサムズクラブ（Sam's Club）をモデルに，創業者の中内㓛の名前を使ってコウズ（Kou'S）という会員制のホールセールクラブを展開したことがあったが，当時としては大容量の販売，品揃えの粗さ，日本的取引慣行などで，消費者のニーズやライフスタイルに合わず定着することはなかった。
42　佐藤（2009），p.21.
43　『THE COSTCO CONNECTION』Vol.2, No.3, 2015, p.7.
44　『日経ビジネス』2010年8-9月合併号，pp.26-31.

第8章　グローバル・リテーラーの戦略(1)：ウォルマートの動向とグローバル戦略

容量の販売は日本の時代に逆行しているようにも思われるが，中身や味のわからない大容量の新しい食品には試食を徹底させ，購買抵抗を低める工夫がなされている。一家庭では食べきれないが，それでもここでしか買えない欲しい食品などは気の合う主婦同士のグループ買いが行われ，レジでの精算後の商品の分配やシェアが普及しており，新しい買い物スタイルとして支持されている。他の小売店ではその値段では買えないような大容量の食品や日用品，それに家具やブランド品など，カークランドシグネチャーブランドというコストコのPBの品揃えもあり，ほぼ定番の品揃えに加えて，季節性の高い商品やメーカーの新発売イベントなど，宝探しの楽しさを提供することで合理的な買い物と広い売場を買い回る発見の楽しさを含め一般会員の顧客経験を重視している。

　競争環境から言えることは，日本国内の小売企業でコストコと類似したコンセプトと価値提案をする小売企業が限定されており，日本にはない独自の販売方法と低価格が一体となって，特徴のあるビジネスモデルで差別化している点である。業態やビジネスモデルの違いは，同じ土俵で競争することを避けられる面もある。しかし，逆にこれまでこの会員制のホールセールクラブの業態はライバル以上に，消費者にわかりにくい存在であった。そのため定期的にマスコミを利用したパブリシティ，雑誌，店内で配布するチラシ，SNSなどで，店内や商品について絶えず存在を認知してもらい会員を獲得する努力が求められるという，他の小売企業にはないマーケティング面の苦労もある。

　ここでは，ウォルマートの展開方向とコストコの展開方向の関係についてまとめておこう。ウォルマートもコストコも，「標準化の中の適応」におけるバリエーションが問題の焦点をなしていると考えられる。コストコは，米国で確立した業態を標準として日本の市場にも浸透させようとし，米国のライフスタイルをテイストに日本では手に入りにくいもので，その国の消費者が欲しがる商品を愚直に品揃えし低価格で提供している。その意味では，効率性に徹するだけではなく，品揃えのユニークさ，発見の楽しさや顧客経験という有効性にもこだわった戦略が展開されているといえよう[45]。西友は，ウォルマートが本国で成功してきたEDLPモデルを通して消費者に経済的

な節約と，最近はさらに時間的な節約も併せて訴求するようになっている。その意味で，経済的な格差や景気の浮沈に依存する割合が高い。この点で日本の景気低迷や不況が長期化し，ロワーミドルや貧困層が拡大するほどEDLPモデルが支持される可能性が高まるということもできる。しかし，景気の低迷や節約だけに価値を限定しない日本の消費者の行動パターンが持続する場合は，低コストや低価格ではない，魅力のある品揃え，希少性，クオリティ，安心感，使いやすさといった有効性が大きな役割を果たすといえる[46]。とくに西友の日本市場で置かれたポジションはきわめて熾烈な競争環境にある。この点で，コストコとはかなり異なった立場に置かれている。西友は食料品を中心に衣食住薬など広い品揃えでほぼ年中無休や24時間営業などの展開は，日本の総合スーパーや食品スーパー，それにコンビニや衣料品専門店やドラッグストアなど多くのライバルと競合する範囲も広い。ウォルマートのEDLPを軸に進める場合，何を標準化し何を適応化するのかという面で，まだその方向が明確になっていないように思われる。標準化の軸であるEDLPを徹底させる場合，これまでの章でも論じてきたようにバックシステムとフロントシステムの統合が十分に行われることが課題となっている。さらにEDLPによって提供される中身が効率性だけなのか，有効性との統合がどのように果たされるのかが問われている。日本では何かを犠牲にした安さでは消費者が納得しない状況がある。先に紹介したディカス前CEOの発言で「クオリティを上げることにお客さまのニーズがあり，同時に価格の安さも認められ続けている。」[47]ということが，西友の成功条件としてまさに実現されることが求められている。

　これまでも前の章で論じてきたように，流通イノベーションのねらいは，低コストや低価格を実現するための効率性の達成と，商品の品質や鮮度それ

45　『食品商業』2014年3月号．pp.63-64；佐藤（2012），pp.16-21．
46　ウォルマートがEDLPだけでは日本で成功しない理由について，山中は，「食文化を中心に，日本の消費者が季節性を重視し鮮度の良い旬の素材を楽しむ行動をとる傾向にあり，それを支援する店頭プロモーションの役割に十分な理解が行われてこなかったことも原因の一つといえる。」という指摘を行っており，日本の消費者のどの部分を重視するか問いかけられている（山中，2015，p.26）。
47　『販売革新』2014年9月号，p.60．

第 8 章　グローバル・リテーラーの戦略(1)：ウォルマートの動向とグローバル戦略

に品数の豊富さや買い物の利便性など有効性の達成の両方を同時に提供できることであり，その同時達成こそが消費者にとって理想の小売企業のビジネスモデルとなっている。消費者が期待を超えた感動や顧客経験を実感するのも，この同時達成に基づいている。ウォルマートが日本市場に EDLP という流通イノベーションを提供してきた功績は高く評価できる。しかし，そもそも消費者は，グローバル・リテーラーであれ，地域に限定して営業している小売企業であれ，効率性と有効性を同時に提供できるバランスを求めているのであって，それを実行できる企業であれば出自や国籍を問わず，支持するという関係を示唆している。

＊本研究は，専修大学研究助成　個別研究，平成 24 年度「グローバル・リテーラーの経営戦略：日本と新興国市場での展開の特徴と課題」ならびに平成 25 年度「グローバル・リテーラーの経営戦略：先進国での成長制約と撤退原因」の研究成果の一部である。記して感謝申し上げる。

第9章
グローバル・リテーラーの戦略(2)：
テスコの動向とグローバル戦略

1．テスコの経営戦略とグローバル展開

　テスコはフォーチュン誌のグローバル500の中で小売企業売上高ランキング（2015）では，米国のCVSヘルス，コストコ，クロガーに続いて第5位にランクされており（第8章の図表8-2参照），英国国内では最大の売上規模を持ち，全食料品市場での3分の1を占めており，後に詳しく述べるように海外では10か国以上に進出している。テスコはどのようにして日本市場を目指したのか，英国での実績はどのように活用されたのかなどを検討していこう。

(1) テスコの国内市場での成長とグローバル戦略

　テスコの歴史は，創業者のジャック・コーエン（Cohen, Jack）が1919年にロンドンのイーストエンドで露店の食料品販売を行ったことからスタートした[1]。1924年にはテスコという社名で営業している。テスコという社名の由来は，紅茶のサプライヤーであるパートナーのT. E. ストックウエル（Stockwell, T. E.）の名前とコーエンの名前のイニシアルをもとに考案された。テスコ・ティーという最初のPBになる自社ブランド（own brand）を販売している。1920年代の高い失業率を背景に食料品を低価格で販売する店が支持されるようになり，コーエンは露店ではなく定住店に関心を持つようになり[2]，1929年にはロンドンの北部，エッジウエアにあるバーントオークにテスコの1号店をオープンしていた[3]。

1　TESCO History（http://www.tescoplc.com/index.asp?pageid=11）.
2　Sparks（2008），p.54.
3　TESCO History（http://www.tescoplc.com/index.asp?pageid=11）.

1930年代から1940年代においてコーエンはロンドン周辺の人口増加に対応する形で大量の土地を購入し，小規模店舗のチェーン化を進め，商品調達と供給のための倉庫，それに本社設置の不動産を手当てする。39年にはすでに店舗数が100店舗を超えるまでに拡大している。英国では1890年代以降から小売業にも株式会社化の動きが見られたが，1932年に有限会社，1947年にはテスコ株式会社としてロンドン証券取引所に株式を上場している。テスコは資本市場から低コストの資金を調達し，その後の発展のため資金面での基盤を確立することになった[4]。コーエンは第二次大戦後，米国のセーフウェーやA&Pへの視察調査を行いセルフサービス方式による大規模なスーパーマーケットの発展に触発され，48年にハートフォードシャーのセント・アルバンスにテスコ最初のセルフサービス店をオープンした。それからほぼ10年後の1958年には，エセックスのメルドンに最初のスーパーマーケットをオープンした。しかしチーズ，バターそれに肉については顧客の必要量を聞いて販売するため店員による対面サービスを組み合わせて展開していた[5]。米国での小売業の業態イノベーションの影響は，テスコに限らず，戦前・戦後を通じて英国の小売業に大きな影響を与えていたことがわかる。ちなみに1898年創業のマークス&スペンサーの場合も，当初は米国のバラエティストアをモデルとして学んでいたし，1909年には米国のウールワースがリバプールに進出していた。戦後にはセインズベリーでも1949年の米国スーパーマーケット業界視察を通して食料品の販売にセルフサービスが重要な役割を果たすことを認識し，翌年からスーパーマーケットをオープンさせていた。さらに1962年には米国からセーフウェーがロンドン南部に進出するなど，米国資本の進出も英国のスーパーマーケットの普及に影響力を及ぼした[6]。

　コーエンは，すでに1950年代と1960年代には，独立の食料品店やスーパーマーケットチェーンの買収を積極的に進めることで店舗数を増大させる戦略を採用しており，1960年にはイングランド北部のアーウインの店舗を

4　田口（2004），pp.42-43.
5　TESCO History (http://www.tescoplc.com/index.asp?pageid=11)；外川（2000），pp.44-45.
6　Alexander（2007），p.82.

第 9 章　グローバル・リテーラーの戦略(2)：テスコの動向とグローバル戦略

212 店舗買収した。それと同時に英国全土でテスコの店舗では食料品のほかに家庭用品や衣料品を販売し，品揃えの範囲を拡張し始めた。68 年には，西サセックス，グラウリーでオープンした店舗について，初めてスーパーストアという用語を使用した。規模は 4 万平方フィート（約 3700 平方メートル），食料品と非食料品の販売が行われた[7]。

しかしコーエンは，きわめて企業家精神旺盛で精力的に買収を行うことで店舗数の増加を図るが，その中には店の規模が小さく，経営状態が劣悪で，新規のセルフサービスには不向きな店舗が見られ，それと彼の我が道を行くやり方と他の取締役との対立などが続いて，経営は必ずしも順調に発展してきたわけではない。1970 年代中期には，テスコの店が小規模でみすぼらしく，魅力に欠け，イメージが時代遅れで統一性がないという消費者の評価から企業のポジションが見直される[8]。そこで，後継者たちの改革への取り組みによって，それまで不統一に拡大してきた販売方法，店舗，商品調達，在庫などを中心に徹底した事業の近代化を進める。すでに先行していたセンズベリーをベンチマークし，そのビジネスモデルを模倣して効果的な品揃え，合理的なサプライチェーンや仕入れ，オウンブランドやスーパーストア業態の強化などが推進された。その結果，1980 年代にテスコは近代的な経営の基礎を構築したといわれる。1973 年にはハートフォードシャーのチェスハントに新しい本社を開設している[9]。

これまでのスーパーマーケット，スーパーストアに続いて，1994 年にはテスコエクスプレスをロンドンにオープンし，同年にはハンガリーにおいて地元の S-Market's の 26 店舗を買収して，本格的に国際ビジネスに参入する。さらに同年には英国小売業で売上高トップのセインズベリーを追い抜くまでになった。これには 1994 年にスコットランドの食料品小売企業ウイリアム・ローの買収で，セインズベリーとの入札競争に勝利したことが貢献したといわれている[10]。

7　TESCO History（http://www.tescoplc.com/index.asp?pageid=11）.
8　Sparks（2008），pp.57-69.
9　同上；TESCO History（http://www.tescoplc.com/index.asp?pageid=11）.
10　Evans and Mason（2015），p.21；Sparks（2008），p.70.

ここで，テスコの成長を支えてきた戦略の特徴について幾つかの視点から検討してみよう。これらはテスコの成長のためのビジネスモデルを構成するものである。

(2) テスコのビジネスモデル
　① 多業態（マルチフォーマット）戦略：1990年代にマーケティング・ディレクター，後にCEOに就任するテリー・リーフィ（Leahy, Terry）の経営手腕によってテスコは新たな飛躍を迎える。現在のテスコのビジネスに対するイメージはこの時期に作られたといっても過言ではない[11]。テスコのハイストリート（中心市街地）に立地の軸を置いていた店舗展開は，英国の人口の郊外移動や車による買い物の普及によってライフスタイルやニーズが多様化してきた。こうした背景の下で，より大きな規模のスーパーストアが中心市街地から離れた市周辺部や郊外で開発されるように戦略の重点が移っていく。単にメーカーの食品だけでなく，自社ブランドの食品の訴求，衣料品や家庭用品，さらにはガソリンスタンドの併設など食品と非食品を幅広く品揃えし，ワンストップショッピングの効果を高めるために業態イノベーションが導入されていく。1980年代からのサッチャー政権の規制緩和政策は，小売業の投資を促進した。とくに製造業などの基幹産業が衰退・停滞した地方都市の郊外や都市周辺部には，大型店やショッピングセンターの出店が活発に行われ，地域経済の活性化を図ろうとしていた。スーパーストアの規模よりもさらに大きな売場面積を持つエクストラ（テスコではハイパーマーケットをエクストラと表現する）の立ち上げも行われている。

　しかし，こうした大型店の出店の加速は，逆に中心市街地を疲弊させることになった。しかも1980年代末期には英国の食料品小売流通は少数のチェーンベースの大型小売企業によって寡占的な市場構造が形成され，他のEU諸国に比べて食料品の値段が高くなったという不満が提起されていた[12]。

11　Sparks (2008), pp.69-73.
12　Clark et al. (2002), p.154.

第 9 章　グローバル・リテーラーの戦略(2)：テスコの動向とグローバル戦略

　サッチャー政権の規制緩和政策から一転して，メージャー政権になって以降，疲弊した市町村のタウンセンターの活性化や再生に関心が向けられ，大型店への規制が強化された。1991 年に制定された「計画および補償法」（Planning and Compensation Act, 1991）では，小売業の新設や改築に関するあらゆる行為を市町村の許可に委ねるマスタープラン策定が義務づけられ，次第に大型店に対する規制となって新設店舗の建設にブレーキがかけられ，既存店舗の改装や拡張に向かわせるように働き出した。その後に何度かの法改正（2005 年の PPS6）を通して，中心市街地活性化のためのタウンセンターマネジメント（TCM）への取り組みや郊外の小売開発を規制する自治体による誘導が強く推進されている[13]。国内でのチェーンベースの大手小売企業は，規制の枠内で業態を幾つかに細分化する戦略を採用し，立地条件に合わせた小型の業態の多様化を進めるようになった。テスコはその最も先行した企業となった。買い物客や地域コミュニティのニーズの変化，行政の開発許可の取得の制約，適地の不足やコストアップ，地元小売業者の出店反対運動などを背景に，ハイストリートでの既存店の見直しが行われる。テスコは 1992 年にハイストリートの買い物客やコミュニティのニーズに応えるためにシティーセンターストアとして，メトロをオープンし，さらに続いて品揃えを絞り，ローカルコンビニとガソリンスタンドを組み合わせたエクスプレスを導入していく。それによって売場面積と品揃え，それに立地条件の面で，市場を細分化し，実に多様な小売業態を展開する。そのためハイストリートに出店していた既存のスーパーマーケットの新しい業態への転換を進めるとともに，さまざまな業態の導入によって新たな市場のチャンスを作り出すことにもなった。テスコがこれまで手がけた業態として，エクストラ，スーパーストア，メトロ，エクスプレス，ホームプラス，ワンストップ，さらにネット関連のテスコ・ダイレクトやテスココム，それに撤退したが米国では独自の業態としてフレッシュ

13　PPS6 とは，Office the Deputy Prime Minister, Planning Policy Statement 6: Planning for Town Centres, 2005 の略であり，政府の小売開発に対する指針ともなっている。この歴史的な変遷と最近までの特徴については南方（2013），pp.172-175 に詳しい。

&イージーという小型スーパーを展開していたように，さまざまな用途に適した業態イノベーションを行ってきた。こうしたフロントシステムの業態のイノベーションに対して，バックシステムの物流改革として従来の物流慣行であった取引先がテスコの配送センターに届ける方式から，取引先から各店までの自社物流への切り替えによる配送コストの削減や，99年からはTIE（Tesco Information Exchange）と呼ばれる取引先への販売データの公開による合理的な仕入れの促進，それによる在庫削減や低価格と高い利益率の達成を推進してきた[14]。

② ブランド戦略と経営多角化：リーフィは，マーケティング面からブランド戦略にも着手していた。これまでテスコは，商品をうずたかく積み上げ，安く売るという低価格戦略によってマーケットシェアの拡大を図ってきたが，こうした安売りのイメージから脱却するために，企業イメージとして「どんな小さなことでもお客様のために」という顧客サービスを強調したスローガンを訴求しテスコのイメージを切り替えた。さらに顧客の望む条件に適合したブランド展開として，3層構造の製品ブランドを立ち上げたことである。それは，バリュー，テスコ，それにファイネストのPB商品としての自社ブランドを展開することで，広い範囲でさまざまな顧客の要望に応えようとした。このねらいは単に顧客への対応だけがねらいではなく，リドルやアルディといったディスカウントの小売企業と，ウエイトローズやマークス＆スペンサーのような高品質志向の顧客をターゲットにした小売企業との競争に対抗するためにも重要な役割を発揮した[15]。それ以外にも，さまざまな広い範囲の顧客のニーズをフォローするために多様なサブブランドを開発してきた。オーガニック，ヘルシーリビング，テスコキッズなど細分化されたブランドを提供してきた。

こうしたテスコブランドが市場浸透するにつれて，テスコは非食品分野を扱う小売業態に多様化しただけでなく，小売事業以外の分野にも多角化を進めた。1997年にはロイヤル・バンク・オブ・スコットランド

14　田口（2004），pp.44-46.
15　MarketLine Case Study（2011），pp.2-12.

第9章　グローバル・リテーラーの戦略(2)：テスコの動向とグローバル戦略

との合弁会社によって個人向けの金融事業へ拡張を図る。後に 2008 年には，合弁相手の株式も買い取り，テスコ銀行というブランドが付けられた。2003 年にはテスコの知名度と店舗網を活かした通信事業としてテスコモバイルと O2 との合弁事業が展開されている。これをもとにホームフォンやブロードバンドビジネスにも参入している。96 年には EC 事業に参入し，2000 年にはテスコ・ドットコムを設立し，本格的な事業展開に入っている。家電や家具など非食品の分野を扱う「テスコ・ダイレクト」，食料品や日用品を扱う「テスコ・グローサリー」「テスコム」といった複数のサイトを展開している。

③　テスコカード戦略：現在はテスコの経営の中核となっているロイヤルティカード，テスコクラブカードが 1995 年，他社に先駆けてリーフィによって導入された。このカードのねらいは，利用金額に応じたポイント還元によって顧客を優遇すること，さらにそこで得られた顧客の情報をテスコのすべての企業活動に積極的に活用することの 2 点が設定されている。クラブカードを開始して，走りながら完成度を高めていき，購買履歴の分析の仕組みとその結果を活用する仕組みを共に進化させてきた。クラブカードは，英国の人口の約 28％に当たる 1600 万人の会員にまで普及し，テスコの多業態の店舗で使用され，韓国，中国，タイにまで拡大している[16]。収集された購買履歴データはダンハービーという子会社によって分析され，顧客が何を買い，何を買わないのかをマーチャンダイジングに役立て，無駄なプロモーションを排除して効果的な展開をガイドしたり，顧客理解を通して企業の全般的な意思決定のインフラとして位置づけられるまでになっている。

　　ライバル企業は当時，このクラブカードには懐疑的であった。次第にその威力に気がつき，セインズベリーやセーフウエーも同じようなカードを導入するが成功しなかった。それは顧客情報の収集まではできても，その先の顧客データを活用することができなかったからである。セーフウエーはそのことでカードを廃止した。セインズベリーはネクターと呼

---

[16] 『DIAMOND Chain Store Age』2013 年 6 月 15 日号，pp.54-55.

ばれる協同の組織に入ることでそれまでのカードを廃止した。テスコでは，顧客がテスコのクレジットカード，テスコモバイル，テスコホームフォン，テスコブロードバンド，テスココムなどで支払う場合もポイントを集めることができ，テスコのさまざまな業態のすべての店舗，それに提携しているホテル，ガソリンスタンド，レンタカーなどでも利用できる。このようにテスコは，クラブカードによって顧客のトレンドを明確にでき，顧客セグメントに効果的なメールを送ってマーケティングをカスタマイズすることができ，顧客のロイヤルティを高めることでライバルと差別化を進めた[17]。

④ 国際化戦略：テスコは，カルフール（69年ベルギーから開始・2010年撤退）やウォルマート（1991年メキシコからスタート）に比べて海外進出は後発であるが，実はすでに78年代に現地企業を買収してアイルランドに進出し，現地適応が不十分であったことにより撤退を経験している。1993年にはフランスのカツーを買収して進出するが，フランス国内での出店規制が強化されたこともあって業績が思うように伸びず，1998年にプロモデスに売却している。ここでテスコはカツーで展開されていたハイパーマーケットの運営経験を学習することで後の国際展開に活用していくことになる[18]。しかし，テスコは自社のホームページでの海外展開の歴史の紹介ではあえてこの近隣市場をねらった２つの失敗例には触れずに，海外進出の第１号を94年のハンガリーへの進出からと位置づけている。フランス進出のケースを含めて，1990年代半ばから海外展開が推進される背景には，プッシュ要因として国内の不況，少数の大規模小売企業による食料品市場シェア集中，それによる大規模小売企業間の競争の激化，郊外での大型店出店規制，自社で創出した多業態に関する海外での競争優位性の自信や経営者の海外進出意欲などが影響していたと考えられる。これに対して，プル要因としては東ヨーロッパの市場経済化やアジア市場の成長性，EU経済圏の拡大，テスコの先進的な業態や経営ノウハウを求める新興国の地元小売企業の存在，さら

17　MarketLine Case Study（2011），pp.5-9.
18　矢作（2007a），p.255.

第 9 章　グローバル・リテーラーの戦略(2)：テスコの動向とグローバル戦略

には先進国市場での未開拓な業態導入のチャンスなどが想定されていた。

近隣市場での失敗から新興国市場に焦点を当て，ハンガリーへの進出に続いて，ヨーロッパではほぼ矢継ぎ早に 1995 年ポーランド，1996 年チェコ，スロバキア，それに 1997 年にアイルランドに再進出，2003 年トルコへと参入している。アジアでは 1998 年にタイへの進出を皮切りに 1999 年韓国，2000 年台湾（2005 年撤退），2002 年にマレーシア，そして 2003 年には小売流通が発展している日本（2012 年撤退），2004 年中国，さらには 2007 年には最も小売流通が発展している米国（2013 年撤退）への進出と続いてきた。2009 年にはインドに，総合小売業への参入規制のため卸売業としての参入を行っている。英国と海外の国別の年度ベースの店舗数の推移は図表 9-1 に示している。2015 年のアニュアルレポートでは，グループの売上の中で英国は 69％のシェアを有しており，アジアが 15％，ヨーロッパが 14％，テスコ銀行が 2％ほどの構成となっており，海外でのシェアは 30％弱にとどまっている（図表 9-2 参照)[19]。テスコの国際化戦略は，ヨーロッパ地域からスタートしたが，現在ではアジア地域の成長が顕著である。とくにポーランドやハンガリーで獲得したハイパーマーケットの知識を英国国内にフィードバックし，さらにその学習を踏まえてタイへ移転し，さらには韓国においても当初ハイパーマーケットの大型店を中心に，その後次第に小型店を含むマルチフォーマット戦略を取り入れ，店舗数と売上を伸ばしてきた[20]。しかしアジアや米国での戦略がすべてうまくいったわけではない。台湾，日本，それに米国では撤退を余儀なくされ，中国では現地企業への事業譲渡による縮小が実施されるなど，国際化事業は決して順調に進んでいるとはいえず，テスコにとって国際化は国内市場の成熟をカバーできるほど容易ではない。この点では，ウォルマートの全売上高に占める国際事業のシェアは 29％程度なので，国際化の進行という点では類似しているようにも見えるが，すでに前章で触れたようにウォルマートの国際事業で獲得する金額の大きさは先に示したフォーチュン誌の小売業世界ランキングで第 3 位のコストコを追い越し，第 2 位の CVS ヘルスの売上と並ぶほどの巨大さである。テスコの海外

19　Tesco Annual Report 2015.
20　Dawson and Mukoyama（2014a), pp.23-24.

図表 9-1　テスコ　国別店舗数

業態別	年度		
	2013	2014	2015
エクストラ	238	247	250
ホームプラス	12	12	11
スーパーストア	481	482	487
メトロ	192	195	191
エクスプレス	1,547	1,672	1,735
ドットコム	5	6	6
テスコ合計	2,475	2,614	2,680
ワンストップ	639	722	770
ドビーズ	32	34	35
英国総計	3,146	3,370	3,485
海外展開（進出年度）			
マレーシア（2002）	47（H）	49	54
韓国（1999）	133（H）＋298（その他）	433	425
タイ（1998）	149（H）＋1,284（その他）	1,737	1,759
台湾（2000）			
日本（2003）			
中国（2004）	117（H）＋14（その他）		
アジア計	2,131	2,219	2,238
チェコ（1996）	86（H）＋148（その他）	211	209
ハンガリー（1994）	118（H）＋98	220	209
ポーランド（1995）	82（H）＋364（その他）	455	449
スロバキア（1996）	62（H）＋74（その他）	150	155
トルコ（2003）	56（H）＋135（その他）	192	173
アイルランド（1978, 再進出 1997）	13（H）＋129（その他）	146	149
ヨーロッパ総計	1,507	1,374	1,344
米国（2007）	―		
国際総計	3,638	3,593	3,582
インド（2009）	卸売業		
	（H）：ハイパーマーケット		

出所：TESCO Annual Report 2013-2015.

第9章　グローバル・リテーラーの戦略(2)：テスコの動向とグローバル戦略

図表9-2〔1〕　売上高とグループ別構成の推移（単位：£m）

	2011年c	2012年d	2013年	2014年	2015年e
売上高a	67,074	71,402	70,712	70,894	69,654
グループ収益b	61,174	64,541	63,967	64,149	62,996
英国	40,766	42,803	43,582	43,570	43,573
ヨーロッパ	9,192	9,866	9,319	9,267	8,515
アジア	9,802	10,828	10,045	10,309	9,884
米国	495	—	—	—	—
テスコ銀行	919	1,044	1,021	1,003	1,024

図表9-2〔2〕　営業利益とグループ別構成の推移（単位：£m）

	2011年	2012年	2013年	2014年	2015年
グループ営業利益	3,714	3,969	3,525	3,315	1,390
最終損益	2,671	2,814	24	970	−5,766
英国	2,504	2,478	2,272	2,191	467
ヨーロッパ	527	529	329	238	164
アジア	605	737	733	692	565
米国	−186	—	—	—	—
テスコ銀行	264	225	191	194	194

a：IFRIC13（Customer Loyalty Programmes）を除きVAT（Value Added Tax）を含む
b：IFRIC13（Customer Loyalty Programmes）を除く
c：日本を除く
d：日本と米国を除く
e：53週
出所：TESCO PLC Annual Report and Financial Statements 2015.

売上高シェアはこれまで拡大基調にあったが，最近になるほど売上高や営業利益に勢いがなくなっている（図表9-2〔1〕および9-2〔2〕参照）。

2．テスコの日本市場での戦略展開と撤退上の問題点

(1) 日本市場への参入方式と現地適応化戦略

テスコは，2000年から始めた日本での調査の結果，2003年6月に日本の中堅スーパーのシートゥーネットワークを株式公開買い付けで買収し，日本

市場への参入を行った。2000年6月に大店法が廃止され大型店の出店環境が整っていたことも影響している。カルフールの日本市場進出から遅れること4年、ウォルマートに遅れること1年3か月であった。当時は、すでにウォルマートの日本市場参入時にも述べたように、テスコの参入当時も、先発組のコストコ、カルフール、それにウォルマートといった外資系の生鮮食料品も扱う総合型小売企業は日本市場できわめて苦戦していた。矢作によると、テスコの海外進出の特徴は、①進出方式においてヨーロッパとアジアにおいていずれも現地の小売企業を買収するM&Aもしくは現地パートナー企業との合弁会社の設立によって、現地市場のニーズ、人材、知識、商慣行を把握し、経営ノウハウの迅速な移転を図ろうとしたことである。また②海外での戦略展開において柔軟な業態戦略を進めることで、本国の主流業態にこだわらずに、現地の市場状況に適合した業態を選択して現地化戦略を徹底させてきたことがあげられる[21]。

このことは、①コストコやカルフールの単独進出と異なって、またウォルマートの現地パートナー企業の段階的買収とは違って、むしろ直接的・全面的に買収することで、日本市場への迅速な適応を図るためにリスクを減らそうとした。また②日本の小売環境はすでに国内の大規模な総合スーパー、食品スーパー、コンビニエンスストア、それに外資系総合小売企業などがきわめて競争的な関係で存在しており、鮮度、少量多頻度購買、それに利便性にこだわる消費者をめぐって熾烈な競争を繰り広げていた。本国での主流業態である大型店のスーパーストアやハイパーマーケットとしてのエクストラを日本で展開しても成功の目途を確信できなかった経営陣は、日本の小売市場の分析からむしろ小型店に事業のチャンスを見出そうとした[22]。すでにカルフールがハイパーマーケットという独自の業態で参入するも、国内の総合スーパーとの差別化ができずに苦戦していたことや、1980年代末に日本ではダイエーがカルフールを手本にハイパーマーケットを導入して失敗したことも影響していたと考えられる。その結果、買収先となったのが当時それほど有力な買収候補を見い出せない中で、比較的業績が良好だった中堅スー

---

21 矢作（2007a）、pp.254-258.
22 『日本経済新聞』2003年6月11日.

第9章　グローバル・リテーラーの戦略(2)：テスコの動向とグローバル戦略

パーのシートゥーネットワークの選択であったといえる。

　日本進出に際して，テスコのアンドリュー・ヒギンソン財務担当取締役（当時）は，シートゥーネットワークを選択した理由について，「カシの大樹も小さなどんぐりから育つ」という英国の諺にたとえ，「収益を上げている中堅企業を買収して参入するケースはなかった。その点で他の大手外資とは異なる。シートゥーネットワークの経営能力は高い。顧客の声を店づくりや品揃えに反映できれば，複雑な嗜好を持つ日本の消費者も取り込むことができる。」と買収企業の役割に期待し，出店や品揃えの目安として「まずシートゥーネットワークの拠点である首都圏，それも東京中心に既存店の改装や新規出店を進める。最終的には全国に店舗網を巡らせたい。店名は変えない。英国の商品も入れないつもりだ。」[23]と発言していた。この点で先発の流通外資の日本での展開を意識し，後発の立場で日本市場への迅速な参入を有利に進めるために業績に問題を抱えていない，しかも日本の食料品の小型店で成功してきた乗り物を選んだ事情が見えてくる。そして後半の発言から，日本市場では小型店の展開と徹底した現地化をイメージしていたことがうかがえる。

　シートゥーネットワークは，1947年に加工食品卸として創業し，1994年に食品小売業に進出した。業態としてはディスカウントストア型スーパーの「つるかめ」「つるかめランド」78店舗を展開し，加工食品の販売を得意としていた。卸売業務も担当するため，そのネットワークを活かしてNB商品だけでなく知名度の低いメーカー品や賞味期限間近の食品を調達して低価格販売するユニークな経営を特徴としていた。店舗立地や商圏は，首都圏を中心に店舗面積100㎡から1000㎡の幅を持つ小型店で展開されていた。テスコは，さらに2004年8月には千葉・埼玉両県で約30店舗を有する生鮮食料品を得意とする食品スーパーの「フレック」を買収した。2005年10月には東京都練馬区を中心に8店舗を展開していた鮮魚を得意とする地元スーパー「タネキン」を買収し，小型店をベースに日本市場の攻略を進めていく。さらに，日本の消費者に積極的に適応しようとして，矢継ぎ早に新業態を導入

23　『日経流通新聞』2003年6月12日。

していく。2006年4月には東京都練馬区で「つるかめ」という店名ではなく，ディスカウント型スーパーマーケットの「TSURUKAME」としてタネキンの跡地に氷川台1号店をオープンしている。さらにすでに本国で開発していた小型店の「テスコエクスプレス」を2007年4月に導入した。これは生鮮三品を含むコンビニというポジショニングを示していた。同年9月には社名をテスコ・ジャパンに変更し名実ともにテスコのブランドで日本市場を攻略しようと取り組んでいた。さらに2009年には中小型店の「テスコ」という日本に適合させたスーパーを導入している。それに合わせる形で，すでに2006年6月に英国製の加工食品を中心としたPB商品を導入していたのに加えて，2009年7月にはのり，漬物，納豆といった食品を含め日本独自のテスコのPB商品の開発と導入を進めている。しかしこのブランドは自国のテスコの3層から成るブランドとは一体化しておらず，日本では1種類のテスコブランドに限定されていた。テスコエクスプレスにしてもテスコにしても，これらの業態は新規出店だけでなく，既存のつるかめからの業態転換によって進められてきた。テスコというスーパーの業態は，既存のつるかめやエクスプレスから転換するなど，新業態の導入といっても出店のイニシアルコストを抑えるために多くは既存の店舗や居抜きでの出店に基づいていた[24]。そのため新しく導入した業態といえども，店舗の規模や立地がバラバラで統一性がなく，それにテスコやテスコエクスプレスという店名に変更されても，つるかめといった以前からの店名もそのまま使用され続けており，消費者にとってはこうした店名の違いの理解やテスコというPB商品のブランド認知はほとんど浸透しないままであった。

　テスコがシートゥーネットワークを買収先としたのには，自国での小型店の運営ノウハウをすでに確立し発展させていたという理由も無視できないであろう。テスコにとっては，主力業態のスーパーストアを中心にそれよりさらに大きなハイパーマーケットのテスコ・エクストラというラージストア，それとは反対に伝統的なスーパーマーケット，メトロやテスコエクスプレスというスモールストアの業態の選択肢を豊富にしてきた。テスコは国内と海

---

[24] 加藤（2010），pp.48-51.

第 9 章　グローバル・リテーラーの戦略(2)：テスコの動向とグローバル戦略

外での業態開発や経営技術の学習・移転を柔軟に行っている。ヨーロッパや自国で確立したハイパーマーケットの運営ノウハウをアジアのタイや韓国に移転すると同時に，また自国で蓄積したスモールストアをタイミングをはかってそれぞれの国で活用していた。タイや韓国では最初ラージストアで参入し，次第に市場成熟や規制などの市場条件に適合させて小型店の展開を行うなどマルチフォーマット化を進めてきた。その際重要なポイントは，タイや韓国ではフロント・システムの業態を移転する上で，常にバック・システムとしての物流の整備に取り組んできたことである[25]。日本では競争環境を考慮してスモールストアを焦点に店舗展開が行われてきた。しかしアジアでは韓国でもタイでもスモールストアも展開していながら，日本ではスモールストアがうまく機能しなかった理由はなぜであろうか。

(2) テスコの日本市場で直面した問題

テスコは，2011 年 8 月 31 日に進出からわずか 8 年での撤退宣言がなされ，2012 年 6 月に撤退した。その間，売却価格の高さや赤字店舗の多いことで引受先探しが難航する中，イオンが財務上の負担が少ない有利な条件で株式を取得する。イオンは店舗と従業員を引き受け，2013 年 3 月に社名を「イオンエブリ」に変更した。テスコは業績が低迷し（2011 年時点で店舗数 129 店舗の半数が赤字）[26]，日本市場での成長のシナリオを描くことが難しいと判断し，中国，韓国，タイなどの成長力のある新興国に重点を移行するとみられた。

撤退の理由は複数考えられるが，うまくいかなかった主な理由として以下の点を指摘しておこう。

① 高コスト構造：テスコは企業として現地の環境に柔軟に適応し，ときには独自業態の開発にも積極的に取り組んできた。韓国やタイを中心にアジアではラージストアだけでなく，後にスモールストアの展開も行ってきた。日本で新たに導入されたスーパーマーケットのテスコの店舗では，韓国やタイの場合とは違って，日本の消費者の厳しい嗜好に応えよ

25　金（2009），pp.222-225.
26　『日本経済新聞』2011 年 9 月 1 日，p.11.

うと，狭い店舗スペースの中で，ベンダーからの仕入れ商品だけではなく，精肉，青果，鮮魚，総菜，ベーカリーはインストア加工を組み込むなど，日本のスーパーでのインストアパック信仰を追従しようとしてきた。しかし収益構造が確立できず，高い人件費を吸収できない状態が続いていた[27]。また，韓国やタイでは物流面でのスモールストアのサポート態勢が万全であるのと比べると，日本の場合，配送センターというインフラ面の整備では脆弱な状態に置かれていた。矢作によると，韓国とタイではワンフロアの床面積が4万-6万㎡で，複数温度帯の商品を扱うコンポジット型の配送センターをそれぞれ1か所持っており，韓国ではこれをナショナルセンターとして全域をカバーできるようにしているという。日本の場合，店舗数の少なさや店舗立地・規模の不統一などの問題を抱えており，スモールストアというフロント・システムのレベルのみで利益を創出することを求められ，バック・システムに十分な投資を怠った形での現地化には無理があった[28]。

② 「創造的な連続適応」志向の不徹底：この仮説はすでに第8章の最初のところで述べてきたが，テスコにとって日本市場ではあえてラージストアの業態ではなく，日本の小売企業や流通外資との差別化を図るために，これまで本国や海外展開で確立したスモールストアのフォーマットやノウハウを活用して，つるかめなどの既存のディスカウント型スーパーをスモールストアの新しい業態へと転換することで，消費者の獲得と競争優位性を発揮しようとした。その焦点は，スモールストアでの現地適応化に置かれ，具体的にはディスカウント型スーパーマーケットの「TSURUKAME」，生鮮コンビニ「テスコエクスプレス」それに日本型のスーパーマーケット「テスコ」の展開によって適応化を図ろうと取り組んだ。しかし，日本の食料品市場では大型店の競争だけでなく，小型店同士の競争も激化していた。2000年の大店法廃止や大店立地法の施行，2006年における大型店出店の郊外規制（改正都市計画法）やバブル崩壊後の不動産価格の下落に伴う人口の都市回帰などを背景に，都市

---

27 城取（2011），pp.60-61.
28 矢作（2007b），pp.173-177.

第9章　グローバル・リテーラーの戦略(2)：テスコの動向とグローバル戦略

部での小型店出店は加速していた。大店法廃止はコンビニの営業時間の優位性を崩し，総合スーパーや食品スーパーとの競争の垣根を低めた。逆に食品スーパーによる長時間営業や惣菜の品揃え，それに中食の強化などコンビニとの競合が激化してきた。そのためコンビニは，生鮮食品，割安な独自商品，質を追求したPB商品，さらには若者から高齢者や主婦にターゲットを拡大した品揃え対応で本来食品スーパーの牙城である家庭で食事をする内食需要の取り込みに拡張していた。テスコが期待していた食をめぐる小型店市場は首都圏で最も競争の激しい場所へと変質していた。生鮮コンビニのテスコエクスプレスにしても，食品スーパーのテスコにしても，日本の小売市場では突出した独自性のある業態とはなりえず，むしろ現地化を追求するあまり，ライバルと同じような商品や知名度の十分でない商品を低価格販売するだけでは，他店との違いが不鮮明になっていた。あえてその店でないと買えない商品をアピールすることも弱かった[29]。

③　後発参入による市場制約：後発参入が現地化にどれほど有利であるかについては，先発企業をベンチマークすることでのリスクの回避や差別化の追求の点で優位に立っているように思われるが，好立地の不足や有力な取引先の確保の困難性，それに知名度の不足など複数の要因がマイナスにも作用している。しかも参入後の市場環境の変化という問題も考慮しなければならない。大店法廃止やまちづくり三法施行，消費者行動の変化は後発参入にどのように働いたのか，そのことと撤退はどのように関連していたのかには，より多くの事例に基づく実証研究からの検証が必要といえる[30]。テスコが英国内で創造したクラブカードによる顧客

29　元テスコエクスプレスの従業員として働いていた従業員に匿名を条件にインタビューした（2015年9月16日）。男性の従業員はもともと「つるかめ」の店舗でのアルバイトから入社した社員であるが，現在イオンエブリから他の業態の新規店舗の立ち上げに携わっている。撤退の理由を，もともとつるかめの顧客は加工食品の安さと生鮮に関する鮮度を売りにしたディスカウントスーパーに魅力を感じて来店する人たちが多かったという。テスコ買収後は，英国流の経営方式が入り，商品の調達が集中方式に切り替わり，販売も周辺の日本のスーパーと差のない品揃えで，欠品が生じても迅速な対応ができないことが多く，柔軟性がなくなっていったと評価していた。

30　横井（2014），pp.30-43．

動向の把握や関係性の強化，あるいは3層に及ぶテスコブランドのPB商品戦略など，強みとなるはずのツールが導入されることはなかった。日本のスーパーやコンビニと同じような方向を目指そうとしたのだろうか。テスコのねらいやメッセージは日本の消費者に十分に伝わっていたのだろうか。日本の他の小売企業との違いを明確にする戦略ではなく，現地に合わせる戦略が優先されたように評価できる。この点では，現地適応化が常に成功するわけではない。むしろ過剰な適応化は，その小売企業の特徴や価値をライバル企業の中に埋没させコモディティ化するという現地化のわなやジレンマを内包している。難しい選択ではあるが，進出企業の強みの発揮という視点に立てば，カントリーキラーに対抗した差別化，進出企業に顧客が期待する価値，それに顧客へのカスタマイズした条件をこれまで標準化によって培ってきた優位な部分と組み合わせた独自価値をベース，フロント・システムとバック・システムの統合を追求する戦略が求められていたのではないかと考える。

3．テスコの内部事情とグローバル・ポートフォリオ戦略

　最初の節で，コースジェンスとラルの論文で指摘された問題点を振り返っておこう。それによれば，海外進出する食料品を扱う総合型小売企業には，①海外市場では，小売企業は多くの参入障壁に直面する，②グローサリー小売企業は固定費が高く利幅が小さいビジネスなので，利益が出るようになるまで時間がかかる，③外国からの参入企業は往々にして，その国だけで活動している既存企業と戦わなければならない，という問題が存在しているということであった。ウォルマートとテスコの取り組みを見る限り，日本市場でもそれぞれが見事に該当しており，①は参入時だけでなく参入後の展開において，②と③は継続して外資小売企業のプレッシャーとなっている。こうした事態は，テスコの場合，米国の市場でも直面した（コラム9-1参照）。

　さらに，テスコは2013年5月には，中国事業を中国のスーパーマーケット大手である華潤万家に譲渡することで，華潤万家の親会社の中国国有企業である大型複合企業の華潤創業との合弁会社の設立手続きを完了したことを

第9章 グローバル・リテーラーの戦略(2)：テスコの動向とグローバル戦略

コラム 9-1：テスコの米国での挑戦

　テスコは，フレッシュ＆イージー（Fresh & Easy）という業態をゼロから独自に立ち上げ 2007 年 11 月に米国西海岸の市場に参入するが，2013 年 4 月には撤退宣言をし，同年 9 月には投資会社のユカイパ（Yucaipa）に売却された。しかしテスコは米国進出からわずか 6 年で撤退を選択した。経営そのものはユカイパに引き継がれたが，その後 2015 年 11 月には黒字化できず，わずか 2 年ほどで企業清算となってしまった。テスコは，1990 年代から米国の消費者や競合企業分析を入念に調査したことを大々的に宣伝して参入したにもかかわらず，テスコの戦略は米国の消費者には受け入れられなかった。

　テスコは，参入時に，米国小売市場で特徴的に展開されていたウォルグリーンの利便性，ウォルマートのバリュー，ホールフーズの新鮮な食料品の品質，それにトレーダージョーズの限定的な品揃えの良さを取り込みながら，小型店での新しく差別化された業態にフォーカスしてフレッシュ＆イージーを導入した。EDLP 戦略に基づきながら，新鮮で健康に良い商品を顧客に提供することをねらって展開されてきた。テスコでは，フレッシュ＆イージーの導入に際して，英国やアジアで小型店のノウハウをそれなりに学習し，蓄積してきており，その上での米国の市場に適合した新しい業態を提案したと思われていた。この失敗の要因として，2007 年のサブプライムローン問題（サブプライム住宅ローン危機）・リーマンショックに端を発した米国バブル崩壊が消費低迷に追い打ちをかけたことが指摘される中で，小売業の基本が欠けていたという評価が注目できる。頻発する在庫切れや生鮮食料品の鮮度の低下，店内のクリンリネスの不徹底，従業員の顧客への接客を排除したセルフチェックアウトステーション（英国の半分の人員で回していたため顧客サービスが低かった），EDLP 戦略を基本にしているにもかかわらず，その後，顧客を引き付けるためにクーポンによる強力な割引やプロモーションへと変更されるなどもっぱら基本的な問題が指摘されていた。
（参考文献）Lowe, George, and Alexy（2012），pp.1046-1047；CtW Investment Group, (2012), pp.3-4.

発表している。テスコの中国市場への参入は 2004 年に台湾の頂新国際グループ傘下の小売企業「楽購」と提携し，後に楽購の株式を買収することで 2006 年にはテスコ楽購としてハイパーマーケットを中心に，エクスプレスを加える形で東部沿岸地域に出店してきた。テスコの中国事業は，参入当初，

アジアで最も成長が期待されていたが、カルフールやウォルマートからは後発参入で立地面や業態の優位性を発揮できず競争激化で赤字が続いており、華潤が傘下に収めることになった。合弁会社は華潤創業が80％、テスコが20％を出資し、それまでテスコが中国国内で展開していた135店は華潤万家として再スタートを切ることになった。この出資比率から見ても、中国市場からの大幅な事業の縮小であり、実質撤退に近い状態になっている[31]。

　こうした不採算事業に対する経営者の認識もテスコには独自の判断基準があるといわれている。海外進出に関して、「事業開始後5年以内に、進出した業態内で1番手、または1番手をねらえる地位に就けない場合は撤退する」という社内ルールがあるといわれている[32]。またグローバル戦略として、当該事業がたとえ好調でも、英国本体の事業との関連で、撤退も視野に入れたポートフォリオが想定されているように考えられる。2015年9月には、テスコが韓国の大手スーパーのホームプラス（サムソン撤退後はテスコ単独で運営）を独立系の投資ファンドのMBKパートナーズ[33]に売却し、韓国事業から撤退することを発表した。韓国には1999年にサムソンとの合弁で進出しており、現在イーマートに次ぐ大手の地位を占め、テスコにとってはアジアで最も成功した優等生と見なされてきた。韓国でのホームプラスの売却の背景には、2011年に大型量販店の営業時間と出店規制を強化する法案が通過して日曜営業規制（隔週）が行われ、大型店に対する日曜営業規制が売上にブレーキをかけるようになっており、MERS（中東呼吸器症候群）の感染などで景気低迷を加速したことの影響も指摘できるが、ホームプラスは韓国で決定的に業績不振に陥ったわけではない。今回の売却は英国の本体の国内事情が強く影響していることが考えられる。2015年2月期決算で最終損

31　鳥羽やBurt et al.によると、一般に撤退といっても、進出国からの完全な撤退のほかに、他企業による経営の維持、子会社の売却、業態の撤退、店舗の閉鎖といったバリエーションがあることを指摘している（鳥羽, 2006, p.288；Burt et al., 2004, pp.483-492）。

32　矢矧（2013），p.26.

33　MBKによるホームプラスの買収総額は約60億ドル（7兆2000億ウォン、約7160億円）といわれ、韓国最大のM&A案件といわれている。MBKは米国大手ファンド、カーライルのアジア地域責任者らが設立した、ソウル、上海、香港、東京に拠点を持つ投資ファンドであり、日本のテーマパーク「ユニバーサル・スタジオ・ジャパン」運営会社や韓国浄水器製造のコーウェイなどに投資している（『日本経済新聞』2015年9月8日）。

第 9 章　グローバル・リテーラーの戦略(2)：テスコの動向とグローバル戦略

失が過去最大の赤字（57 億 6600 万ポンド：約 1 兆 320 億円）を示しており（図表 9-2〔1〕および 9-2〔2〕とくに 9-2〔2〕を参照），不採算店の閉鎖や固定資産の減損処理が響いているが，その背景にはドイツ発のアルディやリドルなどのハードディスカウントストアの攻撃によっていっそう競争的な環境が形成され，マーケットシェアを奪われるようになってきたことも無視できない。しかも詳細は明確ではないが，すでにテスコは 2014 年 9 月下旬，2014 年上半期の利益見通しを過大に見積もっていたと公表し，不正会計の疑いで英国の金融行為監督機構（FCA）の調査や英重大不正捜査局（SFO）の捜査を受け，4 名の幹部が停職処分となる事件があった。それ以前には 2013 年にアイルランド食品安全局（Irish Food Safety Authority）から摘発されたテスコブランドのハンバーガー，スパゲッティ，ミートローフに馬肉が入っていた事件，さらには 2015 年 9 月に韓国で「ホームプラス」の幹部らが顧客情報を保険会社に売却していた疑いなど，国内外で経営の信頼性を揺るがす問題も発生している[34]。そのため，就任したばかりのテスコグループの最高経営責任者のデーブ・ルイスが，2015 年の年次報告書の解説で，①中核となっている英国のビジネスでの競争力を立て直すこと，②バランスシートを擁護しかつ強化すること，③信頼と透明性を確保し直すことを強調せざるを得ない状況になっている[35]。

　ホームプラスの売却は，本国の財務状態の悪化に対する救済策として捉えられているが，海外事業の業績が悪いから撤退するケースだけでなく，このようにたとえ業績が良くても本体の業績が思わしくない場合の資金源に利用されるケースも見られる。しかも海外事業の業績が芳しくない場合も，先の 5 年程度でのポジションからその進退を合理的・機械的に判断するだけでなく，その 1 つの撤退は別の成長機会の創造や他の事業の救済に経営資源が活用され，次の他国での進出にとって学習効果となって活かされるという動態的なポートフォリオ戦略で運営されている実態が示されている。そのため，向山は，小売国際化の把握にとって「本国から進出先国」への移動というダ

34　TESCO Annual Report 2015, "A fresh start," by Dave Lewis；『日経 MJ』2014 年 10 月 31 日；『日本経済新聞』2015 年 4 月 23 日；『日本経済新聞』2015 年 5 月 19 日。
35　TESCO Annual Report 2015 p.3.

イアド（二者間）関係ではなく，「本国と複数の進出先国，もしくはある進出先国とそれ以外の進出先国間」といった多極的な複合関係の視点からの研究の必要性を提唱している[36]。

テスコのグローバル戦略を考察する過程で，あらためて英国の国内事情との関連性がグローバル戦略に大きな影響力を発揮していること，当然のことながら企業としての国内と海外を同時に視野に入れたポートフォリオが設定されていることがうかがえる。テスコのこうした戦略の見直しの背景には，この5年ほどの小売市場のダイナミックな変化が影響している。第1の背景は，先進国においてかつての中間層が拡大していた時代の総合商品型小売企業のビジネスモデルが陳腐化しつつあり，一握りの富裕層と貧困化する層の拡大といった中間層の分解によって，価格に敏感な消費者行動が受け入れられてきたことである。上限ねらいのウェイトローズ，下限ねらいのハードディスカウントストアのアルディやリドルが英国で成長している事情もそこに原因を求める分析もある[37]。

第2の背景は，インターネットによる買い物行動が普及しており，消費者はウェブで多くの選択を行い，よりよい価格を手に入れることができるようになってきたことであり，さらに有店舗を絡めたクリックとコレクト（Click & Collect：ネットで注文した商品を店舗や専用のピックアップポイント〔駅構内など店舗以外に設置された宅配ボックス〕で受け取れるサービス）のタッチポイントを増やすことで従来の買い物行動とは異なった選択肢を利用するようになった。

この2つの傾向は，米国でも見られるようになってきた。かつてはウォルマートのような大型店に車での1週間分のまとめ買いが一般的であったが，景気後退期に低所得者層の多くは，所得の制約によってダラーストアのような小商圏対応の小型店での小口購買に変わっており，ベビーブーマーが高齢化していくことでこの傾向が強められるとみられている[38]。テスコの米国でのフレッシュ＆イージーの展開も本来ならこうしたトレンドに乗れるはずの

---

36 向山（2009b），pp.306-312；Mukoyama and Dawson（2014），pp.55-80。
37 Lynn（2015），pp.30-34。
38 『DIAMOND Chain Store』2015年8月1日号，p.78。

第9章　グローバル・リテーラーの戦略(2)：テスコの動向とグローバル戦略

可能性を秘めていたが，経営の成功は外部環境だけではなく，経営内部のマネジメントに依存しているわけで，道半ばで頓挫したことになる。

　今日では，小売企業のグローバリゼーションは大きなトレンドとなってきている。しかし，これまで見てきたようにウォルマートやテスコなどのグローバル・リテーラーとして豊富な国際化の経験を持つ小売企業でも，進出国の市場において十分な成果を実現することが困難であったり，緩慢になっている実態を解明してきた。こうした問題を克服するのにどのようなケイパビリティが求められるか，更なる研究が必要となっている。また，小売国際化の進展の中で，ネット上のライバルが既存の有店舗ベースのグローバル企業のシェアを奪う関係が生まれている。流通の技術が消費者の買い物の仕方を大きく変えてきている。インターネットやスマートフォンの普及によって，消費者はいつでも，どこでも商品や価格の情報を手にすることができる。ウォルマートやテスコの値段だけがいつも安いとは限らない。既存の有店舗のポジションに置かれたウォルマートにとっても，米国事業，サムズクラブ事業，海外事業の3つすべてにeリテールの活用が対応するようになっている。テスコにおいてもネット事業に力を入れ，有店舗とのタッチポイントを拡充しようとしている。このような対応は，日本でもセブン＆アイHDを筆頭に大手小売企業において，同じように実店舗にネットを結び付けようと取り組んできている。

　現在，実店舗にとっての最大のライバルとしてアマゾンやアリババが急成長しており，アマゾンは価格と利便性をさらに融合させた形で小売業界の新たな秩序を構築しようとしている。スマートフォンやインターネットの技術進歩が急速に進み，若者を中心に顧客として取り込むためには，こうしたチャネルを持たないと商売に勝てない世界が形成されている。それに対して日本を先導役に東アジアやEUの国々では高齢化に伴い人とのふれあいや顔の見えるチャネルの進化が求められるようになっている。どちらも重要な販売方法であり，顧客にとって選ばれる，なくてはならない販売方法としての小売企業の戦略が問いかけられている。実店舗を持つ小売企業にとっては，店舗を強みに捉えることで，それぞれのチャネルの利点を活かした発展の方向をマルチチャネルやオムニチャネルという形で実現しようと推進されてい

る。地球規模で拡大する小売企業と各地域の消費者との新たな関係が，有店舗・無店舗を問わず，業種・業態を融合させながら，コスト低下と利便性向上，言い換えると顧客に対して効率性と有効性を同時に満足させるための新たな買い物の仕組みを作り出す流通イノベーションによって推進されており，今後こうした動向はますます重要となってきている。

＊本研究は，専修大学研究助成個別研究，平成24年度「グローバル・リテーラーの経営戦略：日本と新興国市場での展開の特徴と課題」ならびに平成25年度「グローバル・リテーラーの経営戦略：先進国での成長制約と撤退原因」の研究成果の一部である。記して感謝申し上げる。

第10章
まとめと展望

　これまで述べてきた内容の論点を要約しておこう。本書は流通イノベーションという大きな枠組みの下で，近年注目されている流通問題に焦点を当てて考察を行っている。研究の出発点は，社会変化から発生するさまざまな問題を流通過程でどのように取り組んで解決しようとしてきたのか，あるいは逆に流通の取り組みによって社会がどのように変わってきたのかを意識して，それぞれの問題解決行動を流通イノベーションとして，それぞれの研究対象に焦点を当てて考察してきている。

　第1章では，そもそもイノベーションとはどのようなことを意味しているのか。シュンペーター，レビット，それにドラッカーの捉え方をさらに発展させ，イノベーションを供給サイドと需要サイドの双方に関連する新規・既存のアイデア，考え方，それに技術やシステムの組み合わせによる新しい価値の創造と提供と捉えている。第1章では，流通イノベーションとは流通過程における効率性と有効性という2つの基準を利用して，それぞれの基準の実現からイノベーションが生み出されるだけでなく，その同時達成こそが顧客価値を創造し，社会の姿を大きく変えるイノベーションであると強調してきた。さらに流通イノベーションが生み出される構図も明らかにしてきた。

　第2章では，流通イノベーションは流通技術が確立されることで出現すると思われがちであるが，むしろ経営者の構想と消費者の受容がコアになって出現と社会的普及が実現する。さらに競争，チャネルそれに行政が直接・間接に影響力を与え，イノベーションの方向が決まっていく。日本でのスーパーマーケットを導入した経営者たち，コンビニエンスストアのセブン－イレブン・ジャパン，米国でのディスカウントストアのウォルマート，さらに近年急速な成長を実現しているアマゾンを取り上げ，どのようにして流通イノベーションに取り組んだのか，最先端の情報技術やSCMを駆使しながら

顧客対応や競争対応にどのような違いを生んでいるのかを検討してきた。

　第3章では，小売業態概念に焦点を当て，小売業態のイノベーションがどのように展開されてきたのかを，マックネア，クリステンセン，レビー＆コノリー，田村らの仮説を検討しながら，供給サイドの小売ミックスで小売業態を把握するだけでは十分ではなく，需要サイドの受容過程との相互作用プロセスで把握すべき点を主張している。さらにマクロの業態概念とミクロの業態概念とは必ずしも同じ内容とならないこと，とくにミクロの業態概念は同じ業態に所属していても個々の小売企業の業態戦略によって違った特徴を表すことを，向山＆ドーソンの提唱するフォーマットとフォーミュラの区分を含め，最近の先行研究を紹介してきた。

　第4章では，小売業態は単に消費者に接する部分（フロント）だけではなく，調達や在庫管理それにチェーン組織の運営といった背後にある準備の部分（バック）の2つによって成立していることに着目している。そこで新しい特定の小売業態を市場導入し，成長を実現させるためには，フロントでの働きかけのみでは十分ではなく，バックに位置する垂直的な領域にある取引先や物流ネットワークの企業間関係の働きかけに依存していることも明らかである。小売企業が特定の小売業態を消費者と接する水平的な小売市場で成功させようとするほど，垂直的な企業間関係のチャネルの在り方が問題となる。ICTやSCMの急速な進歩は川上から川下に至るプロセスで情報共有や商品在庫の調整を容易に促進できる仕組みを実現しており，小売業態は縦の力に依存する割合がますます高められている点を明らかにしてきた。フロント・システムとバック・システムを統合するビジネスモデルの構築と運用がますます重要となっている。そこで，コンビニエンスストアとネット通販について，フロント・システムを支えるバック・システムの特徴と類型を検討し，リアル店舗とネットの融合をねらうオムニチャネルの仕組みについて最近の動向を紹介している。

　第5章では，物流を制する者がネット通販を制するとまで言われるようになってきたが，そもそもなぜ物流がそれほど重要になってきたのかを時代背景も含めて，物流の捉える視点を3つほど明らかにしている。その上でSCMとロジスティクスの相互の範囲や特徴を紹介し，とくにスカンジナビ

第10章　まとめと展望

アと米国の比較を通して SCM 実施の推進要因と障害要因を検討してきた。この調査ではむしろ供給業者や顧客からの抵抗よりも，組織内部のメンバー間での合意や課題の共通認識の欠如，組織構造の複雑さ，それに従業員のスキルの欠如といった人的な問題が大きく影響していることが示された。さらに，SCM の効率的な展開の中で出現してきた 3PL という事業内容について日本型 3PL の特徴を探り，物流の自前主義か，外部委託か，その業務範囲のどこまでを，誰がどのように担当するのか，それぞれの荷主企業の置かれた立場と，それを受託する 3PL 企業との間で改めて効率性と有効性を同時に実現するための仕組みづくりとしての物流イノベーションの戦略が問われていることを指摘している。

　第6章では，流通過程に登場するまでの特定のブランド商品をめぐって研究開発・製造・購買・流通などのバック・システムでの活動が企業間でどのような分化と統合の仕組みを利用して戦略的に展開されているのか，OEM というビジネスのツールを通して実現されるプロセスを検討している。OEM が利用される条件を明らかにしながら，軽自動車メーカーなどを事例に，OEM を提供する側と利用する側に分けてそれぞれのメリットとデメリットを対比させ，今後ますます重視されるアジア企業のブランド自立化のために OEM から OBM（Own Brand Management）への発展のための取り組みの課題を提起している。とくに，BtoB から BtoC への転換のためのブランドマーケティングが効率性と有効性の2つの基準から強化される必要がある。

　第7章では，日本におけるこれまでの小売企業の PB 商品は安かろう悪かろうというイメージが強かったが，近年こうした評価が変化してきたことに注目している。小売企業のチェーン展開，情報処理能力の向上，ブランドメーカーを巻き込んだ PB 商品開発，それに小売企業グループによる販売力の拡大は PB 商品市場を拡大させてきている。なかでもブランド力のあるメーカーが PB 商品開発に強く関わることで PB 商品の質的な評価が高まってきた。それでは，なぜ大手ブランドメーカーは特定の小売企業のためにあえて PB 商品開発に協力し，あるいは小売店の専用商品や専用工場を用意するようになったのか，その背景と理由を解明してきた。それと合わせて，ブ

ランドメーカーにとっての課題として，NB の新製品開発と PB 商品開発との関連づけについても触れている。PB 商品がわが国の消費者にとって単に一過性ではない，広範囲な認知と持続性のある支持を獲得するための，小売企業にとってのブランド・マネジメントの取り組み強化の重要性を指摘している。

　第 8 章では，流通のグローバリゼーションが時代の潮流でありながら，食料品を扱う総合商品小売企業のグローバル展開は，とくに先進国でなぜ成功しないのかを扱っている。コースジェンスとラルによるこの疑問に関して，この章ではウォルマートについて，国内での成長過程と海外での進出を中心に検討してきた。バラエティストア（1945 年），ディスカウントストア（1962 年），サムズクラブ（1983 年），スーパーセンター（1988 年），ネイバーフッドストア（1998 年），さらにはネット販売といった形で時代の変化を読み込んだ EDLP と業態イノベーションを持続させながら，やがてその成功モデルのディスカウントストア，1990 年代後半以降の進出ではスーパーセンターをコアにしてグローバル戦略を展開する。2002 年からはフォーチュン誌で世界最大の売上高を実現する企業としてランクインし，現在までその成長の勢いは持続している。この世界最大の企業は西友を段階的に買収して日本市場に進出して 13 年になるが，大きな成果を実現できない原因について，同じく米国発のグローバル・リテーラーである会員制のホールセールクラブのコストコとの比較を行った。コストコは類似のライバルが少ないこと，他の食料品を扱う競合との差別化を実現しており，効率性と有効性のバランスが取れているのに対して，ウォルマートは効率性や価格に焦点を当て過ぎており，有効性とのバランスが不足しているのではないかと考えられる。コストコもウォルマートも標準化を追求しようとするが，消費者と競争対応の面で，ウォルマート＝西友には価格を含め競合との差別性が明確に打ち出せない状態になっていると考えられる。

　第 9 章では，英国最大の小売企業であり，フォーチュン誌で世界小売企業売上ランキング第 5 位のテスコの国内での成長とグローバル戦略に焦点を当てている。テスコの成長を実現させたビジネスモデルを，多業態（マルチフォーマット）戦略，ブランド戦略と経営多角化，テスコカード戦略，それ

第10章　まとめと展望

に国際化戦略の4つの領域に求め，成功の条件を探ってきた。テスコは，グローバル・リテーラーとして東ヨーロッパやアジアで豊富な経験を持ち，現地適応に優れた能力を発揮することでも定評のある企業と見なされてきたが，最近の動向では苦戦が続いていることを国別に明らかにしている。2003年に中堅スーパーを買収して日本市場に進出するが，2012年には完全撤退している。本章では，進出から撤退に至るプロセスを詳細に検証することで，現地適応化のわなの存在を指摘している。コースジェンスとラルが強調したカントリーキラーの存在，つまり現地のライバルの売り方に適応し過ぎることでライバルとのコモディティ化を生み出し，特別の存在として消費者が積極的に評価してくれない問題に陥ってしまったことを論じている。さらには，ウォルマートは日本進出から10年間は業績が好転しないままで，撤退がうわさされながら現在も大きな店舗投資はないまでも，積極的に経営努力を続けている。テスコは日本では業績が好転する見通しが立たないという評価で10年に満たない段階で撤退を決定している。最近の韓国のホームプラス売却の事例は，テスコの行動を評価する上で重要な特徴を示唆している。韓国でのテスコ・ホームプラスの業績がアジアの優等生と言われながら，あえて撤退を決断する背後には，国内の本体の財務事情などが影響しており，単純には業績不振イコール撤退という図式だけではない，本社の事情によるグローバルとドメスティックのリンクしたグローバル・ポートフォリオ戦略が働いているように考えられる。日本での撤退問題に限定して言えば，本章でも指摘したように，過剰な適応化は，その小売企業の特徴や価値をライバル企業の中に埋没させ，コモディティ化するという現地化のわなやジレンマを内包している。進出企業の強みの発揮という視点に立てば，カントリーキラーに対抗した差別化，進出企業に顧客が期待する価値，それに顧客へのカスタマイズした条件をこれまでテスコが培ってきた多業態化，ブランド戦略やテスコカードといった独自価値を発揮できる部分から引き出すことも必要であったと評価できる。第8章と第9章では，グローバル・リテーラーとしてウォルマートとテスコを取り上げた意図は，成功事例としてのイノベーションへの挑戦の側面だけでなく，むしろ日本の場合を例にしてどのような形でイノベーションを行ったら成功に結び付くのかという挑戦課題として位

置付けている。

　これまで論じてきた研究対象は小売業態，物流，ブランドと生産・調達，PB商品，それにグローバル展開とさまざまな領域にまたがっており，その強調点も多様に分布している。これまで特定の関心からそれぞれ取り組んだ研究であったが，あえて共通項を見出そうとすると，それぞれの領域に一貫して働いている効率性と有効性という2つの軸の存在を意識するようになって，あえて流通イノベーションというテーマの下にまとめることを考えた。そこで，社会的変化を反映した流通ビジネスの世界で起こっている流通イノベーションという切り口から本書を編成しようと取り組んでみた。流通イノベーションとは，ここでは効率性と有効性という2つの基準が利用されており，この同時達成こそが本格的な流通イノベーションを生み出すと捉えることができる。現実に，流通に関わる経営者はさまざまな新しい流通の技術や仕組みを利用して，消費者やビジネスユーザーのニーズの変化に応えようと日々努力してきている。その結果は顧客の満足や不満を生み出し，満足はさらにリピートや高次のニーズへの対応となり，顧客の囲い込みに進展する可能性もある。不満はそのまま放置するとネットでの口コミを含めて顧客離れや炎上，あるいはライバル企業へのスイッチが発生する危険性がある。いかに満足を持続的に実現していくかが，流通イノベーションの課題ともなっている。

　そのためには，効率性と有効性を同時達成する過程で，もう1つの取り組みが必要である。それは，顧客満足の程度について考察を深めることも重要といえる。チャネルが店舗であれ，ネットであれ，提供物が製品であれ，サービスであれ，顧客が当然備わっているべきと思うレベル（顧客とって標準装備）での対応だけではライバルとの横並びで終わってしまう。時間が経つとこうした標準のレベルでは，チャネルや提供物の差別化にはならなくなってしまう。結果として「価格で勝負」の世界にはまってしまう。では，究極の顧客満足とはどのようなもので，いかにして実現できるのだろうか。顧客の期待に応えることが顧客満足であるとすると「あったらいいな」と顧客が願っていることを叶えることができれば十分といえるかもしれない。現実にはこの顧客の期待に応えることだけでも流通の担当者や製品開発に携わ

第10章　まとめと展望

る人々にとって頭の痛い課題となっていることが多い。しかし，顧客のニーズの短サイクルな変化や競争関係の熾烈化を考慮すると，流通の担当者や開発者は更なる顧客満足を増進させる方法を常日頃から考えておくことが大切となる。

　それは顧客の期待を超えた提案ということになる。顧客に，「まさかここまでしてくれるとは」と感じさせる意外性やサプライズが顧客満足の中でも感動や感謝の気持ちを生み出すことになる。もちろん，これは単に意外性があれば良いというわけではない。意外性を強調しすぎて，現実的に，顧客にとって必要と感じない，単に奇をてらったサプライズを提供しても顧客の心を捉えることはできない。顧客が本当にこんなのが欲しかったと心から価値を実感することが重要な決め手となる。

　現代は，インターネットやスマートフォンなどのデジタルが既存の流通の姿を変化させ，時代の先を読む経営者の構想力のもとで新しい流通機能をバンドル（束ねる）化するためのイノベーションが提起されている時代といえる。それと同時に，すでに第4章1の（2）やコラム4-2でも触れたように，高齢化社会や人口減少のさらなる進行とともに，体力の低下，店舗の撤退，地域コミュニティの衰退などを背景に，買い物に困難や不便を感じる人々も増加しており，ネットやデジタルだけではなく，改めてリアルな店舗，移動販売，御用聞き，それに宅配サービスなど顧客へのアクセスのあり方が問いかけられている時代ともなっている。後者のイノベーションの課題は買い物の困難や不便をどのように解消し，人と人とのふれあいやつながりという顧客価値を流通がいかに創造しかつ継続的に提供するのかということである。ネットとリアルは対立する関係として捉えるのではなく，今後は積極的に融合して利用される時代に入りつつある。ネットであれ，リアルであれ，またその融合であれ，それぞれに顧客の期待に応え，さらには顧客の期待以上の価値を提供するイノベーションが求められている。

　あえていえば，流通のミッションは需要と供給をマッチングさせるビジネスであり，それを効率性と有効性の同時達成を実現することで，これまでの条件に適応するだけではなく，ライバルとは違った新たな独自性のある顧客価値を創造することで顧客に選ばれる存在となることを目指す必要がある。

これからも，われわれの社会の変化を踏まえた流通イノベーションへのさらなる挑戦が続く。

初出一覧

序章　書き下ろし
第1章　流通イノベーションとは何か　「書き下ろし」
第2章　流通イノベーションと経営者の構想力　「書き下ろし」
第3章　小売業態概念の検討および企業と消費者のマッチング・プロセス「書き下ろし」
第4章　チャネル・イノベーション　「書き下ろし」
第5章　「物流改革のためのSCMと3PLの関係分析」専修大学経営研究所『専修経営研究年報』2009年3月を大幅に書き直している
第6章　「OEM戦略の研究：その役割と問題点」専修大学経営研究所『専修マネジメント・ジャーナル』Vol.1, No.1 & 2, 2012年3月を大幅に書き直している
第7章　「小売企業のPB商品開発の現状と課題」，専修大学経営研究所『専修経営研究所年報』第34号，2009年3月を大幅に書き直している
第8章　グローバル・リテーラーの戦略(1)：ウォルマートの動向とグローバル戦略　「書き下ろし」
第9章　グローバル・リテーラーの戦略(2)：テスコの動向とグローバル戦略　「書き下ろし」
第10章　まとめと展望「書き下ろし」

参考文献一覧

英語文献

Alexander, N. (2007), *International Retailing*, Blackwell.

Alexander, N. and Doherty, A. M. (2009), *International Retailing*, Oxford.

Anselmsson, O. and Johansson, U. (2009), "Retailer brands and the impact on innovativeness in the grocery market," *Journal of Marketing Management*, Vol. 25, No.1-2.

Brown, S. (1995), "Postmodernism, the Wheel of Retailing, and will to power," *The International Review of Retail, Distribution, and Consumer Research*, July.

Burt, S., Davies, J., and Sparks, L. (2004), "The International divestment activities of European grocery retailers," *European Management Journal*, Vol.22, No.5.

Castaldo,S., Grosso, M., and Premazzi, K. (2013), *Retail and Channel Marketing*, Edward Elagr.

Christensen, C. M. (1997), *The Innovator's Dilemma: When New Technologies Cause Great Firms to Fail*, Harvard Business School Press（玉田俊平太監修・伊豆原弓訳『イノベーションのジレンマ―技術革新が巨大企業を滅ぼすとき―』翔泳社，2001）．

Clark, R. Davies, S., Dobson, P. and Waterson, M. (2002), *Buyer Power and Competition in the European Food Retailing*, Edward Elgar Publishing Ltd.

Cook, V. J. and Schutte, T. F. (1967), *Brand Policy Determination*, Allyn and Bacon.

Crstjens, M. and Lal, R. (2012), "Retail Doesn't Cross Borders," *Harvard Business Review*（「総合スーパーが海外進出に成功する時」『ダイヤモンド・ハーバード・ビジネスレビュー』7月号）．

CtW Investment Group (2012), Tesco's US Gamble: A Call for Review and Reassessment of Fresh & Easy.

Davidson, W. R., Bates, A. D. and Stephen, B. J. (1976), "The Retail Life Cycle," *Harvard Business Review*, Vol.54.

Dawson, J. and Mukoyama, M. (2014a), "Recent development in retail internationalization," Dawson, J. and Mukoyama, M. (eds.), *Global Strategies in Retailing, Asian and European Experiences*, Routledge.

Dawson, J. and Mukoyama, M. (2014b), "Building international strategy with formats and formulae." Dawson, J. and Mukoyama, M. (eds.), *Global Strategies in Retailing Asian and European Experiences*, Routledge.

Down, A. (1964), "A Theory of Consumer Efficiency," *Journal of Retailing*, Vol.37, No.1.

Drucker, P. F. (1954), *The Practice of Management*, Harper & Row（上田惇生訳『現代の経営〈上〉：ドラッカー名著集』ダイヤモンド社，2006）．

Drucker, P. F. (1985), *Innovation and Entrepreneurship*, Harper & Row（上田惇生・佐々木実智男訳『イノベーションと企業家精神』ダイヤモンド社，1985；上田惇生訳『イノベーションと企業家精神：ドラッカー名著集』ダイヤモンド社，2007）．

Evans, B. and Mason, R. (2015), *The Lean Supply Chain: Managing the Challenge at Tesco*, KoganPage.

Fahy, J. and Jobber, D. (2012), *Foundations of Marketing*, 4th ed., McGraw-Hill.

Fahy, J. and Taguchi, F. (1995), "Reassessing the Japanese Distribution System," *Sloan Management Review*, Vol. 36, No.2.

Fahy, J. and Taguchi, F. (2000), "Japan's Second Distribution Revolution: The Penetration of Global Formats," Cinkota, M. R. and Kotabe, M. (eds.), *Japanese Distribution Strategy*,

Business Press.

FORTUNE, 2009-2015.

Friedman, T. L. (2005), *The World Is Flat: A Brief History of the Twenty-first Century*, Farrar, Straus & Giroux（伏見威蕃訳『フラット化する世界　上巻・下巻』日本経済新聞, 2006）.

Fuller, G. W. (2004), *New Food Product Development : From Concept to Marketplace*, Second Edition, CRC Press.

Ghosh, A. and McLafferty, S. (1991), "Shopping Center: A Restructuring of Post-Ware Retailing," *Journal of Retailing*, Vol. 67. No.3.

Goldman, A. (1975), "The Role of Trading-Up in the Development of the Retailing System," *Journal of Marketing*, 39 (January).

Halldorsson, A., Larson, D. P. and Poist, R. F. (2008), "Supply chain management: a comparison of Scandinavian and American perspectives," *Physical Distribution & Logistics Management*, Vol. 38, No2.

Hoch, S. J. and Banerji, S. (1993), "When Do Private Brands Succeed?" *Sloan Management Review*, (Summer).

Hollander, C. S. (1960), "The Wheel of Retailing," *Journal of Marketing*, 24 (July).

Hollander, C. S. (1996), "Notes on the Retail Accordion," *Journal of Retailing*, Vol. 42, No2.

Hollander, C. S. and Boddenwyn, J. J. (1974), "Retailing and Public Policy: An International Overview," *Journal of Retailing*, Vol. 50, No1.

Horng, C. and Chen, W. (2008), "From Contract Manufacturing to Own Brand Management: The Role of Learning and Cultural Heritage Identity," *Management and Organization Review*.

Jobber, D. (2010), *Principles and Practice of Marketing*, 6th ed., McGraw-Hill.

Khanna, T., Song, J. and Lee, K. (2011), "The Paradox of Samsung's Rise," *Harvard Business Review*, July-August.

Kumar, N. and Steenkamp, J. B. (2007), *Private Label Strategy*, Harvard Business School Press.

Kumar, N. and Steenkamp, J.-B. (2013), *Brand Breakout: How Emerging Market Brands Will Go Global*, Palgrave.

Levinson, M. (2006), *The Box by Marc Levinson: How the Shipping Container made the World Small and the World Economy Bigger*, Princeton University Press（村井章子訳『コンテナ物語：世界を変えたのは「箱」の発明だった』日経BP社, 2012）.

Levitt, T. (1969), *Marketing for Business Growth*, McGraw-Hill（土岐坤訳『レビットのマーケティング思考法』ダイヤモンド社, 2002）.

Levy, M. and Weitz, B. (2007), *Retailing Management*, McGraw-Hill/Irwin.

Levy, M., Weitz, B. and Grewal, D. (2014), *Retailing Management*, McGraw-Hill Irwin.

Levy, M., Grewal, D., Peterson, R. A. and Connolly, B. (2005), "The Concept of the Big Middle," *Journal of Retailing*, Vol.81, No2.

Lichtenstein, N. (2009), *The Retail Revolution: How Wal-Mart Created a Brave New World of Business*, Metropolitan Books.

Lincoln, K. and Thomassen, L. (2008), Private Label, Kogan Page.

Lowe, M., George, G. and Alexy, O. (2012), "Organizational identity and capability development in internationalization: transference, splicing and enhanced imitation in Tesco's US market entry," *Journal of Economic Geography*, 12.

Larson, C., Weigand, R. E. and Wright, J. S. (1982), *Basic Retailing*, Englewoog Cliffs.

Lynn, M. (2015), "What Next For The Toxic Grocer?" MT, February (managementtoday.com).

March, J. G. (1991), "Exploration and Exploitation in Organizational Learning," *Organization*

Science, Vol.2.

MarketLine Case Study (2011), Tesco plc Case Study : How Tesco Became the UK's Largest Retailer?

McNair, M. P. (1958), "Significant Trends and Developments in the Postwar Period," Smith, A. B. (ed.), *Competitive distribution in a free, high-level economy and its implications for the University*, University of Pittsburgh Press.

McNair, M. P. and May, G. E. (1976), *The Evolution of Retail Institutions in the United States*, Marketing Science Institute（清水猛訳『小売の輪は回る』有斐閣, 1982）.

Moore, G. A. (1991), *Crossing the Chasm: Marketing and Selling High-Tech Products to Mainstream Customers*, Harper Business Essentials（川又政治訳『キャズム—ハイテクをブレイクさせる「超」マーケティング理論—』翔泳社, 2002）.

Mukoyama, M. and Dawson, J. (2014), "Global portfolio strategy as a new strategic paradigm," Dawson, J. and Mukoyama M. (eds.), *Global Strategies in Retailing : Asian and European Experiences*, Routledge.

Myers, M. B. and Cheung, M. S. (2008), "Sharing Global Supply Chain Knowledge," *MIT Sloan Management Review*, Summer.

Nielsen, O. (1966), "Developments in Retailing," Max Kjaer-Hansen (ed.), *Readings in Danish Theory of Marketing*, Irorth Holland.

Petrovic, M. and Hamilton, G. G. (2006), "Making Global Markets: Wal-Mart and its Suppliers," Lichtenstein, N. (ed.), *Wal-Mart: The face of 21 st Century Capitalism*, The New Press.

Readings in Danish Theory of Marketing, North Holland, pp.101-105.

Rumelt, R. (2011), *Good Strategy, Bad Strategy The Difference and Why It Matters*, Crown Business（村井章子訳『良い戦略, 悪い戦略』日本経済新聞出版社, 2012）.

Salmon, W. J. and Tordjiman, A. (1989), "The Internationalization of Retailing," *International Journal of Retailing*, Vol.4, No.2.

Schumpeter, J. A. (1926), *Theorie der wirtschaftlichen Entwicklung: Eine Untersuchung über Unternehmergewinn, Kapital, Kredit, Zins und den Konjunkturzyklus*, 2nd revised ed., Duncker & Humblot（塩野谷祐一・中山伊知郎・東畑精一訳『経済発展の理論：企業者利潤・資本・信用・利子および景気の回転に関する一研究（上）』岩波書店, 1977）.

Slone, R. E., Mentzer, J. T. and Dittmann, J. P. (2008), "Are You the Weakest Link in Your Company's Supply Chain?"（『Diamond Harvard Business Review』CEOのためのサプライチェーン講座, 10月号）.

Soderquist, D. (2005), *The Wal-Mart Way*, Thomas Nelson（徳岡晃一郎・金山亮共訳『ウォルマートの成功哲学』ダイヤモンド社, 2012）.

Sorescu, A., Frambach, R. T., Singh, J., Rangaswamy, A. and Bridges, C. I. (2011), "Innovation in Retail Business Models," *Journal of Retailing*, Vol.87, No.1.

Sparks, L. (2008),「テスコ」, マーケティング史研究会編『ヨーロッパのトップ小売業—その史的展開—』同文舘出版.

Sternquist, B. (2007), *International Retailing*, 2nd ed., Fairchild（若林靖永・崔容薫他訳『変わる世界の小売業—ローカルからグローバルへ—』新評論, 2009）.

Stone, B. (2013), *The Everything Store: Jeff Bezos and the Age of Amazon*, Little, Brown and company（井口耕二訳『ジェフ・ベゾス—果てなき野望—』日経BP, 2014）.

Taguchi, F. and Weigand, R. E. (1996), "Shopping Centers-Japan and US Compared," *Senshu Business Review*, No.63.

TESCO Annual Report 2013-2015.

Thomassen, L., Lincoln, K., and Aconis, A.（2009）, *Retailization*, Kogan Page.
Vance, S. S. and Scott, V. R.（1994）, *Wal-Mart: A History of Sam Walton's Retail Phenomenon*, Twayne Publishers.
Varley, R. and Rafiq, M. R.（2014）, *Principles of Retailing*, 2nd ed., Palgrave.
Wal-Mart Annual Report　2000-2015.
Walton, S.（1993）, *Made in America*, Bantam（渥美俊一・桜井多恵子訳『私のウォルマート商法――すべて小さく考えよ――』講談社α文庫，2002）.

Car Watch（http://car.watch.impress.co.jp/docs/news/20150115_683817.html）.
Walmart（http://corporate.walmart.com/our-story/our-business/locations/）.
TESCO History（http://www.tescoplc.com/index.asp?pageid=11）.

日本語文献
秋川卓也・戸田裕美子（2013）「プライベートブランドのサプライチェーン・マネジメント：セブンプレミアムの事例考察から」『一橋ビジネスレビュー』Vol. 61, No.2.
秋野昌二（2008）「EMSの現代的特徴とOEM」『立教ビジネスレビュー』創刊号.
芦田誠（2006）『交通と物流：仕組みと動向』中央経済社.
石井淳蔵（2012）「流通革命論の系譜」『マーケティング思考の可能性』岩波書店.
石井淳蔵・栗木契・嶋口充揮・余田拓郎（2013）『ゼミナール　マーケティング入門』第2版，日本経済新聞出版社.
石川和男（2013）『基礎からの商業と流通』中央経済社.
石田賢（2011）「躍進する韓国企業の戦略」専修大学大学院商学研究科・東京信用保証協会共同公開講座，講演資料.
石橋忠子（2015）「製造業者表示が引き起こすメーカー，小売りの地殻変動」『激流』国際商業出版4月号.
石原武政（2013）「小売業態論・イノベーション研究の課題」『日本商業学会第63回全国大会報告集』.
石原武政（2000）『商業組織の内部編成』千倉書房.
石原武政（2011）「小売業から見た買い物難民― Can Retailers Contribute to the Consumers with Limited Mobility? ―」『都市計画』294号，日本都市計画学会.
石原武政（2014）「小売イノベーション研究の課題」『マーケティングジャーナル』Vol.33, No.4.
伊藤一（2013）「PB商品の流通」住谷宏編著『流通論の基礎』第2版，中央経済社.
伊藤雅俊（2003）『伊藤雅俊の商いのこころ』日本経済新聞社.
李東勲（2007）『経営目的からみる零細小売業の課題』専修大学出版局.
稲垣公夫（2001）『EMS戦略――企業価値を高める製造アウトソーシング――』ダイヤモンド社.
今井梨絵（2003）「グローバルリテーラーの競争優位と海外市場への移転――ウォルマートの日本進出のケース――」『産業経営』第34号.
岩間信之（2013）「フードデザート問題の拡大と高齢者の孤立」土屋純・兼子純編『小商圏時代の流通システム』古今書院.
渦原実男（2007）『日米流通業のマーケティング革新』同文舘出版.
渦原実男（2008）「ウォルマートの経営戦略転換とマーケティング」西南学院大学学術研究所『商学論集』第55巻第2・3号.
渦原実男（2012）『小売マーケティングとイノベーション』同文舘出版.
江上哲（2013）『ブランド戦略から学ぶマーケティング』ミネルヴァ書房.
大野尚弘（2009）「プライベート・ブランド商品の導入と課題」金沢学院大学紀要『経営・経済・

情報・自然科学編』第7号。
大野尚弘（2010）『PB戦略―その構造とダイナミックス―』千倉書房。
岡嶋裕史（2014）『ビッグデータの罠』新潮社。
岡田卓也（2005）『小売業の繁栄は平和の象徴』日本経済新聞社。
小川進（2013）『ユーザーイノベーション―消費者から始まるものづくりの未来―』東洋経済新報社。
加藤直美（2010）「都市部に小型店『テスコ』出店の真意」『販売革新』8月号。
加藤義忠監修，日本流通学会編集（2009）『現代流通事典』白桃書房。
川端基夫（2000）『小売業の海外進出と戦略』新評論。
川辺信雄（1994）『新版　セブン−イレブンの経営史』有斐閣。
菊池宏之（2015）「買物難民問題と小売経営」東洋大学経営学部『経営論集』85号。
金成洙（2005）『日・韓卸売構造の変化に関する研究』専修大学出版局。
金成洙（2009）「グローバル・マーケティング」宮澤永光・城田吉孝・江尻行男編『現代マーケティング』ナカニシヤ出版。
木村達也（2008）『流通イノベーションの発生要因』白桃書房。
清成忠男（1975）『日本流通産業の革新』新評論。
楠木建（2006）「次元の見えない差別化」『一橋ビジネスレビュー―脱コモディティ戦略―』第53号第4巻。
久保村隆祐・流通問題研究協会編（1996）『第二次流通革命』日本経済新聞社。
経済産業省（2010）『地域生活インフラを支える流通のあり方研究会報告書―地域社会とともに生きる流通―』（www.meti.go.jp/report/downloadfiles/g100514a03j.pdf）。
経済産業省（2015）『買物弱者・フードデザート問題等の現状及び今後のあり方に関する調査報告書』（http://www.meti.go.jp/press/2015/04/20150415005/20150415005-3.pdf）。
経済産業省商務情報政策局　商務流通グループ流通政策課（2015）『買物弱者応援マニュアル』2015年3月。
小池和夫（2015）『なぜ日本企業は強みを捨てるのか―長期の競争VS短期の競争―』日本経済新聞出版社。
国土交通省（1997）『総合物流施策大綱』。
小田部正明（2015）「サービス・アウトソーシングのグローバル化とその限界―実証研究に基づいた考察―」『日本商業学会第65回全国大会報告集』。
近藤公彦（2010）「業態研究のフロンティア―革新の組織能力の視点から―」『日本商業学会第60回全国大会報告集』。
今野聖士（2015）「小売業者が構築する地域内循環型サプライチェーン：リージョナルCVSによる域内農水産物をベースとしたサプライチェーン構築」日本流通学会シンポジウム　統一論題『地域の再生と流通』基調報告3報告レジメ。
斎藤忠志（2015）「技術が変える流通」流通経済研究所『流通情報』No.513。
坂本秀夫（2008）『現代流通の解読』同友館。
佐藤生美雄（2009）「コストコ―日本の商習慣に妥協しなかったビジネスコンセプトと6つの成功要因―」『販売革新』12月号。
佐藤生美雄（2012）『日本人の買物を変えた「コストコ」がなぜ強いのか』商業界。
佐藤肇（1971）『流通産業革命』有斐閣選書。
佐藤肇（1974）『日本の流通機構』有斐閣大学双書。
重冨貴子（2015）「日本におけるPBの展開状況とPBに対する消費者意識・態度の変化」流通経済研究所『流通情報』No.514。
嶋正和（2006）「3PL」『新物流実務事典』産業調査会。
城取博幸（2011）「テスコの日本撤退」『販売革新』12月号。

新村出編(2008)『広辞苑』第6版,岩波書店.
杉田聡(2008)『買物難民―もうひとつの高齢者問題―』大月書店.
鈴木孝之(2009a)「PBが変える価格体系と業界構造」『販売革新』5月号.
鈴木孝之(2009b)「プライベート・ブランド拡大が流通業界を一変させる」『エコノミスト』4月28日号.
鈴木孝之(2008)『イオンが仕掛ける流通大再編』日本実業出版社.
鈴木敏文(2008)『挑戦―我がロマン―私の履歴書』日本経済新聞出版社.
鈴木敏文(2015)「Part 1 創造と破壊」『週刊ダイヤモンド』6月6日号.
鈴木敏文(2013a)『売る力―心をつかむ仕事術―』文藝春秋.
鈴木敏文(2013b)『変わる力―セブン-イレブン的思考法―』朝日新書.
鈴木安昭(1991)「わが国におけるスーパーの初期的展開」青山学院大学経営学会編『青山経営論集』第26巻第2号.
鈴木雄也(2007)「OEM戦略におけるブランド管理の展開」『日本商業学会第57回全国大会報告集』.
瀬岡和子(2014)「昭和30年代におけるスーパーマーケットの誕生と「主婦の店」運動―吉田日出男と中内功を中心にして―」同志社大学人文科学研究所『社会科学』第44巻第1号.
関根孝(2000)『小売競争の視点』同文舘出版.
荘幸美(2004)『台湾IT産業の経営戦略―エイサーを中心に―』創成社.
高嶋克義・西村順二編著(2010)『小売業革新』千倉書房.
田口冬樹(1976)「我が国における流通革命論争」『専修経営学論集』第20号.
田口冬樹(1989)「日本の小売企業の国際化について」『専修経営学論集』第47号.
田口冬樹(1993)「日米フランチャイズ・ビジネスの発展と米国フランチャイザーの国際化戦略」『専修経営学論集』第57号.
田口冬樹(2004)「英国における小売流通とTescoの経営戦略について」『専修経営研究年報』第28集.
田口冬樹(2005a)「ウォルマートの経営戦略:成長のプロセスと競争優位の源泉について」『専修経営学論集』第81号.
田口冬樹(2005b)『新訂 体系流通論』白桃書房.
田口冬樹(2006)「新しい価格戦略」『生活協同組合研究―特集:競争と価格戦略―』No.361.
田口冬樹(2009)「ブランドとOEMをめぐるビジネス戦略について」原田博夫編『身近な経済学』専修大学出版局.
田口冬樹(2010)「グローバル・リテーラーの経営戦略:ウォルマートのグローバル戦略と日本市場での展開」『専修大学経営研究所報』.
田付茉莉子(2010)「西友の苦悩とウォルマート傘下入り」由井常彦・田付茉莉子・伊藤修『セゾンの挫折と再生』山愛書院.
田村正紀(2008)『業態の盛衰―現代流通の激流―』千倉書房.
為広吉弘(2009)「日本市場における小売国際化―外資系小売企業の参入と展開―」向山雅夫・崔相鐵編著『小売企業の国際展開』中央経済社.
出牛正芳(1996)『現代マーケティング管理論』白桃書房.
出牛正芳編著(2004)『基本マーケティング用語辞典』白桃書房.
外川洋子(2000)「イギリス・スーパーマーケットの業態革新」矢作敏行編著『欧州の小売りイノベーション』白桃書房.
徳永豊(1990)『アメリカの流通業の歴史に学ぶ』中央経済社.
鳥羽達郎(2006)「国境を超える小売企業の「撤退」に関する一考察―日本市場における欧米小売企業の事例を通じて―」『商大論集』第57巻第4号.
戸谷圭子(2006)『リテール金融マーケティング―顧客を知って儲かる仕組みを作る―』東洋経済

新報社。
中内功（1969）『わが安売り哲学』日本経済新聞社。
戸田裕美子（2015）「流通革命論の再解釈」『マーケティングジャーナル』Vol. 34，No.5。
中嶋嘉孝（2008）『家電流通の構造変化』専修大学出版局。
永家一孝（2015）「2大PBの『知覚品質』，違い鮮明に」『日経消費インサイト』4月号。
中島茂（1992）『新訂版　企業提携の契約事例』商事法務研究会。
中田信哉（2008）『小売業態の誕生と革新』白桃書房。
中村博（2015）「プライベート・ブランドの現状と論点」流通経済研究所『流通情報』No.514。
新熊亮一（2015）「予測型販売チャネルの研究開発と実用化― POSデータ等から個々の消費者の多様な消費行動を予測する―」『流通とシステム』No.162。
日本経済新聞社編（2016）『日経業界地図2016年版』日本経済新聞出版社。
農林水産省『食料品アクセス（買い物弱者等）問題の現状について』問題ポータルサイト（http://www.maff.go.jp/j/shokusan/eat/access_genjo.html）。
野田亨（2010）「トップの決断」『販売革新』5月号。
延岡健太郎（2006）『MOT［技術経営］入門』日本経済新聞出版社。
橋本健二（2013）「小商圏時代とは何か」土屋純・兼子純編『小商圏時代の流通システム』古今書店。
林周二（1962）『流通革命』中公新書。
林周二（1964）『流通革命新論』中公新書。
一橋大学イノベーション研究センター編（2014）『イノベーション・マネジメント入門』日本経済新聞出版社。
福谷正信（2008）『日・中・台・韓企業技術経営比較―ケースに学ぶ競争力分析―』中央経済社。
藤坂浩司（2001）『EMSがメーカーを変える―製造アウトソーシングで競争に勝つ―』日本実業出版社。
藤村和弘（2009）「メーカーと大規模小売業者間における取引関係の変化」『香川大学経済論叢』，第8巻第4号。
藤本隆宏（2003）『能力構築競争』中公新書。
増田悦夫（2015）「ネット・店舗が融合するサービスの動向とロジスティクスの課題」流通経済大学物流科学研究所『物流問題研究』No.63。
丸谷雄一郎（2013）「ウォルマートの創造的な連続適用型新規業態開発志向現地化戦略」日本商業学会『流通研究』第15巻第2号。
三浦敏（2015）「フランスにおける事業分野の調整―反アマゾン法の意味するもの―」田中道雄・白石善章・柏原修・三浦敏編著『フランスの流通・政策・企業活動』中央経済社。
三谷宏治（2014）『ビジネスモデル全史』ディスカバー。
南方建明（2013）『流通政策と小売業の発展』中央経済社。
三村優美子・朴正洙（2015）「新市場開拓における通信販売の可能性―単品通販に注目して―」『マーケティングジャーナル』第35巻1号。
宮内拓智（2006）「米国巨大小売業におけるブランド・アイデンティティ」『京都創成大学紀要』第6巻。
宮﨑崇将（2009）「ウォルマートの日本市場における『競争力の移転』可能性―マーチャンダイジング・ロジスティクスの観点から―」『経営研究』第60巻第4号。
宮澤永光監修（2007）『基本流通用語辞典』白桃書房。
向山雅夫（2009a）「小売国際化の進展と新たな分析視覚」向山雅夫・崔相鐵編『小売企業の国際展開』中央経済社。
向山雅夫（2009b）「小売国際化研究の新たな課題」向山雅夫・崔相鐵編著『小売企業の国際展開』中央経済社。

森隆行（2007）『現代物流の基礎』同文舘出版。
森田富士夫（2014）『ネット通販と当日配送』白桃書房。
矢作敏行（1994）『コンビニエンス・ストア・システムの革新性』日本経済新聞社。
矢作敏行（1996）『現代流通』有斐閣アルマ。
矢作敏行（1997）『小売りイノベーションの源泉―経営交流と流通近代化―』日本経済新聞社。
矢作敏行（2007a）『小売国際化プロセス―理論とケースで考える―』有斐閣。
矢作敏行（2007b）「テスコエクスプレス1号店の衝撃」『食品商業』7月号。
矢作敏行編著（2011）『日本の優秀小売企業の底力』日本経済新聞出版社。
矢作敏行（2012）「戦後の『流通革命』と未来への展望― 50年目の『流通革命』の総括―」『販売革新』7月号。
矢作敏行（2013a）「小売業とイノベーション」『日本商業学会第63回全国大会報告集』。
矢作敏行（2013b）「小売業とイノベーション」日本商業学会第63回全国大会配布資料。
矢作敏行（2014a）「小売事業モデルの革新論―分析枠組みの再検討―」『マーケティングジャーナル』第33巻第4号。
矢作敏行編著（2014b）『デュアル・ブランディング戦略― NB and /or PB ―』有斐閣。
矢作敏行（2015）「日本のPB開発に大変革」『日本経済新聞』2015年1月12日。
矢矧晴彦（2013）「英テスコ『Fresh & Easy』事業から撤退か」『Chain Store Age』1月15日号。
山田英夫（1992）「製品ライフサイクルから見たOEM戦略」『研究・技術・計画』Vol.7, No.3。
山中正彦（2015）「店頭プロモーションの効率化へ向けて― POSデータとコーザル・データの定点観測―」『流通とシステム』No.162。
湯浅和夫（2005a）「経営におけるロジスティクスの役割」『新物流実務事典』産業調査会。
湯浅和夫（2005b）「ロジスティクスからサプライチェーン・マネジメントへの展開」『新物流実務事典』産業調査会。
楊陽（2015）『変化する中国の小売業―小売業態の発展プロセス―』専修大学出版局。
横井のり枝（2014）「食品小売業における海外市場撤退要因の現状分析」流通経済大学物流科学研究所『物流問題研究』No.62。
渡辺達朗・原頼利・遠藤明子・田村晃二（2008）『流通論をつかむ』有斐閣。

『DIAMOND Chain Store』『LOGI-BIZ』『日経ビジネス・NIKKEI BUSINESS』『Newsweek【日本語版】』『食品商業』『販売革新』『週刊東洋経済』『月刊 BOSS』『日本経済新聞』『日経MJ』『日経産業新聞』『読売新聞』『THE COSTOCO CONNECTION』は，本文中に引用を記載してある。

索　引

数字・アルファベット

3PL ……………………………………… 92, 94-97
CRM（顧客関係管理）……………… 55, 70, 199
CRP ……………………………………………… 26
EDLC ………………………………… 26, 171, 183
EDLP ……………………………… 21, 26, 171, 181
EMS ……………………………………… 101, 104
ERP ……………………………………………… 87
IoT ……………………………………………… 31
NB 商品 …………………………………… 19, 127
O2O ……………………………………………… 69
OBM …………………………………………103, 219
ODM …………………………………………104, 106
OEM …………………………………… 101, 128, 219
OEM の優位性・問題 ………………… 112-119
PB イノベーション …………………………60, 127
PB 商品 ……………………………… 60, 127, 140
REIT（リート）………………………………… 99
SCM ……………………………… 58, 78, 82, 90, 137
SPA ……………………………………………… 56

あ行

アーリーマジョリティー …………… 30, 51, 74
アマゾン・ダッシュ ……………………… 30-31
アン・バンドリング ……………………………11
イノベーション ………………… 2-4, 217, 223
イノベーションのジレンマ ……………… 41-42
インバウンド ……………………………………80
ウェブルーミング ………………………………69
オムニチャネル ………………… 69-72, 157, 215

か行

買い物難民・買い物弱者 ………… 61-62, 223
価格イノベーター ……………………………… 48
活用 …………………………………………… 121
カニバリゼーション ………… 111, 116, 144, 154
完全なる標準化 ………………………………165
カントリーキラー ……………………167, 210, 221

規模の経済性 ………………………………… 167
キャズム …………………………………30, 51, 74
キャッシュフロー ………………………… 107, 113
業種 …………………………………………… 37
行政介入 ………………………………… 13, 74-75
競争マイオピア ……………………………… 36
競争優位性 …………………………………59-60
業態 ……………………………………………37, 47
業態イノベーション ………………… 197-198, 218
業態盛衰モデル ……………………………47-51
業態のライフサイクル ……………………… 53
クールジャパン ……………………………… 80
クリックとコレクト ………………………… 214
グローバル・ポートフォリオ ………… 210, 221
グローバル・リテーラー ……… 131, 159, 220
グローバル戦略 ………………………………164
グローバルソーシング ………………… 77, 167
現地化のわなやジレンマ ………… 210, 221
コア・コンピタンス ………………… 105, 167
行動ターゲティング広告 ……………… 28-29
小売革命 ………………… 10, 128-130, 159
効率性 ……… 5-6, 15, 49, 78, 187, 191, 216, 222
小売の輪の仮説 …………………………… 38
小売ミックス ……………… 36-37, 48, 51, 56-57
顧客関係管理（CRM）……………… 55, 70, 199
顧客経験 ……………………………………… 56
顧客満足 …………………………… 15, 222-223
コモディティ化 ……… 15, 57, 82, 90, 105, 125, 210, 221

さ行

3PL ……………………………………… 92, 94-97
シェルフ（棚）・シェア ……………… 142, 145
持続的イノベーション ……………………… 42
ジャパンブランド ……………………………… 80
ショールーミング ………………………… 69-70
食品表示法 ………………………………… 119
新規業態開発 ………………………………165
「真空地帯」仮説 …………………………40-41

| ストアロイヤルティ……………………… 158
| スマート・システム ……………… 26, 185
| スマイルカーブ ……………………… 122
| 製品輸入 ………………………………… 80
| 専用商品 …………………………… 146, 219
| 創造的な連続適応 ………………… 165, 208
| ソーシャルメディア …………………… 69

た行

| 大店法 ………………… 21, 74, 204, 208-209
| 大店立地法 …………………………… 208
| ダッシュ・リプレニッシュメント・サービス
| ……………………………………… 30, 31
| 探索 …………………………………… 121
| チャネル・イノベーション ………… 55, 59
| 適応化戦略 …………………………… 164
| デュアルブランド ………………… 145, 151
| 都市計画法（改正） …………… 75, 208
| ドローン ……………………………… 30, 34

な行

| ネット通販 ………………… 63, 65, 72, 97

は行

| パーソナライゼーション ……………… 64
| バイイングパワー …………… 10, 67, 137
| ハイ・ロー・プライシング ……… 171, 182
| 破壊的イノベーション ………………… 42
| 覇権市場 ………………………………… 47
| 派生需要 ………………………………… 79
| バック・システム ………… 55, 58, 63, 71
| バリュー・イノベーター ………… 48, 50
| パワーシフト …………… 10, 128, 145-146
| 反アマゾン法 …………………………… 33
| 範囲の経済性 ………………………… 167
| バンドリング ……………………… 53, 223
| ビジネスモデル …… 29, 50, 56, 120, 146, 159, 189, 214
| ビジネスモデル（アマゾン） ………… 29
| ビジネスモデル（ウォルマート） … 170-171
| ビジネスモデル（テスコ） ……… 196-201
| ビッグミドル …………………… 44-45, 47, 50
| 標準化戦略 …………………………… 164
| 標準化の中の部分適応 ………… 165, 168
| 品質イノベーター ……………………… 48

| ファウンドリー ………………………… 104
| フォーマット ………………… 47, 50, 218
| フォーミュラ …………………… 50, 218
| 複数業態（マルチフォーマット） …… 159
| 物流アウトソーシング ………………… 92
| 物流アセット …………………………… 93
| 物流イノベーション …… 78, 89, 98, 100
| 物流インソーシング ……………… 98, 99
| ブランド・マネジメント（小売企業）…… 156
| ブランド・マネジメント（製造企業）
| ……………………………… 127-128
| ブランドロイヤルティ ………………… 157
| ブルウィップ効果 ……………………… 86
| フルフィルメント ……………… 29, 66-67
| フロント・システム ……… 55, 58, 63, 71

ま行

| まちづくり三法 ………………… 75, 209
| マックネア仮説 ………………… 18, 36
| マッチング ………………… 1, 25, 35
| マルチナショナル戦略 ……………… 164
| マルチフォーマット（複数業態）… 159, 196
| 見えない競争要素 ……………………… 60

や行

| 有形化のわな ……………………………… 36
| 有効性 …… 5-6, 15, 49, 78, 187, 191, 216, 222
| 予測発送 ………………………………… 29

ら行

| ラストワンマイル ……………………… 97
| リード・ユーザー（キー・バイヤー）
| ……………………………… 113, 121, 123
| リードロジスティクスプロバイダー …… 99
| リテール・リンク ……………… 26, 185
| 流通イノベーション … 1-2, 4-5, 7-9, 51, 72, 159, 217, 222
| 流通革命 ……………………………… 9-11
| レコメンデーション …………… 27-28, 65
| ロータス化 ……………………………… 49
| ロジスティクス ………………………… 79
| ロングテール ………………… 28, 64, 66

■著者略歴

田口冬樹（たぐち　ふゆき）

専修大学経営学部卒業
専修大学大学院経済学研究科博士課程修了
米国ワシントン大学（University of Washington）客員研究員
博士（経営学）
日本商業施設学会・学会賞優秀著作賞（『体系流通論』白桃書房）受賞

現在　専修大学経営学部・大学院経営研究科教授
　　　これまで東京大学　経済学部非常勤講師，東京工科大学　コンピュータサイエンス学部非常勤講師など担当

■流通イノベーションへの挑戦　　〈検印省略〉

■発行日──2016年5月26日　初　版　発　行

■著　　者──田口冬樹
■発行者──大矢栄一郎
■発行所──株式会社　白桃書房
　　　　　〒101-0021　東京都千代田区外神田 5-1-15
　　　　　☎ 03-3836-4781　FAX 03-3836-9370　振替 00100-4-20192
　　　　　http://www.hakutou.co.jp/

■印刷／製本──藤原印刷

Ⓒ Fuyuki Taguchi 2016 Printed in Japan　ISBN978-4-561-65219-9 C3063

本書のコピー，スキャン，デジタル化等の無断複製は著作権法上での例外を除き禁じられています。本書を代行業者等の第三者に依頼してスキャンやデジタル化することは，たとえ個人や家庭内の利用であっても著作権法上認められておりません。

JCOPY 〈(社)出版者著作権管理機構　委託出版物〉

本書の無断複写は著作権法上での例外を除き禁じられています。複写される場合は，そのつど事前に，(社)出版社著作権管理機構（電話 03-3513-6969，FAX 03-3513-6979，e-mail:info@jcopy.or.jp）の許諾を得てください。

落丁本・乱丁本はおとりかえいたします。

好評書

田口冬樹【著】
体系流通論（新版） 本体 3,400 円

田口冬樹【著】
流通イノベーションへの挑戦 本体 3,000 円

法政大学イノベーション・マネジメント研究センター【編】
発展する中国の流通 本体 3,800 円

佐々木保幸・番場博之【編著】
地域の再生と流通・まちづくり 本体 3,000 円

吉村純一・竹濱朝美【編著】
流通動態と消費者の時代 本体 3,000 円

小野雅之・佐久間英俊【編著】
商品の安全性と社会的責任 本体 3,000 円

木立真直・斎藤雅通【編著】
製配販をめぐる対抗と協調 本体 3,000 円
　──サプライチェーン統合の現段階

大石芳裕・山口夕妃子【編著】
グローバル・マーケティングの新展開 本体 3,000 円

——— 東京　白桃書房　神田 ———

本広告の価格は本体価格です。別途消費税が加算されます。